尋找正義

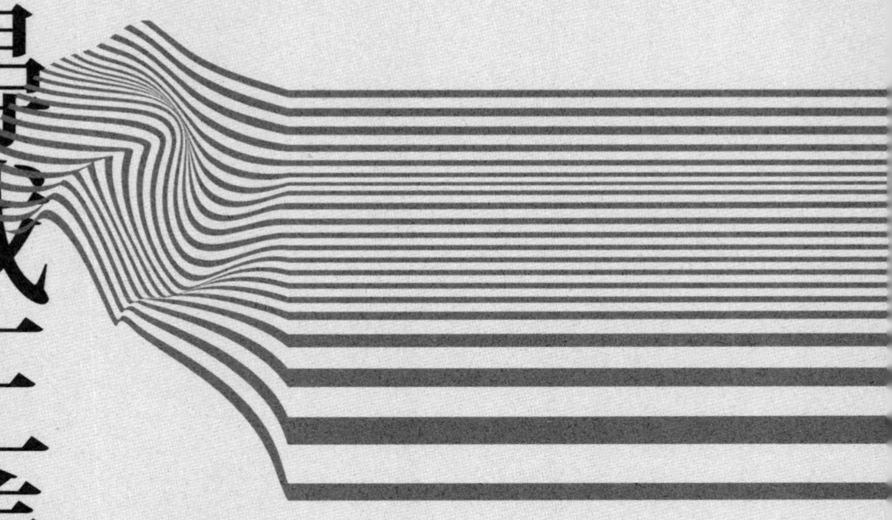

一位聯邦檢察官的首度告白，顛覆你心中的公平和真相

Doing Justice

Preet Bharara
普里特·巴拉拉——著　張國儀——譯

謹將本書獻給我的家人與紐約南區檢察官辦公室

那些大無畏的同事們；

那裡對我來說永遠都是最棒的職場。

各界推薦

「國民法官」要上路了，要上法庭的您對刑事審判的運作熟悉嗎？還是全靠媒體名嘴的片段論述來拼湊全貌？

本書作者用許多鮮明的案例，述說他身處紐約南區十三年的辦案經驗，無論是偵查、起訴、審判與刑罰的執行，那些檢察官們日復一日面對的現實困境，全都一氣呵成。

但也如作者提醒，再完美的法律也有界限，因為解讀的人會犯錯，而任何一個恣意揮灑生殺大權的人，都是獨裁者，這也將是台灣國民法官登場後，亟欲避免的歷史共業。

——王鼎棫／法律白話文運動資深編輯

「無罪推定」和「防止偏見」是「程序正義」的根本。本書全是真實案例，你不必是法律人也能看懂。為什麼普通人也該讀這本書？因為你我都應切記：對別人的輕率判斷，可能影響那個人的一生，或你我自己的一生。

台灣正在爭執「陪審制」還是「參審制」。本書中陳述了大量為何陪審制才能有效制衡檢察官的故事細節。作者本人是美國最知名的檢察官，又為什麼支持他的職業敵人

「陪審制」呢？本書中有答案。

——范疇／跨界思考者

尋找正義！民主國家遵行「程序正義」，以正當法律程序、受法律嚴格拘束的公權力及獨立的司法，避免屈打成招、羅織冤案，努力尋得「實體正義」。

人們無法說國家遵行「程序正義」後，必能找到「實體正義」。但可以確定的是，未遵守「程序正義」，無從找到「實體正義」，這是民主法治國與獨裁專制國的最大差異，更是國家文明與否的重要判斷指標。

——黃帝穎／律師

有一種正義，是鄉民群聚集氣，網路接力留言：「乎伊死。」

有一種正義，是吃瓜群眾包圍法院，高聲喊著：「殺人者死。」

十歲男童室內踢球，撞到液晶電視，砸下來壓死一歲男嬰，該不該判死刑？

三十歲新住民，被公公汙辱多年，一刀戳進他的心臟，該不該判死刑？

六十歲兒子，照顧九十歲媽媽三十年，心力交瘁，用枕頭悶死她，該不該判死刑？

我們屏息，尋找正義。

——楊斯棓／方寸管顧首席顧問、醫師

一則又一則的故事，也是每一個活生生的人，在犯罪與正義的天平兩端不斷拉扯搏鬥的真實經歷。作者透過這些故事反覆進行辯證，究竟什麼是正義？是像電影裡演的非黑即白嗎？或是正義本身，就是世道加諸於人性的折磨呢？而法律又扮演著什麼樣的角色呢？堪比哲學論證的精采過程，即將展開。

——賴瑩真／律師

目錄 — CONTENTS

2 提出控訴

3

審判

4

懲罰

前言／能伸張正義的是人，不是法律

這本書的寫作花費了超過一年的時間，而在這段期間裡，我經歷了一次非自願的職務異動。我在紐約市南區檢察官辦公室任職了七年半，二〇一六年十一月三十日，在總統當選人唐納．川普的要求下，我的任期延長。接著，二〇一七年三月十一日，在毫無預警的狀況下，我遭到川普總統開除。

早在我離開南區檢察官辦公室之前，這裡的問題就已經不少了，而在我離開之後，問題發生的頻率益發升高，甚至可以說是層出不窮。法律規範以及人們對法律規範的信任、司法是否真能獨立，以及真相的意義與首要性，這些面向全都以不同的方式遭到質疑和抨擊。

「以法而治」、「正當的法律程序」以及「無罪推論」這些說法與概念，在當下這個時代，與其說是無可動搖的基本原則，反而變得更像是政治標語。另外一些曾備受尊崇的觀念也逐漸土崩瓦解。在這個年代，比起正面迎戰對手，大家更喜歡抹黑，也只會用恫嚇欺壓的言語來批評攻擊，而非以理服人。更有愈來愈多人對真相與專業不屑一顧。所有人都只想擁抱憤怒。我們在謊言中泅泳，從不去撥亂反正。而一件事合法與否，似乎也可以隨著立場的翻轉而徹底改變——取決於你是政治上的對手還是同路人。

某些原則是至關重要的。對我們提出建言的人並不是我們的敵人，法律也不是政治的武器；客觀的真相確實存在；公平公正的程序，對文明社會來說是不可或缺的要件。

從這一點來看，法律能夠讓我們明白何謂真相、尊嚴與公正。法律教導我們如何化解不合與爭執，而且靠的是理性與證據，而非辱罵與人格汙衊。現在許多公眾領域中所進行的爭論，要是換到在法庭上，儼然就是一場荒謬鬧劇，政治人物和電視名嘴會因為顛倒事實和睜眼說瞎話而被取消律師資格。誠如最近有人這麼說過：聯邦法庭可不是推特。

許多人都已察覺眼前的美國進入了危殆的狀態，會有「刻不容緩」的迫切感是理所當然的事。但是在這種迫切感之中，我們一定得先深呼吸一口氣，停下來，認真思考司法本該如何為我們伸張正義。接著得去探討，誇大其詞和憤怒，與冷靜的思考之間有著什麼樣的落差，而我們該學習的東西就存在於這落差之中。

在我剛獲得美國檢察官終身職時，就想要為那些年輕、充滿理想的新任檢察官寫一本類似指引的書。就像我的前輩之一，亨利．史丁森（Henry Stimson），當年的他也是胸懷大志且品德高尚，但同樣沒有任何實務經驗，也尚未受過訓練。這本書要指引的並不是法律本身，而是如何找出正確的方法去做正確的事，內容要談的不是法律條文和契約協議，而是有血有淚活生生的人所會面臨到的各種困境，也是檢察官們日復一日要面對的現實狀態。之前在構思大綱的時候，我發現這不只是一本關於司法的指南書，閱讀對象也不限於法律從業人士，還有那些在日常生活中為了爭取公平正義而苦苦掙扎的普羅大眾。基於各種原因，當時我並沒有真的動筆寫這本書，但這個想法一直留存在心裡。

我希望，自己在這司法深淵中打滾多年，同時帶領一群我所見過最優秀的公僕奮鬥打拚的經歷，可以讓我有足夠的立場來幫助大家了解美國究竟出了什麼問題。

就在寫下這些思緒與故事時，我除了回顧過去許多刑案和民事糾紛案件，也回歸到最基本的原則：究竟何謂保持公平與中立的態度？要達到司法獨立不受干擾需要怎麼做？該如何挖掘出真相？如何才叫做伸張正義？何謂處理權，又該如何才能有智慧地行使這個權利？而且不是在一個理想狀態的世界中，而是在這個混亂、干擾不斷的真實世界裡，在真實世界中，我們仰賴的是一群並不完美的人，來實際執行理想中的司法。

這本書要談的就是這些事，也因為如此，它與當下這個時代脫不了關係。有時候，要談論當下所發生的事件，最好的方式就是先回溯最基本的原則。

長久以來，我一直想要促進司法的進步以及大家對司法的了解。我將全部的人生都奉獻給了司法的使命、依據和成立原則，無論是在個人、學術、專業等各方面皆然。究竟司法是什麼、它的意義何在，我們又該如何去達成它？該怎麼做才能讓司法的功能全然發揮，而哪些做法會讓司法頹然死去？

我在紐澤西讀高中時曾參加過幾場演講比賽，其中有一個項目是參賽者必須重現某人過去在公開場合所發表的演說（我覺得這很像是書呆子版的老歌新唱比賽）。我十五歲時剛好讀到亨利．史威特案的律師答辯，該案的實際狀況是這樣的：歐西恩．史威特（Ossian Sweet）博士帶著一家人搬進了位在底特律的一棟新房子裡。史威特博士是黑人，而那些白人鄰居不希望社區裡出現黑人家庭（當時是一九二五年）。

就在他們搬進新家的第二個晚上，一群憤怒的暴徒突然跑來襲擊史威特家，把他們給嚇壞了。這群暴徒大聲叫囂並丟擲石塊，在一片混亂之中，史威特的弟弟亨利為了保護家園，對著這些暴徒開了一槍，因此造成一名白人男子死亡。

亨利．史威特在受審時才發現，他在法庭上要爭取的不僅是自由，還有生死，州政府想要將他處以極刑。不幸中的大幸是，亨利聘請的辯護律師是克萊倫斯．達洛（Clarence Darrow），達洛在這個案件中做出了有史以來最精采動人的結案陳詞。他除了陳述該案的事實狀況之外，更提出了正當防衛的法條。不但如此，他也談到了公平正義，同時以無可反駁的方式點出了黑人所處的困境。

談到美國黑人時他是這麼說的：「法律規定人人平等，但實際上並不真的如此。說到底，最重要的是去釐清人究竟做了什麼事，而不是法律規定了什麼。」九十年後，這個質問依然擲地有聲。

達洛還說了這些話：

「說到底，生在這個世上的每一個人，都無可避免地會與其他人有所交集；無論我們通過了什麼樣的法律、採取了什麼樣的預防措施，只要我們所遇到的人不夠仁慈、不夠正派、缺乏人性，而且根本不認同自由平等，那麼自由平等就不可能存在。只有人類能給予自身自由，法律和司法機構無法做到。」

一直到今天，沒有任何一堂課、任何一位教授、任何一本法律教科書，能像三十年前這段我銘記在心的話語般撼動或說服我，讓我明白身為一個追求正義的律師真正的意義何在。當年我還是個滿臉青春痘的青少年，並不完全理解這些話的意思，但隨著在美國地檢署工作的時間愈長，就愈相信這些話中所包含的重要真理。誣告、冤獄、刑責過重、案件處理失當，通常全部都是人為的結果，而非有如機器般客觀的司法出現了瑕疵。

儘管我們自豪是個以法立國的國家，但有時候司法除了要用「頭腦」去思考，同樣也需要用「心」去分析。這是因為法律很可能會過分強調抽象的概念，忽略現實的狀況。身在這個體制中的是人，而司法是相當抽象的東西，需要由活生生的人來探索和體會。

再嚴謹的法律也無法保證一定能讓人獲得公平正義，就如同一份食譜寫得再精采，也沒辦法保證你一定能煮出美味的菜餚。法律只是一種工具，少了人類雙手的操作，它就像是一把放在盒子裡的小提琴一樣，既缺乏生命力也毫無用武之地。法律無法強制我們去愛一個人，或讓我們發自內心去尊敬另一個人。法律無法消除仇恨或戰勝邪惡，也無法教導人們變得通情達理，或讓人們不再冷漠無情。每一天，無論執行法律所帶來的結果是好還是壞，都取決於人所下的決定。正義得以伸張，或是受到踐踏，由人決定；是要釋出慈悲善意，還是要冷血無情，同樣是由人決定。

我之所以選擇就讀法學院，是因為一直渴望成為美國司法界中尋求公平正義的一分子。從學校畢業後我曾在私人律師事務所服務，處理的案件包括白領犯罪的辯護案、證券訴訟案、國際仲裁案，以及其他企業相關的法律事務。之後，我有幸成為參議員查克・舒默（Chuck Schumer）在美國參議院司法委員會的法律總顧問，協助草擬刑案立法、評估司法官員提名，並監督了一場基於政治理由而開除美國檢察官的司法調查（我只能說對照起來諷刺至極）。

但其實我唯一想要成為的，就是美國聯邦檢察署（AUSA）紐約南區辦公室的助理檢察官，這裡就算不是全世界，也是全美國最重要的法律辦公室。我還只是個事務所的聘雇律師時，父母時不時會來紐約探望我，我總是會帶他們去中國城吃港式點心。我們會從曼哈頓下城的地鐵市政府站散步去吃午餐，途中我會指著那棟伏踞在警察總部旁，外表看來嚴肅冷峻的柱狀水泥大樓跟他們說：「總有一天我要在那裡工作。」那裡是聖安德魯廣場一號，對我來說是個具有神奇力量的地點。二〇〇〇年，在瑪莉・喬・懷特（Mary Jo White，於一九九三～二〇〇二年擔任紐約南區辦公室主任，是首位也是目前出任此職位的唯一女性）面前宣誓成為菜鳥檢察官後，我終於如願以償；而我的人生也就此不同。

位在曼哈頓的聯邦檢察署總部是個相當有來歷的機構，創建於美國成立初始，比司法部的成立還要早了一個世紀。紐約州第一位聯邦檢察總長理察・哈里森（Richard Harrison）是由喬治・華盛頓親自任命，而該份任命文件是手寫的，上面還寫明了由湯瑪斯・傑佛遜出任國務卿。而與之同期的許多人後來也成為了州長、市長、總統內閣顧問，以及最高法院法官。幾個世紀以來，紐約南區檢察官辦公室負責承辦各種類型的聯邦刑案——從叛國罪到恐怖主義、從公職貪汙罪到組織型犯罪。

到了現代，南區辦公室聘用超過兩百位擁有專業資格的律師，絕大多數既年輕又充滿了理想，另外還有數量相同的職員，個個認真投入工作。紐約南區辦公室跟全美另外九十二個檢察官辦公室一樣，都屬於司法部管轄，但南區辦公室有著一個人盡皆知、傲視其他單位的鮮明特點，光是看它長年以來的綽號「主權獨立區」，就不難理解了。

自二〇〇九年接下南區辦公室的主任職後，我就下定決心要擁抱前輩所傳承下來的文化。其實前輩們只有一項訓誡，而且自始至終不曾改變，那就是：「為了正確的理由、用正確的方法、做正確的事。」只要這樣就好。我很常對這個世代的公職人員複誦這句話。在這個單位工作的感覺非常好。儘管處理與犯罪相關的工作意味著必須看到人性中最醜惡的一面，但這裡是我所待過最啟發人心，也最充滿希望的工作場域。

我們並非每一次都能做對，也並不是不會犯錯的人。我們有時會去追查一些被人認為超過職權的案子，有時也會停止追查一些許多人希望我們緊咬不放的案子。但就我記憶所及，每一次我們都是用盡心力去思考自己正在做的事情，思考為什麼要這麼做，以及這麼做是否符合司法正義。

司法正義是個相當廣泛且模糊的議題。這對人類來說是最曖昧不明且爭議最大的一種概念，也導致了各種革命、宗教，以及內戰的興起。我在這裡並不是要推廣一些偉大、嶄新的司法理論，而是建議大家用看待「結果」的方式，來看待導致這個結果的「過程」，這樣才能說得上公平，如果大家相信負責處理這件事情的人擁有公正的態度。

我們很常聽到有人說，事情除了要秉公處理，處理的過程也應該要讓大家看見。這個國家有太多人不曾見過公正的執法，也完全不了解整個程序如何進行。現代美國充斥著信心危機，但並不是每次都是因為法律無法發揮功能，或是憲法程序崩壞，我們的問題是，這個法治系統經常會遭到一些心態封閉的人破壞，他們的觀念偏頗，帶著有色眼鏡看事情，同時只關心自己的意圖是否能夠達成。他們打從心底認為這是個豎起高牆等人來擊垮，或是用各種巧妙手段來規避的系統，而不是個尋求真相的方法。

我在這裡羅列出的方法，不只能夠應用於說明聯邦法條在全國各地的法庭中可以如何被解釋與執行，同時也能提供那些成熟、思慮深刻的人一些想法，讓他們在面對所屬社群、工作場所或是家庭的各種狀況時，知道該如何做出選擇。這本書談的不只是法律，還有尊嚴、領導力、抉擇力，以及道德論據，這些對司法的本質來說具有關鍵的意義。

舉例來說，並不是只有在具終身職的法官主判刑事案件時，才會碰到「如何讓處罰公平且有效」所需面臨的道德困境。對很多人來說，這是再熟悉不過的情境——必須處分惡質公司的監管人員、必須處理行為不當員工的主管，甚至是必須處罰小孩不守規矩的爸媽。何謂比例原則？何謂有效？怎麼做才能對眼前這個犯了錯的特定人士以及其他一般人，都能發揮未來絕不再犯的嚇阻效果？該採取什麼樣的行動才算足夠卻又不至於過當？

在檢察官所握有的極大裁量權與法律之間，存在著各種落差。不難想像檢察官每天所要進行的判斷有多少。當然，這一類的判斷大多會在各地的法庭中進行。但是每一天，在家中、學校、職場和網路上，有多少自以為是的審判在這個制度之外進行著？這個制度雖然不完美，但還是能夠確保我們有前例可循、受到法規的約束、擁有透明公開的審理過程，以及上訴的權利。有多少不公平的狀況發生在我們每天的生活之中？這當中有多少人抱持著狹隘偏頗的心態？有多少人妄下判斷？有多少人遭受到不成比例的懲罰？這本書要探討的也包括了這些審判的公正性。

儘管這些問題並沒有什麼百分之百正確或肯定的答案，但任何有秩序的社會時時刻刻都在追尋著能夠給出答案的人。而每一天，僅僅是血肉之軀的我們，也都在盡自己最大的努力要完成這個挑戰。

1

Inquiry

查核真相

開場

真相是司法的核心所在，而要發掘真相就必須進行查核。在刑事案件中，這就是所謂的調查，調查不只是通往真相的必經之路，同時也會據此敲下有罪定讞（或無罪釋放）之槌。

調查是件困難的事。人們在觀看藝術家、作家或是企業家絞盡腦汁所產出的成果時，往往低估了其背後所付出的心血。從畫作的優雅筆觸、文章的流暢清楚，以及簡明扼要的商業模式中，其實不一定看得出過程中他們所承受的痛苦、艱辛，以及一路上停停走走的勞苦。最終端的消費者對於產品在開發初期所遭遇的失敗、困境、曲折以及其他挫折所知甚少，甚至是一無所知。門外漢看見的是結果，而非過程。

對調查來說也是一樣的。時下流行文化對於該如何進行調查有個大家耳熟能詳的說法，聽起來似乎是個很輕鬆的工作：「只要把所有證據連起來就行了。」用一個我們教幼稚園小朋友的技巧就能找出事實真相，我真的很難理解這種想法。

在玩連連看的時候，只要你知道數字的順序是什麼，就能夠連成一張圖片。就連小孩子都能夠拿著蠟筆從標示為「一」的點開始，畫出一條線到下一個標示為「二」的點，然後繼續往下走，直到一隻歪歪扭扭的乳牛或一座穀倉出現在紙上。但現實中真正的調查可沒有這麼好運。真正的調查沒有貼心指引或數字順序，也無法保證你所有進行的行動——用雙腳走遍大街小巷詢問證人、發傳票、仔細查閱財務文件——最後能夠得出一個清楚、精確的畫面，讓你得以起訴。

同樣的還有這句「跟著錢走就對了」，這又是另外一個過分簡化的結論。大家都以為這句輕率的話是來自報紙上關於水門案調查的新聞標題，但事實不然，揭露水門案的兩位記者巴柏．伍德華和卡爾．伯恩斯坦，從來沒有說過這句話。這句話是編劇暨作家威廉．戈德曼在電影《大陰謀》中所創造出來的，從此成為廣為流傳的名言，但實際上做起來根本沒有這麼簡單。自從經濟犯罪開始出現，調查人員就知道得追蹤錢的流向，包括錢從哪裡來，以及錢給了誰。「只要把所有證據連起來就行了」、「跟著錢走就對了」這些話的問題在於，它們大幅低估了標準刑事案件調查的困難度、複雜度，以及所需的時間長度，特別是那些牽涉到人內心想法的刑案。

調查的困難不只在於其複雜度。我用一個遠比連連看複雜得多的遊戲為例好了。我兒子拉姆非常熱衷於「魔術方塊」，我常在周末帶他去參加比賽。他可以在十一秒內完成一個3×3、標準官方配色的魔術方塊，這以世界級比賽的角度來看，都算是相當不得了的成績。而魔術方塊的訣竅就在於：無論一開始有多混亂，一定有個數學方式可以解開它，就看你記住了多少種演算法。你可以在短短幾個動作之間就將之完成，但重要的是，魔術方塊一定是有解的，只要你有足夠的決心、記憶力和練習，而要成功解謎，其實有一個數學計算出來的最佳步驟。但刑事調查並非如此，當然刑事調查有其準則，以及最佳方式，卻沒有一個事先就已經訂好、舉世通用的步驟可以遵循。

再回來看「跟著錢走就對了」這句話。大家都以為，你找到了一張支票、看見上面是誰簽的名、知道是誰去兌現，一切就真相大白了。現實中極少是如此單純的狀況。心思細膩狡猾的人會努力隱藏留下的痕跡，使用多個帳戶，並利用非常多的中間人。他們喜歡用現金、偽造文件，或者開設空殼公司並偽造文書。通常這些犯罪的交易都找不到任何紀錄或痕跡，這就是洗錢最重要的關鍵，也是種特別難找到證據的罪行。我們大部分人想要了解自己在想什麼都不容易了，更何況是要去發現別人的腦袋瓜裡正在想什麼壞主意——而這正是在幾乎所有白領犯罪或貪汙案件中都必須面對的挑戰。

通常這些形成犯罪事實的個人行為都完全合法，而且也確實符合這個人的權責或職務範圍，像是總統開除聯邦調查局局長，或是證券交易員買賣股票，又或者是議員對法案進行投票。而根據其他事實的真實性，我們能夠判斷這些行為是否妨礙了司法公正（總統此舉是否是為了要停止調查？），或者是否為內線交易（這筆交易是否是根據非公開資訊所進行？），又或者是否是場政治貪汙（這一票是否是賄賂而來？）。

調查人員的態度至關重要。心態與動機是關鍵，你必須真心想要找出事實真相、必須真心想要做對的事。有太多時候，大家只是想要贏，事實和真相根本不重要。但是，如果正義是目標，那麼在展開偵查時，你絕對不能執著於任何結果，也絕對不能預先做出任何假設。保持開放的心態就代表在沒有任何預設立場，你應該基於事實去推展理論，而非反向而行。

為什麼這如此重要？一旦你在心中確立了某種假設或理論，就很難跳出來了。人們傾向於過濾掉那些與自己心中的理論互相衝突的事實，他們會低估與心中理論相反的證據，或更有甚者，不會採納那些破壞了他們最初信念的新事證。最早在心中形成的信念最牢而不破。未經證實的信念弱化了你的大腦，讓思考能力變得遲緩，就如同發燒會讓身體變得虛弱無力。在任何真相的尋求中，若沒有從頭到尾保持著警戒，最簡單明瞭的首要原則也會變得搖搖欲墜，淪為一句只有表面的口號，就如同你都知道的：保持開放的心態、不要帶有偏見、不能有預設立場、不能輕率地下結論、要小心受成見的影響。

這個保持開放心態的做法同時必須要有毅力才行，因為這麼做會讓調查的速度變慢。在可怕的災難或暴力的罪行發生後，可以理解大家都希望趕快抓到壞人，因為受害者的模樣令人難以忘卻，同情和同理自然而然地湧出，也不難理解大家會想知道這些惡徒是誰，而且愈快愈好。

只要一有刑案發生，每個人都會變成賽車的狂熱粉絲，滿腦子只想著速度、速度、速度。

速度是調查最好的朋友，也是最糟糕的敵人。速度之所以是你的朋友是因為，有些證據消失的速度就像在太陽底下蒸發的小水窪：記憶會逐漸淡去、證人不一定一直都在，而相關文件也會消失不見。所以你會想要在很短的時間內盡可能地掌握到所有的重要線索。

但是速度過快也會讓人忽略其他證據，或做出錯誤的解讀。太過急切會犯下錯誤。如同羅馬帝國元老院的元老塔西佗曾說：「事實必須經過調查和延緩才能被確認；錯誤則是由操之過急和不確定所造成。」當你總是被催趕著要把進度向前推，就很難退一步來看事情，但是「往後退一步」很可能正是解決某件案子的關鍵所在。調查人員必須在耐心與急躁之間保持一種幾近不可能的平衡。擁有快速找出事情真相的衝勁非常重要，但擁有讓自己花時間把事情做對的冷靜自持也同樣重要。

當然，一場成功且高品質的調查取決於執行這項任務的人的經驗、聰明才智、機敏、好奇心、想像力、勇氣，以及鍥而不捨的精神。但同時也必須依靠其他東西：這些執行者的人品。我想人品在所有專業的領域中，或多或少都是很重要的關鍵之一。就像我雖然不清楚做蛋糕、開飛機和製作木頭櫥櫃需要哪些專業技術，但仍希望所有蛋糕師傅、機師或木匠都有很好的人品。尋找真相與責任歸屬需要的不只是執行調查的人，更要有尊嚴、榮譽感，以及獨立性。

接下來的篇章並不是講述該如何調查犯罪行為的入門基本課程。相反地，我會描述一些成功的案例，以及一些需要格外留意的案例。你會看到有些案例是某些人因為受到錯誤指控而鋃鐺入獄，另外一些真正有罪的人卻長期逍遙法外。你會讀到那些最優秀的調查人員所展現出的人性，就像是傳奇的黑幫剋星肯尼斯・麥卡比（Kenneth McCabe），我認為他立下了最佳的黃金典範。你會挖掘出審問的藝術與道德標準，同時稍微了解到為何有時候會採用俗氣的汙點證人，也就是一般所稱的「抓耙仔」的供詞。你會讀到科學的限制、人為錯誤的可能性、認真工作的態度與專業度的重要性何在以及——只要一個人，就足以伸張（或妨礙）司法正義。

真相有時難以一眼看穿：男孩們

一九八九年，我正要從大三升大四的那個夏天，在叔叔位於紐澤西州的小型保險公司領時薪打工。工作的內容很瑣碎，包括把電話簿裡成千上萬筆姓名、地址和電話輸入電腦，製作出廣告信收件人資料庫。這並不是開展輝煌法律事業最好的起頭，所以那個夏天，我非常歡迎任何可以讓我暫時休息的機會，好減輕腕隧道症候群。

八月的一個下午，我接到一通電話，來電者是高中時最要好的朋友潔西卡，她也正在放暑假，暑假過後就會是紐約州立大學賓漢頓分校的大三生了。辦公室裡的接線生剛好是我嬸嬸，她把來電轉接給我。潔西卡是我認識的人中最讓人愉快而且活潑的人，她很容易被人逗笑，但是把別人逗笑的速度更快，潔西卡永遠都是笑咪咪的。

但在一九八九年那個下午，潔西卡的聲音裡聽不出任何笑意。這是她在接下來的幾個月之中，打給我的第一通求救電話。她想要告訴我一些事，但是我完全聽不懂，因為她一直在哭——不是一般那種發生難過事情時的啜泣，是遭遇到重大悲劇、必須克服時所出現的顫抖聲音。我第一個想到的是她爸媽出了事，我和我哥以前每年都會在感恩節時去他們家吃點心，接下來想到的是她的兩個姊妹，她們也和我們讀同一所中學。

一兩分鐘之後，潔西卡冷靜了下來，這個壞消息是關於她父母一對認識多年的好友夫婦，她說：「荷西和凱蒂死了。」他們不但死了，而且是被謀殺的——殘酷冷血的謀殺——他們的屍體被獵槍射出了大窟窿，就在自家的客廳遭到近距離槍殺。當時他們正在沙發上吃著草莓和冰淇淋，一邊看〇〇七電影《海底城》。我們後來才知道，他們所受到的槍傷之猛烈，荷西的頭顱幾乎已經跟身體分離了。

我以前就曾聽過潔西卡提到很多關於荷西和凱蒂的事。她爸媽以前和他們住得很近，當時他們都還很年輕也都很窮，努力打拚著想要搬出皇后區。他們租了小小的公寓，彼此住得很近，都努力工作養家活口，同時在心裡懷抱著遠大的夢想。他們是密不可分的四人組，一起度過假期和周末，一起打網球、玩大富翁遊戲。

從這麼卑微的起點開始，多年後，荷西這位來自古巴的新移民，帶著全家人住進了比佛利山莊，不但在好萊塢發展得相當成功，而且無論怎麼看，都絕對是實現了眾人眼中的美國夢。荷西和凱蒂有兩個兒子，我聽說過他們是因為潔西卡小時候曾經很迷戀兩兄弟中的哥哥，這位哥哥後來進了普林斯頓大學。兩兄弟都俊俏帥氣而且都是運動高手，現在則成了孤兒。

在謀殺發生的那一晚，警察接到兩兄弟其中一人打的電話，語氣驚惶失措，說他發現了自己爸媽的屍體。警察火速趕往事發的住宅區，那是一幢價值五百萬美元的豪宅，前任屋主是巨星麥可．傑克森，而再前一任屋主是另一位巨星艾爾頓．強。他們發現小兒子在前庭的草坪上像個嬰兒似的蜷縮成一團，而一進到屋子裡，他們則是看到了一場大屠殺。

我從來沒有和這家人見過面，但是自覺從潔西卡這麼多年來的敘述中已經認識他們了。這時我聽著朋友邊啜泣邊訴說事件中那些可怕的細節，感同身受的哀傷油然而生。等到潔西卡平靜下來之後，我想這時應該可以再探問更多了，於是問她有嫌疑犯嗎？現在還沒有，她說，但是警察認為很可能是黑道殘忍的虐殺行為，也有可能是報復攻擊，但她完全想不到有什麼人會做出這樣的事情來。在之後的一段時間裡，警察也完全沒有頭緒。

最後，這場謀殺懸案成為了一九九〇年代第二轟動的刑事案件，僅次於O. J.辛普森的殺妻案。凱蒂和荷西是萊爾和艾瑞克．梅內德斯的父母，而他們是被兩個親生兒子殘忍殺害的。在這個可怕的事實經過很長一段時間之後，才曝光在世人眼前。但是對潔西卡和她爸媽來說，要接受這個事實需要更長的時間。

潔西卡無法前去普林斯頓參加葬禮，因為學校準備開學了。她的爸媽參加了葬禮（當然這場葬禮無法開棺悼念），新聞報導艾瑞克對於父母的死尤其哀慟欲絕。他們說，兩個孩子在葬禮上都以充滿愛意且生動的話語描述了荷西和凱蒂的生平。

我還記得潔西卡第二次哭著打電話過來，是一九九〇年三月，事發好幾個月之後。我坐在小小的宿舍房間那張硬邦邦的單人床上，一旁的檯燈亮著，大三論文繳交期限迫在眼前，看來這次又是一如往常得遲交了。她的聲音嘶啞，但比八月的時候要冷靜，她說：

「他們抓錯那兩個男孩了。」她一向如此稱呼萊爾和艾瑞克。就連到了現在，三十年之後，這兩個男人——都已步入中年，且因為弒親罪而在監獄中服無期徒刑——還是「男孩們」。他們凍結在時間之中，永遠是謀殺案發生之前的模樣。「警察怎麼可以犯下這麼離譜的錯？」她問我。這並不只是單純的抱怨，我在這個秋天就將前往哥倫比亞法學院就讀，她可能是要我跟未來成為法律人士的自己通靈吧，然後跟她解釋為什麼警察會犯下如此這般的滔天大錯（以及該如何處理才對）。

我在問出這個很理所當然的問題之前打了個冷顫：「潔西卡，有沒有可能真的是他們做的？」

她的回答斬釘截鐵：「不可能。百分之百不可能。」

「你確定嗎？」

「我知道不是他們做的。」潔西卡說，「我知道，我就是**知道**。」

就這樣她說服了我。

兩人被逮捕的幾個月之後，潔西卡再次打電話給我。她才剛跟男孩們的阿姨談過話，萊爾和艾瑞克坦承犯行。男孩們宣稱是為了自我防衛而殺了父母親，據他們供稱，兩人長年來遭受到荷西在心理、身體以及性方面的虐待。但為什麼要殺凱蒂呢？之後從一段萊爾與心理醫師諮商的錄音中聽他提到，殺母親是為了要「終結她悲慘的生活」。這些自白即將公諸於世，梅內德斯家的阿姨希望由她親口告訴潔西卡一家人，而不是讓他們從新聞上得知消息。我問潔西卡她父親的反應如何。「這比失去凱蒂和荷西更糟。」父親如此跟她說。

接下來是長達六年的漫長討論，其中牽涉到一場史詩般的法律爭戰，探討心理醫師錄音檔內容的可信度、爭辯自我防衛的法條定義，並向加州高等法院提起上訴，經過多次審判無效之後，終於在一九九六年，兩個兒子皆以謀殺罪定讞。這一切全都在大眾眼前上演，舉國上下受到極大的震撼。這場法律大戲被寫成了好幾本書，還被改編成電視影集。潔西卡甚至在第一和第三場審判中出庭作證。

在兩人坦承犯行時，我是個法學生。但是，在潔西卡得知事實真相的那個晚上，我們談論的不是刑事法律，也沒有去推測他們的辯護有多少成功的機會，或是若被證明有罪，所面臨的判決會是什麼。潔西卡和我談的是為何她竟如此輕易就相信了男孩們，自己究竟哪裡搞錯、究竟忽略了什麼。這麼多年的時間，有哪些事情是她沒有看見或者選擇不去看見的呢？有多少痛苦和折磨是她忽略了的呢？這場槍擊並不是一時激憤所犯下的衝動罪行。這場犯罪經過了精心的策劃與安排，事後也小心地將可能的跡證湮滅。萊爾在事發後開始豪奢地狂歡作樂，買了一台保時捷跑車、一隻勞力士手錶，還在普林斯頓買下一間餐廳。

潔西卡錯過了什麼醜惡的徵兆呢？梅內德斯夫婦的橫死令人心碎，而他們兒子在其中所扮演的角色更是教人難以承受，但真正讓她過不去的是自己的錯信，以及盲目到完全不考慮男孩們有涉案的可能，而最後發現這竟然才是事實。我們談了一整晚，直到朝陽升起。潔西卡「知道」他們沒有殺人，但他們確實殺了人，她努力想要理出個頭緒——我們都努力想要理出個頭緒。

很久之後，潔西卡和家人才想起一些感覺很詭異，甚至可怕的事情，或許當時就顯示出，在無懈可擊的美國夢表相之下，梅內德斯家早已暗潮洶湧。荷西是個相當強硬的父親，對兩個兒子完全不假辭色而且非常嚴厲。有一次，他半夜開車把當時十二歲的艾瑞克載到一處墓園丟下，完全不理會在墓碑間哭泣的兒子就揚長而去，宣稱這是為了要讓他變得更堅強。還有其他類似的事情，在案發後的幾十年間，潔西卡陸陸續續地說給我聽。但兩個男孩們長大後是如此優秀，至少大家是深信不疑，所以這類事情就逐漸被忘記或忽略了——直到謀殺案發生；又或者說得更精確一些，直到男孩們坦承殺害了父母。

我們那些聊了整夜的電話並沒有帶來任何重大啟發，只除了「你無法知道任何人的任何事」。你無法真正知道其他人在想什麼，或是心裡有什麼念頭，也永遠不知道他們能做出什麼事情來。儘管這聽起來令人沮喪，卻是非常明白的人生道理，但是對當時只有二十二歲、往後還得繼續在這個世界生活和工作的我們兩人來說，卻沒有辦法理解得那麼清楚。

那是我第一次明白，任何人都有可能犯下任何罪行，這也摧毀了我心中的某些信念。儘管如此，這份摧毀卻非常具有教育意義。直到今天，每當有人告訴我他「知道」這事不是某某人做的，我就會想起萊爾和艾瑞克・梅內德斯。這個反應讓人難過，但對某些特定職業的人說卻很有必要。因為有時候，所有信念、信仰和直覺都是錯的，這兩個生於百萬富豪家的天之驕子，真的殘忍屠殺了自己的父母。

這除了是個在一夜長大並喪失純真之心的年少故事之外，我與潔西卡的談話，對於日後我成為調查員和檢察官帶來非常大的幫助。無論任何罪行，我對嫌疑人都抱持著該有的懷疑，同時也不排除他們清白的可能。大家經常在法庭上一本正經地談論「無罪推論」的重要性，這個神聖的原則是刑案得以在公平公正的情況下進行審理的原因。也因為如此，陪審團才能夠在做出最後判決之前，先評估所有的證據並保留自己的看法。

調查有不同的階段。無罪推論對調查人員來說是個很危險的標準。調查人員必須對任何人可能犯下的任何罪行保持開放的心態，這個人可能是被害人的好友、親人，甚至是得天獨厚、表現優異的兒女。

當大家提到偏見時，指的都是負面的偏見，擔心人們基於對人種、族群和性別的偏見，可能會造成他們過度懷疑某個特定人士犯了罪。但梅內德斯的案子，和其他許多案子一樣，提醒了我們也需要小心正面的偏見，也就是相信外在表現正直的公民，或是表面上看來成功又富有的人，就不可能犯下詐欺、詐騙、傷害，甚或弒親罪。正面的偏見不只讓執法人員忽略了有嫌疑之人，或許更嚴重的是，讓那些在其他方面深思熟慮的人變成了受害者。

一個有種族偏見的白人男子，夜晚在路上看見一個穿著連身帽T的年輕非裔美國男子迎面走來時，很可能會選擇趕快過馬路到對街去，但這個白人男子卻可以心甘情願地把所有財產交給一個小有名氣、打扮入時，卻滿肚子壞水的白人投資顧問，而他所有的朋友也都毫無條件地相信他。

所以，這一切代表了什麼？我們該怎麼過日子才好？對一般人來說也許完全無法防備，該雇用誰當保姆？要聘用哪位律師？要讓哪位投資顧問加入團隊？究竟是要先把他們都當成壞人看待，還是要花大把時間調查他們的身家背景？這麼做會癱瘓你的日常生活和職場生活。但也許銀行行員、老師、學生，以及所有人都應該在日常生活中常保懷疑之心，只要發現事情不對勁，就立刻敲響警鐘。可惜這種情況並不常見。

真相跟你以為的不一樣：城市鄉巴佬

在你的日常生活中，有多少壞蛋或騙子？有多少人因為他們的外表、穿著或行為，被你認為對你造成威脅，或者是完全比不上你？有多少人因為他們的成功、權力和財富光芒而成為你的榜樣，讓你仿效或嫉妒？

常識以及多年和罪犯打交道的檢察官經驗告訴我，這兩種極端都說不過去。總是抱著懷疑防備的態度過日子實在太累了，每次互動你都不禁會想：這個人是個冒牌貨，他想盡辦法要設局詐我，他想要害我。但是，只憑外在的表象就盲目相信他人，更是種近乎愚蠢的天真。無論是對執法人員、商業人士，或一般人來說，在這兩種極端之間，依然還有空間留給正當合理的懷疑、保持距離的交際往來、一定程度的警戒，以及理智的注意。這些並不是幸運餅乾裡包著的善意小格言，它們真能帶來非常實用的結果，讓你一眼看出惡行並防範於未然，這些壞事之所以會發生，經常都是因為沒有人仔細去查核，看看我們從伯尼·馬多夫的騙局中發現的一切就知道。但是，名氣沒那麼響亮的小馬多夫們，依然到處都是。

我成為檢察官的第十天是個星期天。我穿著牛仔褲和T恤坐在辦公室裡，努力看完過去我的單位長官定期整理的本周罪案摘要報告，這時我的副手波伊德．強森（Boyd Johnson）出乎意料之外地走了進來，身旁還跟著詐騙小組的長官約翰．希勒伯齊（John Hillebrecht）。波伊德說：「約翰需要和你談談。」

讓我暫停岔題說明一下，在檢察官終身職生涯中我一直有非常優秀的副手陪伴，這真的是我的福氣。波伊德是我交往最久也最要好的朋友之一，我在獲得這份新工作的第一天，就將他從負責貪汙的專案小組主任升為我的代理檢察官。波伊德身材高挑、運動細胞發達而且討人喜歡，是位直覺非常敏銳的律師，也是個精力充沛且充滿啟發性的領導人物。我們之前曾經一起工作過兩次，一次是在私人事務所執業，一次是在紐約南區檢察官辦公室。現在我初來乍到這份新工作，他成為我的指引。這同時也是個快速的訓練重點：試試看你能不能和你這輩子最要好也最聰明的朋友一起工作。

波伊德離開之後，有四年的時間是由理查．札博（Richard Zabel）擔任我的副手。理查是整棟大樓裡最聰明的人，也非常腳踏實地，而且還帶著某種教授般的氣質。他會說法文也會寫小說，蓄著一把山羊鬍，說話時還會引經據典。他是個嚴謹的上司、用詞精準的主筆，更是難能可貴的知己，而且至少對我來說，他是那種認識一個禮拜之後，你就會覺得你們已經認識了一輩子的人。此外，到目前為止，理查是我唯一曾在公開場合為他唱歌的人（是在他的歡送會上）。

我還在任的最後幾年，金俊（Joon Kim）是我的副手。俊是經過英國艾希特大學、美國史丹佛和哈佛大學的頂尖訓練，表現比預期更優異的法律人。他行事謹慎且表現傑出，我想辦法把他從薪水七位數的佳利國際律師事務所（Cleary Gottlieb）引誘回公職服務。隱藏在俊幽默面具之下的，其實是份根深蒂固的理想主義。很少人可以像俊那樣讓我開懷大笑，我被開除時也是他陪在我身邊，真的是位非常優秀的聯邦檢察官。

這些題外話的重點是，沒有任何領導者能夠獨力把工作做好。所有事情都需要有夥伴才能完成，如果沒有慎選與你共事的人，就等著所有最糟糕的狀況發生吧。

回到前面所發生的狀況，事情是這樣的：聯邦調查局最近開始調查一位名叫哈珊・內瑪齊（Hassan Nemazee）的伊朗裔美國人，懷疑他可能涉入大規模的銀行詐欺。就在幾天之前，花旗銀行通知了聯邦調查局，他們有理由相信內瑪齊撒下瞞天大謊，用不存在的抵押品，騙到了一筆七千四百九十萬美金的貸款。這並非攸關國家安全的事情，也沒有立即的危險。所以，為什麼會在星期天出現緊急狀況呢？

這是因為嫌疑犯安排了一個讓人很為難的出遊行程，內瑪齊預定了當天晚上的一個航班，從紐華克自由國際機場飛往義大利羅馬。當嫌疑犯要離開司法管轄區時，大家總是會問：這究竟是一趟合情合理的短期出差行程，結束後他就會回來，抑或是，他收到檢警即將收網的風聲，所以就這樣落跑了？又或者他在國外的時候生了戒心，決定不回來，讓我們不只多了個逃犯，還顏面盡失。不過，平心而論，相反的情況有時也會發生。除了會有被告成功出逃國外，也會有毫無防備心的罪犯，都已經正式被起訴了，還是膽敢飛回美國，最後只好面對應得的制裁。這是真的，伊朗黃金交易商札拉布（Reza Zarrab），就讓一份密封起訴書毀了他與家人的迪士尼樂園之行。就整體司法案件而言，儘管這些事情沒有記錄，但嫌疑犯出遊旅行這個賭注的輸贏，應該是兩邊打平。

要避免內瑪齊搭機潛逃，最簡單俐落的辦法就是立刻逮捕他。幾個星期之後，我們突然又碰到另一個疑犯計畫出遊的狀況，當下立刻就行動了，一得知這位避險基金執行長拉賈拉特南（Raj Rajaratnam）已經預訂了出國航班，我們就以內線交易的罪名將他逮捕（但時間點遠比我們理想中的計畫提早了很多）。然而，這個案子是因為我們手上已經握有好幾個月的竊聽證據，以及許多正當的理由進行拘捕，儘管那個星期五早上突如其來的緊急行動，確實是讓我們的後勤和規劃碰上了不少困難。而內瑪齊的情況不同，調查仍在尚未成熟的階段。花旗銀行對他起了疑心（銀行代表不久前才要求要確認他的資產，言談中暗示他們會去找與內瑪齊往來的其他銀行），但是目前我們只有花旗銀行單方面的說詞，認為這位知名又正直的公民是個騙子，我們甚至沒有任何能支持這個說法的文件。

此外，內瑪齊和一般的目標不同。他是個極為富有、受人尊敬、名聲卓著的商人，與全美國任何一位你叫得出名字來的民主黨政治人物都保持友好關係，過去從未有不良紀錄。這位伊朗裔美國公民，已婚，育有三名子女，完全是美國夢的指標人物。他畢業於哈佛大學，平日樂善好施，提供給慈善團體及學校的捐款就高達一百萬美金，其中也包括哈佛大學、布朗大學、紐約斯賓賽學校、惠特尼美國藝術博物館，以及美國外交關係協會。

他也大方贊助民主黨的政治人物（巴拉克．歐巴馬、希拉蕊．柯林頓、比爾．柯林頓、喬．拜登、艾爾．高爾、約翰．凱瑞、查克．舒默）以及有影響力的共和黨政治人物（參議員傑西．荷爾姆斯、山姆．巴朗博克與艾爾方索．迪亞莫托）。他不但穿著高尚得體，舉止彬彬有禮，博覽群書，而且還住在一間位於公園大道上，價值兩千八百萬美元的公寓裡。

他與特定政黨關係密切這件事，對我們來說並沒有什麼大不了。我們南區檢察官辦公室不久前才對另一位知名的民主黨募款人進行偵查、起訴，最後定罪，他的名字叫做諾曼．徐（Norman Hsu）。我的工作非關政治，在鎖定目標時，我們對民主黨員和共和黨員一視同仁。重點是，內瑪齊擁有無懈可擊的好名聲。儘管地位崇高又富有的人在法律之前跟其他人沒有兩樣，但調查者還是得格外注意——尤其是還在蒐集證據時——不要對還只是嫌疑對象的人造成名譽上的傷害。這不只是對目標人物的名譽很重要，對聯邦調查局和美國聯邦檢察署的名聲和信譽也同樣重要。眼下這個狀況需要審慎處理：是要讓內瑪齊離開，希望他會回來，還是要想個辦法阻止他？

我們決定採取一個比較中間立場的做法，保有彈性的空間。兩位優秀的探員將會前往紐沃克機場攔截內瑪齊，目標是避免最糟的情況發生：內瑪齊搭上飛機離開。我們所有人的惡夢就是讓一個很可能犯了罪的人飛走。幹員們決定要表現出謙恭有禮的態度，因為經驗告訴我們，好聲好氣地跟對方講清楚說明白，通常是解決問題最好的辦法。這兩位幹員會用沉穩、尊重，但同時堅定的口吻，跟我們這位看起來很高尚斯文的嫌疑人好好談。

為了避免最不樂見的結果，我們預期會有三種可能的情況發生：內瑪齊會對聯邦調查員說謊，這樣他們就可以當場逮捕他；他會承認自己某種程度涉案，這樣也可以當場逮捕他；又或者，他會自願留在國內，等我們把事情釐清。

兩位探員提早了好幾個小時到機場，一直等到內瑪齊通過安檢，確認他身上沒有武器之後才上前表明身分。當兩位禮數周全卻配戴武器，表示自己是聯邦調查局探員的人出乎意料地出現在內瑪齊面前，並向他說明花旗銀行指控他用詐欺和造假的手段騙走了七千五百萬美元，各位覺得他會做何反應呢？嗯，當下內瑪齊的反應只能說是個完美的紳士，冷靜得就像是個高級飯店的櫃檯經理，在處理一件預約訂房失誤的狀況。他很有耐心地向探員解釋這一切都是個天大的誤會：「我真的有我向銀行提出抵押的那筆錢。這真是個天大的誤會，我的的確確有這麼多錢。」探員不知道該不該相信他，但聽起來很有說服力。儘管對他來說一定非常震驚也非常不方便，但內瑪齊很樂意地配合，而且完全看不出來有任何生氣或埋怨的樣子，同意聯邦探員的要求留了下來。他沒有搭上那班飛機。

約翰聽完兩位探員的報告後回到我的辦公室，向我和波伊德說明最新狀況。我心想：「嗯，這真是讓人鬆了一口氣。最糟糕的情況就是我們稍微冒犯了一個遭受花旗銀行錯誤指控的人，也稍微讓我們自己出了點糗而已。」我並不是個太在意外在表現的人，但當時還早，而且這個指控看起來互相矛盾，我已經做好心理準備，內瑪齊可能有罪，也可能是無辜的。從他在機場時如此冷靜、沉穩和鎮定的表現來看，我覺得應該是我們搞錯了。

兩個小時後，長年來一直受內瑪齊委任的律師莫考斯基（Marc Mukasey）打了通電話給約翰，說了一些完全超越一般辯護律師在這種狀況下會說的話。他不但重申了內瑪齊所說的話（「這一切都是個天大的誤會」），更進一步表示，他願意為內瑪齊背書。他解釋自己經常和內瑪齊碰面，會一起去看洋基隊的比賽，坐在公司的專屬座位席上，而且內瑪齊無論走到哪裡都是個風雲人物。莫考斯基是這麼說的：「他不只是我的客戶，也是我的朋友。」

接下來更驚人的來了。莫考斯基說：「他明天會把錢全數還回去，這樣可以嗎？」我不禁想，還好我們沒有逮捕他，要不然後果可就嚴重了。如果他真的是個詐欺犯、如果那光鮮亮麗的生活全個謊言，而且手上根本沒有他宣稱的那些資產，那麼要在半天的時間內湊齊七千四百九十萬美金還回去，是個很高的賭注。即便是真的很有錢的人，都會因為資產流動性的問題而有困難。

當天晚上睡覺前，我想著一件之前我就已經很清楚，但隨著這一整天的發展下來好不容易鬆了口氣的事：在是否進行逮捕的整個決策過程中，每一個決定都讓人捏把冷汗。

毫無疑問，起訴某人是個極端重大的決定，但是當你身處瞬息萬變的調查階段之中、當事實尚未釐清之際，還無法真正了解動機和意圖之時，決策者會被包圍在一團天人交戰的迷霧之中，看不清方向。特別是當眼下的情況逼得你不得不在調查自然而然發展完成之前，迅速做出決定。我想到我們避免了可能會發生的丟臉情況，然後就這樣睡著了。

第二天，我還想著內瑪齊的事。經常有人承諾會湊出錢來交保或做其他什麼事，但最後卻無法兌現，這也不是什麼新鮮事了。但在就在中午之前，約翰又來到我的辦公室。「老大，你知道嗎，你他媽的絕對不會相信有這種事，但他剛剛真的把錢全部還回去了。」七千四百九十萬美金，彷彿沒什麼大不了。我往後靠在椅子上，然後說：「真是見鬼了。」但我沒有真的把「鬼」字說出口。

就連我們彼此慶幸著這件事處理得宜之際，我心裡都還在想：「天啊，我們差點就搞砸了。」

但就在約翰離開我辦公室之前，他看看我，又看看波伊德，然後說：「你們知道嗎，讓我們繼續看下去吧。我不覺得我們已經看到了事情的全貌。」身材高䠷、臉型有稜有角的約翰過去是個怪獸等級的辯護律師，曾經擊垮無數黑道的高階分子，如果你想知道如何讓犯人對眼前的證據俯首認罪，找約翰就對了。他的第六感堪比黃金般珍貴；他的直覺則是非正式的合理根據。不過這一次，最好的結果就是他的直覺失準。

時間快轉到幾個小時之後，約翰再次來到我的辦公室。他跟早上進我辦公室時一樣，一進來就說：「老大，你他媽的絕對不會相信有這種事。」我抬起頭來看著他。「那筆還款有蹊蹺。」約翰和聯邦探員去查了那筆錢的來源，聯邦探員立刻就發現不對勁——那筆款項是由滙豐銀行所支付。

就在我們追查了花旗銀行和滙豐銀行的文件以確認新的抵押品之後，這位既友善又富有的哈珊·內瑪齊的真實樣貌就更加清楚了。為了要拯救自己不被花旗銀行指控詐欺，星期一早上，內瑪齊就這樣大搖大擺走進了另一家大銀行的大廳，依樣畫葫蘆地施展了同樣的欺詐招數，再加上他全身散發出富裕、成功、備受尊重的氛圍，就這樣，不費吹灰之力，他又騙倒了第二家經驗豐富的金融機構，為他掏出了七千四百九十萬美金。要能做到這樣，我想不但需要影響力，也需要足夠的膽識。

這就是決定命運的時刻了。內瑪齊先生面臨的結局是：在一瞬間，他讓自己惹的麻煩翻了一倍，因為在聯邦法律中，詐欺的刑期與詐欺的金額息息相關。我們不能再等下去了。約翰和聯邦探員達林·巴克（Dalynn Barker）一起將足夠的事證拼湊起來，拿到了當天晚上內瑪齊的逮捕令。

接下來一連串的調查揭露了一段充滿了謊言的人生。內瑪齊的銀行詐騙行為不僅止於花旗銀行和滙豐銀行，還有美國銀行。他編造出根本不存在的金融機構、偽造簽名和各種文件，以此證明自己的抵押品足以換取這麼大的一筆貸款，他不斷重複提出假造的證明，表示自己在美國國庫中存有數百萬美金。內瑪齊捏造他的辦公室地址、電話號碼、銀行地址和代理人。他有一家公司的地址位在麥迪遜大道五百七十五號，結果發現那裡根本是一家提供代接電話服務、代收郵件服務，以及出租會議室的公司。歹戲拖棚到最後，內瑪齊在法庭上認罪，承認自己從各家銀行詐騙得手的貸款總金額高達二億九千萬美元。雖然他住在價值二千八百萬美元的公寓裡、開藍色瑪莎拉蒂跑車、搭乘賽斯納680私人飛機、駕駛一百三十五呎的遊艇，而且在翠貝卡區、義大利和卡托納區還擁有價值數百萬美金的房產，但內瑪齊壓根就不是個有錢人。這一切全都是場裝模作樣的把戲。

大家對內瑪齊被捕的反應十分有意思。政治人物紛紛手忙腳亂地急著退還他的捐款，熟人和同事則是大表震驚和意外。報紙上還匿名引述了一位內瑪齊財經界朋友所說的話：「大家是真心喜歡他，連我太太都是，她可是個一哩外有老鼠都聞得出來的人。撇開詐欺銀行這件事不談，內瑪齊是個非常棒的人，他是你這一輩子能夠遇到最值得尊敬、最彬彬有禮，也最知書達禮的人了。」這段評論裡有很多值得細究之處，首先就是這位紳士對他太太——或任何其他人所懷抱的奇特信心，再來是他這番話裡所提出的前提實在堪稱經典：「撇開詐騙這件事不談。」

你可能不會同情這件案子裡的受害者。畢竟，那是三家大型跨國金融機構：匯豐、花旗和美國銀行，其中兩家在不同的狀況下也分別被我所屬的檢察官辦公室指控詐欺。他們為何會受到內瑪齊個人魅力與外型打扮所蠱惑呢？這些人沒有將梅內德斯兄弟案的教訓牢記在心：事情並不總是你想的那樣。在一起銜著金湯匙出生的兄弟謀殺自己富有爸媽的謀殺案裡如此，在一樁經過巧妙設局來欺騙全世界最大規模銀行的詐欺案也同樣是如此。

這些受人喜愛、尊敬、規模龐大，帶給大家成功的銀行，省略了最簡單的檢查作業，但其實法律規定銀行必須要「了解你的客戶」。儘管他們已經準備好要將這麼大一筆款項貸給內瑪齊，但從來沒有打過他的手機號碼、從來沒有親自前去他所宣稱的工作地點訪視過，更從來沒有想過要去求證內瑪齊所提供的任何資訊是否真確。雖然「責怪被害人」絕對不恰當，但我們應該可以，也應該要問：「為什麼這些銀行的螺絲這麼鬆？他們為什麼會做出讓自己單位損失數百萬美金的假設，連最基本的檢查都沒有做呢？」這一點需要大家好好想想。

令人失望的現實是，那些聰明、心思細密、身家豐厚的專業人士，也會基於他人的外表、學歷和人脈，而做出很輕率（且代價也很大）的判斷，但其實只要稍作探查，就很容易能揭穿假面具。只要用某種特定的方式走路和說話，表現出某種菁英和上流社會的儀態，再製造出皇家貴族般的氛圍，你很可能就可以成功詐騙到數百萬美元。

也有人對此懷抱不同的看法。哈珊．內瑪齊這一生中也做了不少好事，在法官史坦（Sidney H. Stein）進行判刑裁量時，他的律師在法庭上所提出的主要抗辯理由就是：內瑪齊是個好人，他只是做了壞事。這是個捐了很多錢給各個不同慈善機構、養育出三個優秀子女的好人，他對社會有所付出，幫助了很多人。絕對邪惡的壞人其實很少，通常我們遇到的多是有各種面向的複雜人類，他們可以一方面付出極大的愛心與善行，另一方面卻同時犯下重大的詐欺和惡質罪行。

內瑪齊並不是特例，本質上他就是個知名度沒那麼高的伯尼・馬多夫。他們兩人都同樣利用自身的魅力、風度、社交人脈和獨特性，操縱愚弄他人於股掌之間。在此我舉幾個遭到馬多夫詐欺的「鄉巴佬」：名導史蒂芬・史匹伯、演員凱文・貝肯、凱拉・賽吉維克以及約翰・馬克維奇，還有逃過猶太人大屠殺並獲得諾貝爾和平獎的埃利・維瑟爾、晉身名人堂的名投手山迪・柯法斯、紐約大都會棒球隊的共同老闆費瑞德・威爾本、影劇大明星莎莎・嘉寶、前紐約州長史必哲、前美國國務卿季辛吉的家族、夢工廠執行長卡森伯格、參議員勞登伯格，以及國際奧林匹克運動委員會。

遭到他詐騙的不只個人，銀行也深受其害。此外，美國證券交易委員會在長達數十年的時間裡，也沒有識破他的詐騙行為。重點是，馬多夫能夠隻手遮天，矇騙那些億萬富翁和大人物，更遑論一般大眾及其家庭。最後的結果就是導致了災難性的損失：高達數百億美金的財富和積蓄。

馬多夫的手法和內瑪齊沒有兩樣。他先建立自己的名聲，而要做到這一點就必須先設下一些障眼法，比方說，一間位在曼哈頓上東城區，價值七百萬美元的公寓、一處位在棕櫚灘價值兩千一百萬美元的私人住所，當然還有一艘五十五呎長的遊艇。這些東西必須在他人面前曝光才能發揮功用，所以馬多夫致力於深耕跟目標人物之間的關係，很快地，靠著口耳相傳的推薦，他就有機會接近政商名流。但也不能只靠拍馬逢迎，有時候還得擺出高姿態才行，這種惺惺作態的高傲，更讓人想要找他合作。到最後，馬多夫這個聲譽卓著的理財專家地位，讓他成為一個指標性人物：能跟他一起投資，就表示你是個角色。所以大家爭先恐後地這麼做，完全不帶一絲質疑。

到處都有小馬多夫的存在，比方說，肯恩．史達爾（不是那位同名同姓的法官）。我們起訴的肯恩．史達爾是個證券交易員，人稱「明星交易員」，當時他是個在曼哈頓工作的投資顧問，為許多好萊塢知名人士進行股票買賣交易，因而得到這個名號，他的客戶包括了席維斯．史特龍、娜塔莉．波曼、艾爾．帕西諾、鄔瑪．舒曼，以及馬丁．史柯西斯。他從這些人身上狠狠地捲走了大筆財富。

為了取得客戶的信任，史達爾聲稱自己與幾位擁有良好信譽的生意人交情熟稔，比方像是黑石集團的聯合創辦人彼得．彼得森。就如同後來《紐約時報》報導所說：「他會跟好萊塢吹噓自己在華爾街認識的人脈，同時也會對華爾街的人說在好萊塢聽到的內幕軼聞，藉此討他們的歡心。」這是典型的詐欺手法。幾年下來，史達爾賺進了大筆財富，買下一間價值七百五十萬、位在曼哈頓的公寓，裡面還有一座長三十二呎的泳池。但是，和馬多夫一樣，史達爾也是在玩一場龐氏騙局——他並沒有將客戶的錢拿去投資，而是拿新投資人的錢去支付舊投資人的報酬。最後，他遭到逮捕、起訴、定罪，被判入監服刑七年半。

光是靠工作已然超量的執法人員，配著槍和警徽在一段距離之外努力，還不足以維護法治單位的公平與公正；光靠他們的力量還不足以防止這世界上所有的馬多夫、內瑪齊和史達爾興風作浪。唯一能夠讓這類詐欺犯斷念的方法就是，做讓他們最害怕的事：他們害怕來找自己的人都會發問、要求他們提出證明，絕不會只聽他們空口說白話就全盤買帳。這麼做有時會讓當下的情況變得不愉快而且充滿敵意，但卻是必須的。聽起來很理所當然，但每天還是會有非常精明的人上當受騙，而這些精明的人都不會問該問的問題。

對我來說，內瑪齊事件是個讓我展現骨氣的時刻。我想確定自己讓所有該為這些罪行負責的人都受到制裁，但又不想讓自己和所屬單位出糗，尤其是我才剛上任十天。儘管很多人都會說，你不應該擔心別人會怎麼想，但實際上就是很難不擔心。如果你認為自己做的是正確的事，別人可能只是不了解，又或者是出於不同的政治立場或理念原則而批評，那麼要大聲地（在心中）對他們說出：「去死吧！」也就沒有那麼困難了。

有骨氣的意思是，不能害怕自己因為想把事情做對而猶豫不決，但是也不能因為害怕外界的批評，而草率做出任何舉動。關鍵就在於，你得確定自己的「謹慎小心」不會到最後變成「動彈不得」，而負責任的「積極行動」不會變成「魯莽行事」。就如同在伸張正義過程中會出現的所有狀況，無論是在調查階段或其他階段中，所有做法都需要有所平衡。這裡沒有科學原理、沒有數學公式，也沒有精確的秤，可以讓你把所有事情都調整到最平衡的狀態，但無論如何你都必須要設法做到才行。

黃金調查員：黑道剋星肯尼斯．麥卡比的工作倫理

穿過位於紐約市第一街安德魯廣場的紐約市南區檢察官辦公室大廳旋轉門之後，你會走進一個看起來戒備森嚴，像是大型國際機場候機室的地方。正前方，穿著藍色制服的警衛站在兩片防彈玻璃之後。出入這間辦公室的人——警察、辯護律師、快遞、等著要繳保釋金的被告家屬——要不是像無頭蒼蠅般四處亂撞，就是坐在灰色地毯上的黑色人造皮椅上靜靜等待。唯一帶給這個空間色彩的就是幾樣相當怪異的藝術設計，其中一個非常巨大，佔據了左側的一整面牆，這是一幅用粉蠟筆描繪幾張嚴肅臉孔的畫，畫中的人長相很普通但人種全都不同，而且都是專業人士。第二個則是悠悠地漂浮在大家頭頂上，名字叫做「暴風雨中的獨木舟」。這是好幾艘真實大小的獨木舟，掛在大廳挑高的天花板上，就像嬰兒床上掛著的活動玩具一樣。來到大廳最右邊，在「懸賞」海報張貼板後方，放著大家經常會看到的木製講台，正面鑲嵌著司法部的徽章，一旁還放著一面美國國旗，等待著下一次開記者會時再出動。

你很容易會錯過這個大廳的精神象徵，那是個小小的直式紀念碑，不起眼地擺放在旋

轉門的右側。上面記載著對紐約南區檢察官辦公室有著長期貢獻的探員肯尼斯．麥卡比的事蹟，他於二〇〇六年因惡性色素瘤逝世。

在這個王牌調查員濟濟的單位裡，肯尼斯．麥卡比絕對是第一把交椅。身材高大、外型粗獷的他是愛爾蘭裔，因為與西西里島黑手黨五大家族——甘比諾（Gambino）、吉諾維斯（Genovese）、伯南諾（Bonanno）、盧切斯（Lucchese）、科隆波（Colombo）——周旋和交手的各種事蹟，而成為傳奇的黑幫專家。肯尼斯知道黑幫中所有小弟的小弟是誰，一位專門撰寫犯罪事件的作家曾這麼形容他：「據說他只要看黑道分子的舉止動作，就能說出這個人的階級和地位。」

肯尼斯有點像約翰．韋恩，但他才是現實中真正掃蕩黑幫的剋星。肯尼斯是那種膽大包天，願意長途跋涉出現在黑幫喪禮、婚禮和受洗禮上的警察，他槍套裡放著槍，手上拿著攝影機，為手上已經頗為可觀的黑幫寫真集拍下一張又一張照片。不只肯尼斯認識所有的黑道，這些黑道也都認識他。有時候他們還會對著正在拍跟監照片的肯尼斯微笑揮手，在街上遇到時，還會跟他點個頭，用頗友善的口氣說聲：「嗨，肯尼。」偶爾，他等在教堂或俱樂部外等著要拍監視照片時，他們還會派人送三明治或咖啡給他。

多年來，肯尼斯的辦公室座位都在第一街安德魯廣場的九樓。在那裡，他保存了好幾個檔案櫃，裡面裝滿了自己拍的照片，這些照片拍下一個個名聲響亮但最後鋃鐺入獄的黑幫分子正在與其他黑幫交涉——或者用行話來說，正在「談生意」的畫面。肯尼斯花費大把時間去拍攝的這些照片並沒有白費，這是呈堂證供的一部分，陪審團會在多到數不清的黑幫罪案審理中看見它們，也會聽見對這些照片的說明。要讓案子能夠鐵證如山的一個關鍵就是，你得將黑幫各成員之間的關聯性和關係全部清楚記錄下來。多年來，數百張肯尼斯所拍攝的監視照片都被貼上了政府的黃色證物標籤，並在審判時被當作證據來使用。

肯尼斯經常以黑手黨專家證人的身分出席審判，對無數位陪審員說明過典型組織化的犯罪家族的層級架構、成為黑幫成員要經過的程序、成員如何執行黑幫的緘默法則，以及入會者如何用自己的手指頭來歃血為盟。他也解釋，就算內部出現極大的矛盾衝突，你也不能在沒有得到允許的狀況下幹掉任何高階幹部。

肯尼斯是個身高六呎六的巨人，但絕不是個衝動行事的莽漢。我有次邀請他上證人席，那次開庭是因為一位紐約上州的員警被投訴為黑幫甘比諾家族的高階成員、綽號「屠夫」的文尼．科拉歐（Vinnie "the Butcher" Corrao）開後門行方便。我們以妨礙公務與勒索的罪名為籌碼找上這名員警，希望他能為了保全自己而供出文尼的犯罪事證。但我們犯了兩個錯誤。首先，我們並沒有完全掌握住遭勒索的被害人，結果他最後在庭上翻供（我們堅信是因為出於恐懼）。第二個錯誤則是我們低估了警察拿自己的退休金來做賭注的意願。所以，這位員警不但沒有翻轉立場，反而膽大包天地站上了法庭，隨著勒索的罪名被撤銷，我們只能依靠相較之下薄弱許多的指控來繼續審判。當時的法官是麥克．穆卡西（Michael Mukasey），他之後當上了美國司法部長。

我們手上握有竊聽的錄音檔，但是這些錄音無法完全證明這位員警的涉案。我傳喚肯尼斯來做證人，是為了請他說明西西里島黑手黨的犯案手法，曾經是警察的肯尼斯，對於出庭作證指控同僚一點也不畏縮。在直接詢問的時候肯尼斯就跟平常一樣有條不紊地敘述，而在交叉詰問的時候，辯方律師極盡所能地大肆批判我們的監視手法，特別是我們採用竊聽的方式取得證據。就在一連串與監聽有關的問題之後，律師先是看了看陪審團，然後再轉頭看著肯尼斯，接著幾乎是用吶喊地說道：「麥卡比先生，如果你所有的電話內容都偷偷地被政府錄了音，請問你會做何感想？」

毫不遲疑，肯尼斯冷靜地開口回擊：「我沒有什麼不能讓人聽見的事，你呢？」有好幾位陪審員當場忍不住笑了出來。最後我們還是輸了這場官司。當那位員警當庭無罪釋放時，我真的覺得自己讓肯尼斯失望了。他掃蕩了數不清的黑道大老，但對我手上這個小案子的重視程度，完全不亞於那些能夠撼動局勢的大案子。

我跟肯尼斯合作的案子沒有其他人多，但是對他留下非常深刻的印象。身為聯邦檢察官的我，以他的名字設立了「麥卡比獎章」，這個獎項跟另外兩個設立多年的獎項一同在部門的年度聚餐中頒發，表揚那些忠實體現了肯尼斯的道德精神與人格的執法同仁。究竟是什麼讓肯尼斯．麥卡比如此與眾不同？為什麼我們不應該只是紀念他，而是要仿效他呢？

其中一個理由是，他發自內心尊重工作該有的德行：不取巧、不自吹自擂，更不會把失敗歸咎於他人。他認為我們不只是要把工作做完，更應該要把工作做好，而且每天都應當如此。即便工作難度很高也不能放棄；即便工作很無趣或者沒有人看得見也一樣；即便這份工作看起來微不足道、比你的職位低下，或是浪費了上天賜予你的才能也一樣。肯尼斯就是拍他的照片、巡守監視區域、追蹤線索，日復一日花苦工四處搜尋，知道自己需要好幾年的時間才可能成案，也可能最後根本成不了案。他是個一步一腳印的人。

幾年前，我受邀在哈佛大學法學院的畢業紀念日上演講，當時提到費城人隊的巨投哈勒戴。我描述了就在正好四年前，哈勒戴是如何立下了所有運動中最罕見也最困難的功績：他投出了一場完全比賽。九局比賽中，零安打、零上壘，二十七位打者站上打擊丘，二十七位全數出局。他表現完美，也因此在棒球史上寫下了一筆輝煌。接著，四個月之後，二〇一〇年十月六日，在同一個球季裡，哈勒戴投出了一場無安打比賽（雖然不是完全比賽，但也已經非常接近了），而這是他在季後賽的表現。在棒球史上，只有兩個人曾在季後賽投出無安打比賽——僅僅兩個人而已。

費城人隊的投手教練杜比曾被問到都給這位王牌投手什麼樣的投球指導。這位教練說他教哈勒戴做的事情很簡單：「上場時盡力做好該做的事。如果你能在場上盡力，你就有機會創造出了不起的成績。」

就是這樣。

野心勃勃的人會把每一次布局都想成一場球賽，他們總希望著自己能投出一場完全比賽。但事情並不是這樣的。我們確實應該要期許自己達成里程碑式的成功（肯尼斯當然也是個很有野心的人），但我們得一次投一顆球，一步一步慢慢來。一球接著一球投下去，這才是造就完全比賽的方式，或者也可以說，這才是成就偉大事業的方式。沒有任何一個在球賽當天心裡想著「我要投出完全比賽」的投手，最後真的辦到。這不但不切實際，也是種傲慢的態度。然而，人們總是一直在重複相同的錯誤，在還沒有學會如何努力做好之前，就希望一步登天變得偉大。但，全世界所有的肯尼斯．麥卡比都知道事情不是這樣子的。

除此之外還有什麼？肯尼斯是個專家，對追查和跟監黑幫分子這份工作徹底投入，已經到了幾近強迫症的地步。他知道紐約和紐澤西所有義大利黑手黨分子的所有事，就是有辦法知道得比其他人都多。要想成為某方面的專家，你必須要能全心全意地沉浸其中，近乎癡迷才行。如果你真的很想要知道跟魚有關的一切，就必須生活在水裡，而肯尼斯就是這樣做的。他生活，甚至連呼吸的空氣都和黑幫分子一樣，他記得每一張臉、每一個人的名字、彼此之間的關聯、所有人的家族譜系、衝突和發動過的戰爭。他連地位最低下的小弟所說的話都會仔細聆聽，而且牢記在心，他很清楚，這一小塊線索會在某天幫忙拼出完整的罪案全貌。

這樣的投入程度在你眼中或許有點太超過了。一般優秀的探員或警察盡忠職守，他們逮捕罪犯，或是在毒品案、幫派鬥爭、搶案，甚至是恐怖攻擊案中有非常傑出的表現，就會被調派到另一個小組或分局（如果是聯邦調查員，甚至會被調到另一個城市去），不可能再繼續待在同一個地區，像肯尼斯那樣收集對長期調查來說是十分重要的深度情資。

許多有野心的人沒有耐心，也因此，他們的雄心壯志無法帶來太多結果。肯尼斯擁有堅忍不拔的信心，而且也完美呈現了他的成果。如同《紐約時報》在他的訃聞中如此寫道：「肯尼斯的工作是協助顛覆推翻黑幫教父。」而他也確實做到了。有了他的幫忙，警方才能將伯南諾家族的老大和盧切斯家族的代理老大繩之以法。他自己也親手逮捕了甘比諾家族的老大卡斯提蘭諾，後來這位老大在史巴克牛排館外被暗殺身亡，他接著又逮捕了下令暗殺卡斯提蘭諾的人，小約翰・高堤。因為肯尼斯・麥卡比而鋃鐺下獄的殺人不眨眼、令人聞之喪膽，吸人血的黑幫分子，是現代犯罪史上人數最多的。沒有一身鐵血傲骨的人是辦不到的。

肯尼斯的工作經常都是案子裡最關鍵的部分。像是一九九〇年代的一場有關黑幫分子的審判，一位名叫詹姆斯・柯梅的年輕檢察官亟需找出一位盧切斯家族成員和甘比諾家族代理老大之間的關聯，肯尼斯立刻就認出兩人在一九八三年的一場婚禮中曾有接觸。這就是肯尼斯，他根據自己獨有的地下人際網，二〇〇四年首次在法院的庭審中披露，綽號「文尼」的文森・巴西亞諾（Vincent Basciano）已經接手成為惡名昭彰的伯南諾家族的老大，而這份證詞對巴西亞諾被定罪具有關鍵性。

但肯尼斯不只如此，還有其他的優點：他是個誠實又公正的人。從來沒有人見過他大吼大叫、動手動腳，或是對即便最罪惡貫滿盈的黑幫分子有任何踰矩的對待。為了要確保能夠讓罪犯俯首認罪，有時候難免會使出哄騙嚇唬的手段，我們會採用激將法、臥底和監聽等方式，但是肯尼斯絕大多數時候都是直來直往而且光明正大。他在跟蹤目標看得到他的地方拍照，也會在街上把他們當作一般人而非惡棍一樣聊天說話，儘管其中一些人真的是惡棍。他讓大家願意把事情告訴他——那些很重要、但他們不願意告訴其他探員的事，因為大家信任也尊敬他。我的一位前輩大衛·凱利說，黑幫的高階成員都很尊重肯尼斯。「黑道最重視的就是遵守規則，而肯尼不說謊。他用公正的態度對待他們，他們被逮捕一點也不冤枉，只是剛好而已。」

肯尼斯不咄咄逼人，但也明白人心險惡。他不需要揮舞警棍或球棒，就能把工作做好。他的力量來自於人格與個性，而不是健壯的手臂和高大的身形。他了解逞凶鬥狠並不代表真正的剛強，剛強來自於你的性格。這位傳奇黑幫剋星在把目標送上警車時，不需要對他們動手動腳或是惡言相向，也不需要威脅或欺凌他們，而這是許多即將成為領袖的人所犯的錯。

肯尼斯明白，如果你說自己很強，那麼其實一點都不強；如果你說別人都很怕你，那其實沒有人真的怕你。我看過太多人用威脅恐嚇來讓人就範，他們的腦袋裡只知道欺負和輕視。會折磨別人的人並不剛強，他們都很軟弱。如果要比剛強，沒人比得過已故的艾森豪將軍，他曾說：「你不是用打壓的方式來帶領人——那是侮辱，不是領導。」而肯尼斯完全明白這個道理，追求正義需要真正剛強的人：你必須堅持到任務完成、必須勇敢地承認自己的錯誤，還得有足夠的骨氣，能夠在該保守祕密時閉緊嘴巴。

回想起二〇〇六年初時，辦公室有好幾樁起訴黑幫的案子，有一次我們三個同事一起去一間位在法院旁的破舊中國城酒吧喝酒。當時我們都有稚齡的孩子，是三個還在努力往上爬的年輕檢察官。肯尼斯在法庭上作證完之後也過來加入我們，幾杯啤酒下肚之後，他說了幾句關於家人的話，我永遠都不會忘記。肯尼斯一臉悔恨地說：「千萬別只把時間花在讓自己變成大人物，卻錯過了陪孩子長大。」這是在往後的人生中，你會時不時懷著內疚想起的話。

肯尼斯的家人也對他抱著無上的敬意。我在開始寫這本書時，曾和他兒子杜克碰過面，希望聽到更多故事，而他也跟我說了很多。其中一個故事是這樣的：在杜克大概九歲左右，每個星期天都會去皇后中區購物中心旁打籃球，離皇后區歐頌公園的勃根杭特費雪俱樂部（Bergin Hunt & Fish Club）不遠。那是約翰・高堤和甘比諾幫派分子碰頭聚會的地方。等杜克打完籃球之後，肯尼斯會開著他的奧茲摩比88（他只開美國車）稍微繞點遠路，慢慢開上一〇一街大道，經過俱樂部，只是想看看有誰在那附近。他會拿出便條紙放在方向盤上，快速記下看到的每一個人的名字，還會拿出另一本便條簿給杜克，叫他寫下那個街區裡所有汽車的車牌號碼。而年紀小小的杜克盡職地把所有車牌的字母和數字一一記了下來，有時用的是原子筆，有時則是蠟筆，然後拿給他威風凜凜的爸爸。這是他最喜歡的回憶之一。

這麼多年來，數以千計的人進出過聖安德魯街一號那個像是機場候機室的大廳。其中絕大多數人可能都沒有停下來讀過掛在肯尼斯那張五乘七吋、樸實照片下方紀念碑上所鑄刻的文字。上面是這樣寫的：

我們永遠懷念的肯尼斯・麥卡比

一九四六—二〇〇六

肯尼斯是個不可多得的好人，也是位傑出的探員，在他英年早逝前的二十五年之中，為美國打擊義大利黑手黨立下了不可抹滅的偉大功績。他為人誠實、天資聰穎、性格堅毅剛強，但有幸親近他的人都知道，在高大威猛的外表之下，有顆堪比棉花糖般柔軟的心。他為美國檢察署打造了足以傳世的典範，行事低調不搶風頭，一生以鋤強扶弱作為個人使命。他最好的朋友凱西也是他一生的摯愛，他們一起養育栽培了四個孩子、五個孫子，用心經營位在皇后區的家。此後，再也沒有任何比他更好的人會出現在這個大廳裡了。

肯尼斯・麥卡比之所以成為傳奇，是因為他對自己負責的事情從不妥協。我們需要更多像他這樣的人。

確認偏誤：第十七號潛伏指紋

會犯錯的人類在這個不完美的法治系統中工作，無可避免一定會做出糟糕的決定。而這些在一開頭就做出的糟糕決定，會讓人走向萬劫不復的方向。不過，絕大多數時候，我們還是有機會可以回頭，只要能夠早點發現並重新思考這個決定就行。

不過，要人重新思考是很困難的事。一旦某個想法在腦袋中成形，你就很難擺脫它了，心中有了定見，就很難收回。研究顯示，目擊證人總是認定自己最初的看法，醫生總是認定自己最初的診斷，而律師也總是認定自己最初對案子的評估。但想要保持開放的心態，就必須堅持跳脫最先浮現在自己腦海中、攸關生死的司法決定，每一個結論都必須能夠禁得起挑戰，也能夠被調整修正。這很困難，因為人都有自尊心，也都固執己見，這樣的固執會造成嚴重的不公不義，尤其是在事關重大之際，將危害到民眾的人身安全。其中最難做到卻也是最關鍵的一點就是，在尋求正義的最初階段中保持客觀。或至少盡量讓自己做到客觀，這可能是讓我們區分事實與自尊心或其他偏見最簡單的辦法。

讓我們來看看布蘭登．梅菲爾德（Brandon Mayfield）的案子。

二〇〇四年三月十一日早上的通勤時段，發生了歐洲史上死傷最慘重的恐攻事件。就在即將八點時，恐怖分子引爆了西班牙馬德里市中心四輛載滿乘客的列車，總共有十枚土製炸彈被放進背包裡，裡面裝滿了炸藥和尖銳的鐵釘，為了要造成最大程度的流血和死亡。爆炸讓列車斷成兩截，乘客的軀體支離破碎，共有一百九十一人死亡，兩千多人受到重傷。這是自二次世界大戰後，歐洲大陸所遭遇到死傷最慘重的恐怖攻擊，這是歐洲的九一一。

做出這種事情的恐怖分子被認為是伊斯蘭教徒，但他們並非自殺炸彈客，而是從遠端引爆炸彈，好讓自己能多活一天再去屠殺更多無辜的民眾。這場攻擊不僅引發了全面性的恐慌和憤怒，還留下了大範圍的犯罪現場——而更緊急的是，罪犯依然在逃。在我的經驗裡，沒有任何事情比恐怖攻擊更能動員執法單位。

西班牙的三一一也沒有例外。就在最先抵達現場的救難人員和醫護人員忙著協助受傷的民眾之際，西班牙警方也已火速展開行動，四處尋找目擊證人並追蹤各種線索。數百位警員一同展開了大範圍的搜索，就在幾個小時之內，西班牙警方如有神助般的找到了可以將那些該為這場慘劇負責的人繩之以法的法庭證據。在一輛被棄置的失竊休旅車中，警察找到了一個藍色的塑膠袋，裡面裝著七個銅製的引爆裝置以及剩下的炸藥。他們簡直不敢相信自己竟然會有這麼好的運氣，這些引爆裝置毫無疑問與列車爆炸案有關，不論是誰曾經碰過那個塑膠袋，肯定牽涉其中，絕對會刻不容緩地面臨司法的制裁。

負責檢驗這個塑膠袋上指紋的西班牙專家，只能找到兩枚清楚到足以用來進行辨識的指紋，這兩枚指紋並沒有在西班牙警局的資料庫中比對出任何符合的人選。

由於事態緊急，西班牙警方在進行指紋檢驗的同時，也將這兩枚指紋的數位影像傳給了國際刑警，由他們代轉給全世界最頂尖的執法單位——美國聯邦調查局。而在匡提科的實驗室裡，經驗豐富的聯邦調查局分析師們立刻開始工作，先是用影像比對了資料庫中超過四千四百萬筆指紋資料，電腦搜尋出二十個有可能相符的指紋。再進一步驗證之後，聯邦調查局的指紋專家將之縮小到只剩下一個人選。另一位鑑識人員也在一旁同時進行比對，並在三月十九日做出了結論，這個人的指紋與第十七號潛伏指紋相符。第二位同樣經驗老道的鑑識人員也確認了這個結果，另外一位潛伏指紋小組的優秀主管又再進行了第三次的確認。

這三位聯邦調查局的專家在進行比對確認出符合第十七號潛伏指紋的對象時，並不知道這個人的姓名、種族、居住地點或是他的背景。而聯邦調查局在知道這個人是誰之後，大吃一驚，這場造成近兩百人喪生、兩千多人受傷的恐怖攻擊的藏鏡人是……一個三十七歲的美國白人律師，他與妻子以及三個年幼的孩子居住在奧勒岡州波特蘭，距離馬德里數千哩之遙。他的指紋為什麼會出現在資料庫裡？因為他曾是位美軍少尉，在服役八年之後榮譽退役。

但是科學證據明擺在眼前。他的指紋比對吻合，也已經過三次確認。事情再明白不過，聯邦調查局逮到他們要的人了，沒多久，一連串與布蘭登．梅菲爾德有關的各種事實，似乎更加確認了指紋的吻合無誤：梅菲爾德娶了一位來自埃及的穆斯林。不只如此，他自己也改信伊斯蘭教，甚至經常去一間位在奧勒岡州的清真寺，而這間清真寺正好在當地政府的注意名單上。更有甚者，身為律師的梅菲爾德曾為一名已被定罪的恐怖分子辯護，這名恐怖分子是「波特蘭七人組」的一員，這個組織中的所有人都因為提供支援物資給蓋達組織及塔利班，在聯邦法庭上被判有罪。

儘管梅菲爾德並非代表這名恐怖分子進行刑事辯護，而是負責爭取孩子的監護權，但這件事還是相當值得注意。指紋的吻合感覺更有道理了。

我們先來看看梅菲爾德的罪證有多確鑿好了：他的指紋出現在那個帶來死亡的藍色塑膠袋上；有三位專家確認了這件事；他娶了一位穆斯林；自己也改信伊斯蘭教；還有，他的理念和一個被判有罪的恐怖分子有共通之處。這些證據足以讓他俯首認罪了。

聯邦探員向一個十分祕密、被稱為FISA的法庭取得了授權，這個法庭專門監督管理某些監視行動。他們開始對梅菲爾德及他的家人進行二十四小時跟監、祕密搜索他的住家，並開始挖掘他生活中各種大小事，包括工作、有哪些朋友，以及去過哪些地方旅行。

就是在這個時間點，身為「恐怖主義與組織犯罪」小組成員的美國聯邦檢察官，我個人與這個案子有了關係。由於過去最早發生的恐怖攻擊案件都由紐約南區檢察官辦公室進行調查審理（包括第一次的世貿中心爆炸案、肯亞及坦尚尼亞美國大使的攻擊事件等等），我們非常有理由認為自己是全美國處理恐攻案件最有經驗也最專業的檢察官。所以如果有個來自美國的伊斯蘭恐怖主義分子，要為一百九十一條人命負起刑責，我們希望這案子是由我們來處理。這個計畫很好，但只有一個問題：布蘭登．梅菲爾德的居住地是奧勒岡州，當地的檢察官可不想把案子讓給我們。為了梅菲爾德這個據稱是恐怖分子的美國公民，一場轄區爭奪戰正在醞釀之中，但如果南區檢察官辦公室能夠主導，這就會變成是我的案子，而梅菲爾德就會變成是我的被告。我得承認內心不禁興奮了起來。

可能有人會想問，梅菲爾德的指紋已經確認吻合，他又是個改信伊斯蘭教還為恐怖分子辯護的律師，為什麼沒有立刻起訴他呢？原因是，我們缺少其他有力的實際證據，而這讓人很不安。聯邦探員完全找不到其他任何他與這次爆炸案的關聯，沒錯，第十七號潛伏指紋符合梅菲爾德的資料，但是沒有證據顯示他在過去十年間曾去過西班牙或是出境美國。他的護照在前一年就已經過期，也沒有更新。雖然通聯紀錄顯示梅菲爾德家裡與一個被列在恐怖分子觀察名單上的伊斯蘭慈善組織之間有電話往來，但除此之外，沒有其他任何證據顯示他和恐怖主義之間有任何關聯。

完全找不到任何確證這件事，令眾人困惑不已。幾個星期過去，調查員徹底將梅菲爾德的人生從裡到外審視了一遍，卻怎麼也找不出一絲絲拼湊得起來的線索。此外，一整個四月，聯邦調查局和西班牙警方持續來回交換訊息，仍在積極追蹤這些殺人犯的西班牙警方，對於梅菲爾德指紋吻合一事始終存疑。到了四月中，西班牙警方完全不認同聯邦調查局對於指紋的調查，因此調查局派探員前往馬德里，希望雙方能在討論後獲得一致的看法。會談之後，西班牙警方同意再次重新檢驗指紋，而聯邦調查局對自己的檢驗結果仍然信心滿滿。儘管如此，爆炸事件發生整整八周後，二〇〇四年五月六日，聯邦調查局拘捕了梅菲爾德，因為有人走漏消息給媒體，為了防止梅菲爾德潛逃，他們希望先發制人確保他在掌握之中。梅菲爾德並沒有因為任何罪名被起訴，而是以重要證人的身分受到監禁。

我在紐約時報的頭版看到整件事的來龍去脈。很顯然地，我們輸了這場轄區爭奪戰，那天我並不是很開心。

梅菲爾德被關押在莫特諾瑪郡拘留中心的行政隔離區，每天有將近二十二小時的時間都待在個人牢房中。他從一開始就表示了自己的清白，說他從來沒有去過西班牙，這場恐攻跟他完全沒有關係，一切都是個大烏龍。有人說反穆斯林的偏見在調查過程中逐漸高漲，而聯邦調查局則是相信科學——畢竟那枚指紋經過三次確認都是吻合的，所以對外界指控的「有偏見」一事一概否認。

現在回想起來，當時整件事的發展其實有點滑稽。在搜尋梅菲爾德家的過程中，探員找到了確認是西班牙文的文件，因此大為振奮，結果發現那是梅菲爾德女兒的西班牙文家庭作業。他家的電腦雖然發現了搜尋西班牙航班、住宿和鐵路班次表的紀錄，後來證實也是女兒的學校功課，內容是要求學生自己規劃一場假期。探員還找到了一組西班牙的電話號碼，但那是他兒子努力在尋找各種國際交換生學程的時候所寫下來的。

就在這時候，梅菲爾德的律師提出了一個非常聰明的要求：他希望法庭能夠再找一位獨立的鑑識人員。如果聯邦調查局確實帶有偏見或是不夠專業，那麼由法庭指定，並經過控方同意的第四位鑑識人員一定能夠找出正確的結果。於是法庭指派了一位極受尊敬的專家摩希（Kenneth Moses），他是位退役軍人也是指紋調查專家，擁有數十年的經驗，並且獲獎無數。

但當他比對第十七號潛伏指紋與梅菲爾德的食指指紋時，也認同聯邦調查局的比對結果，並在法庭上以此結論作證。他同樣認為梅菲爾德的指紋出現在裝有引爆裝置的袋子上。

就在摩希上法庭作證的同一天，西班牙警方告訴聯邦調查局，他們不只不相信梅菲爾德的指紋吻合，還堅信第十七號潛伏指紋其實屬於一位名叫歐漢尼・達奧德的阿爾及利亞人（也就是恐攻的嫌犯）。他們特別提到，第十七號潛伏指紋以及另外一枚指紋，與達奧德右手的大拇指與中指相符。聯邦調查局與西班牙警方爭執不下，隔天，奧勒岡州的聯邦檢察官署向法院請求釋放梅菲爾德，並在有關單位找出真相之前，改以限制住居的方式限制他的行動。

儘管梅菲爾德被釋放了，但冤屈並沒有被洗刷。聯邦調查局的官員再次前往馬德里，終於認定第十七號潛伏指紋「對於指認嫌犯不具有任何價值」，並且在五月二十四日撤回他們認為梅菲爾德的指紋與恐攻嫌犯相符的結論。一個星期之後，西班牙警方以謀殺一百九十一人的罪名，正式起訴達奧德。

至此，梅菲爾德終於獲得平反，聯邦調查局公開道歉，這罕見的程度就像是你拿到了一張面額三美元的鈔票一樣！聯邦調查局還支付了兩百萬美元的賠償金給他。聯邦調查局的聲明（聽起來很官腔），是這麼說的：「由於這次事件所引起的種種痛苦與不便，聯邦調查局鄭重向梅菲爾德先生以及他的家人致歉。」

梅菲爾德和律師嚴厲譴責聯邦調查局逮捕的舉動及後續對梅菲爾德的處置。梅菲爾德說：「在眼下這個充滿恐懼的氛圍中，這場對抗恐怖主義的戰爭已經走到極端了，結果就是無辜的人受到傷害。」更諷刺的是，早在好幾年前，他就在法學院發表了一篇題為《自由》的論文，文中表達了恐懼，擔心政府很快就會變成監控機器，危害公民的權利。

我得承認，那一天，對於我們在管轄權爭奪戰上輸給了奧勒岡州這件事，真的是鬆了一大口氣。

立刻就有人開始對聯邦調查局大力撻伐，但並非所有面向都獲得探討。《紐約時報》寫道：「聯邦調查局之所以狠狠被打臉，是因為他們只憑著不周全的證據便驟下結論。」但這個評論並不完全正確，以指紋作為證據，並非不夠周全。如果做法正確，指紋可以說是絕對的證據，但就如同紐約時報接下來所寫的：「指紋驗證的方法本身並非無懈可擊，而做出最終結論的分析師有時也會判斷錯誤。」這個說法就完全正確了。

聯邦調查局怎麼可能會犯下如此離譜的失誤？擁有這麼多不同的專業人才、經過重複的驗證，而且是一件如此受到高度矚目的案子，明知後果有多麼動見觀瞻，這種事情怎麼還有可能會發生？聯邦檢察署可以理解地在某種程度上迴避了責任，並提醒所有人，大家還是得仰賴聯邦調查局的證物分析。聯邦檢察官伊麥爾格特（Karin Immergut）是這麼說的：「我們是檢察官，不是證物分析師。我們必須倚靠聯邦調查局提供他們的看法，才能知道某個指紋是否吻合。」

而聯邦調查局自己進行了內部調查，最後得到的結論是：最初的檢驗人員沒有對第十七號潛伏指紋「進行完整的分析」，以至於他「忽略了第十七號潛伏指紋與梅菲爾德指紋在外形特徵上的重要差異」。簡單說，聯邦調查局的意思就是，問題出在一開始的「過度自信」、「處理一件受到如此高度矚目的案件所承受的壓力」，以及後續從沒有想過要再回頭去重新檢驗一開始的發現是否正確。

司法部監察總長辦公室（Office of the Inspector General）也展開調查，最後做出來的報告長達三百三十頁，內容可就沒那麼客氣了。究竟發生了什麼事？指紋分析師是不是有失誤？是不是太早下結論？為了盡早抓到犯下這滔天罪行的惡人，是不是犧牲了仔細謹慎的專業態度？

真相是很複雜的。所有人都認為最初檢驗時的指紋與布蘭登・梅菲爾德相符，當時分析師並不知道這個指紋相符的人的姓名、背景，或宗教信仰。電腦是根據列印出來的指紋數位影像，以及有可能吻合的指紋而搜尋出結果。在聯邦調查局的第一位、第二位，一直到第三位分析師做出結論的時候，那些帶有反穆斯林偏見的資訊根本完全還沒有出現。不僅如此，就在知道了吻合者的身分之後，這個結論又再經過了第四次的確認，而且是由法院所指派、經過梅菲爾德的律師認可的專家進行。

所以我們不得不再問一次，究竟發生了什麼事？這真的是個沒有被動過手腳的錯誤嗎？這真的是個無心之過嗎？是否有可能避免這樣的事發生？究竟要失能到什麼程度才會造成這樣的錯？

這份由檢察總長辦公室所做出來的報告書判定：「應該可以透過更嚴格地執行確認潛伏指紋的規則，而避免出現錯誤的鑑識結果。」此外，檢察總長辦公室也發現，聯邦調查局的檢驗人員過於仰賴第十七號潛伏指紋與梅菲爾德指紋之間那些微小的三級結構相似處，同時合理化了較不明顯的不同點，但這些不同點正是可以將梅菲爾德排除的地方。也就是以結論來說，聯邦調查局缺少嚴格且嚴謹的指紋驗證方法。

那麼，反穆斯林的偏見又該怎麼說呢？檢察總長辦公室並不認為在這件事的處理上有出現明顯的偏見或反穆斯林的歧視。然而，隨著時間過去，西班牙警方愈來愈不認同梅菲爾德的指紋吻合，再加上完全沒辦法找到任何其他的補強證據，檢察總長辦公室也開始懷疑其他那些把矛頭指向梅菲爾德的資訊（像是改信伊斯蘭教、太太是穆斯林、他有客戶是恐怖分子），確實阻礙了聯邦調查局再次重新檢驗最初做出的結論。他們或許並沒有直接的惡意，卻被這些資訊蒙蔽了判斷力，也因此對一個無辜的人造成極大的痛苦。所以不能說偏見沒有帶來任何影響。

根據檢察總長辦公室的說法，聯邦調查局有種具感染力的確認偏誤（confirmation bias）文化。意思就是，只要有一個被大家公認值得信賴又具有專業度的人做出結論，其他的鑑識人員大都會同意他的說法。在聯邦調查局的指紋實驗室，以及其他單位，大家不太會對上司以及最初的結論提出異議。但也許針對我們的目的來說，最重要的就是檢察總長辦公室的報告發現梅菲爾德的背景影響了鑑識人員，讓他們「沒有認真重新考量所做出的鑑識結果」。

這值得我們再三耳提面命。一個無辜的男人遭到莫須有的指控，並承受了永難抹滅的傷害，而這都是因為有人「沒有認真重新考量」。一開始的錯誤並不是導致這場不公義的主因，一開始的錯誤很少會是主因，第二或第三個錯誤也不是。應該說，因為持續不改正第一個錯誤——不小心（並非出於惡意）做出了錯誤的指紋配對——之後又懶得再回頭重新考量，接著又發掘出梅菲爾德的妻子、工作和宗教等相關資訊，聯邦調查局立刻就把這些訊息視為補強證據而非巧合，這一步步都慢慢在這場潛伏偏見與成見的迷霧中，將正義推往了失當的方向。

正如我一開頭所說，也如同梅爾菲德案讓我們學到的，要人重新考量心中定見很困難，而做出確認的結論卻很簡單。要在一個職位比你高的人做出具有可信度的結論，或是在你已經做出決定之後，想持續保持開放的心態又更加困難。改變自己的想法很難，尤其是當這麼做代表得反對專家或高層所說的話。

在聯邦法庭的審判中，其實可以提出被稱為「重新審議」（motion for reconsideration）的要求。法院幾乎不會同意這個要求，但律師確實會做出這樣的提請，這是一種正式的方式讓你對那個把你搞慘了的法官說，嘿，我知道我們剛剛都一起在你的法庭上聆訊，事情的經過和結果大家都很清楚了，我們對你十分敬重，但是我們認為你搞錯了，可以請你改變心意嗎？

大部分律師都知道這是個幾乎不可能的交易，尤其是在缺少重要新事證或法條修正的狀況下。有些訴訟當事人壓根不會提出這個要求，因為擔心這麼做會惹毛依然對案子握有主控權的法官。雖然大多數的重新審議要求確實是應該要被駁回，但這也不禁讓人要想，這類法庭請求被駁回的比率之所以那麼高，會不會有一部分是受到了固執心理的影響呢？

同樣地，令人難以置信的巧合狀況也確實存在。那份檢察總長報告書中最先提出的重點就是，兩組指紋具有驚人的高相似度。兩者之間的「指紋特徵點」，或說比對點——脊紋的分岔或終結——相似的程度高得令人吃驚。後來在二〇一二年，辯護人自己所請的指紋專家摩希在接受電視訪問時說道：「有史以來從沒有兩組指紋擁有十五個相同的指紋特徵點，但結果卻不是同一個人。如果用過去的標準來看，我的判斷是正確的，但結果證明我是錯的。其他看了相同指紋的鑑識人員也都犯了一樣的錯。」當然，西班牙警方並沒有犯這個錯。不過，檢察總長辦公室的報告也指出，這種程度的相似性「是極為少見的狀況」，也因此「才會出動四位鑑識人員，借用他們的專長重新審視第十七號潛伏指紋與梅菲爾德指紋之間，是否存在其他重要的差異」。

就如同完美的法律有其限制，最安全的科學也有其限制，因為負責解讀的人會犯錯。這裡有個重點：**最嚴重的錯誤經常都是出於好意而造成的**。那些導致他人一生從此變調的錯，很多都是由聰明又專業的人懷抱著善意犯下的。對人來說，這是執法單位的職責中最令人恐懼的一點。

我們自然會緊盯那些行為不端的警察和無能的官員。但其實那些無法時時維持高水準的好人們，只要稍有不慎，反而會為眾人帶來更大的危險：他們沒有拿出最好的表現，也忘了必須時時戒慎恐懼不能犯下任何錯誤，特別是有許多必須為這份工作負起責任的人，早就將責任這回事拋到九霄雲外去了。

在我的經驗裡，並不只有抱持著無所謂心態的操作人員會引發災難。災難經常都是由許多小小的錯誤和失誤累積而成，不論是對調查犯罪或發射飛彈來說，都是不爭的事實。看來無關緊要的小錯加起來，就會改變調查的方向（或是飛彈的軌道），最後導致所有的努力竟變成讓無辜的人遭到毀滅，有罪的人則是逍遙法外。在戰爭中，這被稱為附帶傷害；而在司法裡，則是誤逮（甚至更糟糕的是造成冤獄）。

從許多方面來看，這個現象對司法所帶來的傷害最為重大，因為它總是潛伏在表面之下，通常是看不見的——至少不像是明明白白的貪汙和失職。這種狀況更難發現跡象及防備，也經常很難在事發之後，對飽受驚嚇的社會大眾做出令人滿意的解釋。

追尋真相並盡力確保一切符合公平正義原則的檢調人員，絕對不能停止反覆檢視對案子所有面向所做出的結論。這並不是要所有調查相關人員在行事時，都得因為害怕犯錯而無法輕舉妄動，而是，儘管某個看起來比你聰明或更有經驗的人做出了結論，並不代表就絕對不會有錯。不僅是在調查階段中如此，甚至在起訴之後也是如此。儘管已經正式起訴嫌犯，一個保有開放心態的人還是必須繼續思考，隨著案情的發展，是否有任何新事證出現，或是否仍缺少任何能定罪的證據。一開始所下的判斷是否正確？一開始所做出的結論是否正確？

法律並不完美，法治系統也不完美；而以梅菲爾德的案子來看，人也不完美。我們無法確保正義得以伸張，但如果身在程序中的每個人都能夠更警覺、更謹慎，並保持更開放的心態，願意改變自己的觀點，至少還有機會達成正義。

法官勒恩德．漢德（Learned Hand）有次在出席國會聽證會時，借用了克倫威爾於一六五〇年在完全不同的背景下所說的一句話，來為自己的證詞做聲明：「我希望所有教堂、學校和法院在大門口上都能寫上這句話，我認為，全美國所有的法律從業人員也都應該謹記在心。」

漢德希望所有牧師、教師、法官和法律人士在進入自己的工作場所前都能夠想起的那句話究竟是什麼？那就是：「我以上帝的仁慈之心懇求你們能好好想想，你們很有可能錯了。」

他還可以把另外一句話也寫在所有檢察官辦公室以及所有司法部門的大門口：好好想想，我們有可能錯了。

嚴格之必要：桑德維之死

這封信的寄件地址是紐約州奧辛尼鎮杭特街三百五十四號，郵遞區號 10562。這個地址是紐約州一所最高保安級別的監獄，也被稱為「新新監獄」（Sing Sing）的所在。這封信寫於二〇一二年，寫信人是該所監獄編號 97A7088 的囚犯。這是艾瑞克・格里森（Eric Glisson）在入獄時被指派的編號，他已經入監十七年，罪名是在布朗克斯區謀殺了一位名叫貝茨・狄奧普（Baithe Diop）的車行計程車司機。這封信是寄給我署裡一位專門負責幫派案件的檢察官，但他離開我們官辦公室已經很多年了，儘管如此，這封無主的信最後仍是被送進了檢察署裡一位老手調查員約翰・歐馬利（John O'Malley）的信箱裡。

格里森的信裡寫著充滿了戲劇性但也不算少見的聲明：「我因為沒有犯下的罪而被囚禁了十七年。」

在進入聯邦檢察署擔任調查員之前，歐馬利服務於紐約警局，是個有二十年專辦謀殺案經驗的警探。他有雙淡藍色的眼睛，白眼球的部分經常佈滿了血絲，基本上他算是看盡了一切罪惡，曾將數不清的毒販、劫匪和殺人犯關進監牢。就像肯尼・麥卡比是對義大利黑手黨的各種勾當和交易瞭如指掌的專家，歐馬利和他在重案組的同僚對紐約的幫派也一樣如數家珍，其中包括了拉丁國王幫（Latin Kings）、性金錢殺戮幫（Sex Money Murder）、赤血幫（Bloods）、瘸子幫（Crips）、3 N I幫（Trinitarios）、有權最大幫（Power Rules）、Netas幫，以及威利斯大道上的林區幫（Lynch Mob）等其他許多大小幫派。

歐馬利非常重視謀殺案件，也對非常多宗謀殺案知之甚詳。我指的並不是一般的「知道」而已，他不但對紐約發生過的謀殺案件瞭若指掌，也對好幾件案子有非常深入的了解——像是誰出賣了誰、事發經過如何、在什麼地方發生和發生的原因為何。也因此，多年前歐馬利就交代過在南區檢察官辦公室負責過濾民眾申訴信件的凡妮莎：「只要你收到任何內容與謀殺案有關的信，都拿來給我。」要不是歐馬利曾如此交代凡妮莎，格里森的信很可能早就不知道被丟到哪裡去了，就像沒有人讀到的瓶中信，永遠難見天日。

一天下午，歐馬利坐在他位於六樓樓梯間旁的辦公室裡，從信封裡拿出格里森寫的信。隨著閱讀信的內容，他的眉頭愈皺愈緊：「我寫這封信是因為我和其他幾個人——有幾個我並不認識——但我們都被控於一九九五年一月十九日在桑德維（布朗克斯區）謀殺貝茨．狄奧普，最後遭判刑入獄。」格里森在信中寫到，謀殺發生在半夜時分，地點則是在拉法葉與克羅斯大道附近，他聽說是另外兩個人為了加入「性金錢殺戮幫」而犯下了這樁謀殺案。他說自己是為其他人揹了黑鍋。

巧的是，歐馬利自己就是在桑德維長大的，親眼看著這個地區經歷各種變遷，所以對案發的地點非常熟悉。而更重要的巧合是：歐馬利是瓦解性金錢殺戮幫的主要警探之一，這個幫派在布朗克斯的桑德維和紐約其他地區犯下了各式各樣的殺戮、槍擊和械鬥。

信中描述關於這樁謀殺案的部分細節——被害人、案發時間、地點、手法，都讓歐馬利全身的血液瞬間凝結。用他自己的話來形容，那是個忍不住脫口而出「哇靠」的一刻。為什麼？因為他以前就聽過這些細節！十年前，另一個男人曾向歐馬利自白過他犯下的罪行，內容相似得令人毛骨悚然，而且這個人只對歐馬利一個人提過這件事：他在相同的時間，在拉法葉和克羅斯大道附近搶劫並殺害了一位不知名的車行計程車司機。

我們很容易就可以在這裡看出上帝給予所有優秀調查員的一個重要特質：「機靈」，就像約翰．歐馬利。事實真相想要逃過歐馬利的雙眼，可能比光線要穿透黑洞還要難。而這種性格上的特質，對艾瑞克．格里森以及其他幾位一同遭到判刑入獄的人來說，是個天大的好消息。

歐馬利的心思飛回了將近十年前，當時正在調查一個性金錢殺戮幫的成員，名叫吉爾博．維加（Gilbert Vega）。維加在二〇〇一年時被捕並遭到起訴，罪名是與運毒及其他暴力事件相關的勒索，被逮捕之後沒多久，維加就供出了一切。就和所有紐約南區檢察官辦公室的汙點證人一樣，維加必須經歷一段既漫長又難熬的訊問，鉅細靡遺地交代清楚他過去所有的犯罪歷史，也就是大家所知的招供大會。

在讓一個惡名昭彰的壞人轉成汙點證人之前，我們不但會要求他願意對被起訴的罪名認罪，也必須供出並承認曾犯下的所有惡行——無論我們事先知不知情，也無論是否能夠在法庭上證明他有罪。歐馬利是全世界最重量級的冠軍拳王，只要他出手（這是個比喻，不是真的動手），就能讓被告吐露出所有事實真相，他靠的是就事論事的誠懇，與極具說服力的平鋪直敘。

維加在成為汙點證人之前，供出了犯下的所有罪行。歐馬利放下格里森的信，想起了當年的一場招供。在二〇〇三年三月，歐馬利和檢察官正在評估是否要將維加轉為汙點證人，因此進行了一場面談，就在那時候，維加承認了一條我們都還不知道的罪：一九九五年他搶劫並槍殺了一位不知名的車行計程車司機，跟他一起犯案的還有個名叫荷西・羅傑格斯的幫派分子，別名是綠眼荷西，犯案地點在桑德維，西沃與拉法葉大道之間的克羅斯大道上，而這裡是四三分局的轄區。

雖然維加並不知道被害人姓名，但供詞的其他部分都很詳細。維加說他和羅傑格斯先去哈林區找一個後者認識的女孩子，到了凌晨，他們兩人搭上一輛計程車回桑德維，駕駛計程車的是位非裔司機。就在途中，他們決定要洗劫這名司機，於是指示他開到位在西沃與拉法葉大道之間的克羅斯大道街區，就在第一〇七號紐約市立小學對面。維加和羅傑格斯就在這時掏出槍，在一陣爭吵與扭打之後，兩人都朝司機開槍，然後從還在移動的計程車上跳了下來，車子緩慢地在街上滑行直到最後撞毀。

二〇〇三年，憑藉著例行的調查手法與自己的勤奮不懈，歐馬利努力要讓這樁發生於八年前的謀殺案水落石出，這樣一來維加能夠認罪，而被害人的家屬才能得到最後的安慰。在這個過程中，他還去聯邦監獄探視了羅傑格斯，逼他說出當年那樁搶劫謀殺案，因為儘管羅傑格斯後來也同意成為紐約南區檢察官辦公室的汙點證人，卻從來沒有坦白過這件罪行。等到歐馬利當面一質問，羅傑格斯立刻就認了罪，並且證實維加所說的所有細節，包括時間、確切的地點、他們兩人在計程車裡的位置，以及槍擊的過程。

歐馬利也嘗試著要找到這件謀殺案的警方文書檔案。他直接打電話給分局，詳細描述了整件事，然後問：「你們有沒有任何關於這件案子的資料？」分局說他們什麼都沒有。儘管案情細節如此詳細，四三分局卻沒有任何一個人想起狄奧普的謀殺案，只要有人能夠想到，那麼格里森的嫌疑就可以被洗刷了。歐馬利也試著找到任何車行計程車司機在一九九五年一月十九日被殺害的相關報案紀錄或文件，卻找不到任何資料。歐馬利知道這件事絕對不是維加和羅傑格斯編造出來的，他們何必要這樣做？這也不是第一次有犯人承認自己沒有順利得手的案子，因為「並不是每一個凶手都會留在現場確認被害人已經斷氣」。那名司機有可能沒死，開著車跑去另外一個分局去報案了。沒有任何人死亡的證據，也就是沒有屍體，謀殺案就無法成立。因此，在他們已經被起訴了的好幾條罪狀之外，維加和羅傑格斯還是招認了自己曾經在一次行搶過程中開槍。

快轉到整整九年之後，時間來到二〇一二年，當歐馬利極為湊巧讀到了格里森的信，立刻調出他的前科紀錄，確認他因為一樁一九九五年的謀殺案而被定罪，案情細節與維加和羅傑格斯所供認的一模一樣。他跟暴力犯罪小組的隊長瑪格麗特．迦納德（Margaret Garnett）說了這件事，並表示自己相信格里森是無辜的。接著，他與瑪格麗特一起展開了確認格里森無罪的行動。

首先，為了確定自己沒有記錯細節，歐馬利分別打了電話給維加和羅傑格斯兩人。他們都確認了之前說過的犯案細節無誤，維加還供出了另一項新事實：他們拿走了計程車司機的手機，之後用那只手機打了電話給幾個朋友，才把手機扔掉。

幾天之後，歐馬利前往新新監獄。他在某天下午毫無預警地出現在監獄裡，並被帶到一間隔離室中，那是律師和他們被定罪的客戶會面的地方。那個房間很小，鋪著水泥地板，還有一面厚厚的長方形窗戶面對著會客大廳，裡面有一張桌子、四張椅子，天花板上安裝了廉價的燈具。歐馬利在房裡靜靜等著，而格里森完全不知道誰想要見他。

格里森走進房間裡，全身上下充滿了憤怒與尖酸，整張臉皺成一團。他看了歐馬利一眼然後說：「你是哪來的混蛋？」（看到這種反應也別太苛責他，這個人已經為了一件從沒做過的事被監禁了十七年。）

歐馬利連眼睛都沒眨一下，拿起那封信然後說：「這是你寫的嗎？」格里森一看到那是自己親手寫的求救信後，表情瞬間改變了。「是啊。」他連續低聲呢喃了兩次。

歐馬利說：「我是聯邦檢察署的人。我知道這件謀殺案的凶手不是你。我知道是誰。」接著歐馬利握住了格里森的手，向他道歉。

事後我曾經問歐馬利，為什麼要在那個時候向格里森說對不起，他回答：「因為你知道這個人被整慘了，這讓我很不好受。我很懊惱自己沒有在十年前就揪出這個錯。」這時候，兩個男人都沒有坐下。如果有人從窗戶往裡偷看，會發現格里森雙膝跪地，彷彿在禱告般開始啜泣。歐馬利把他扶了起來，然後問：「你有律師嗎？」

格里森點了點頭。

歐馬利說：「我保證我離開之後會打電話給你的律師。」他再次握了握格里森的手，然後就準備離開了。

就在歐馬利正要走出房間時，格里森說：「其他人怎麼辦？」歐馬利才知道，還有五個人也是因為謀殺狄奧普而被定罪，同樣是冤獄。格里森不停地說：「謝謝你、謝謝你。」過了將近二十年，他終於又像個充滿希望的人。

歐馬利打了電話給格里森的律師，彼得・克羅思。克羅思並不是刑事律師，過去從來沒有打過刑事案件，也沒有接過刑事案件的客戶。

這麼多年來，格里森一直表示自己的清白，但是囚犯宣稱自己無辜並不罕見，而且通常也很難證明。當時有位名叫喬安娜・陳的修女在監獄裡當志工，囚犯們都叫她「奶奶」，她會為囚犯舉辦劇場活動，並教他們中文。在遇見格里森之後沒多久，她就聽說他的遭遇，也相信他是無辜的。於是她聯絡了唯一認識的律師，彼得・克羅思。克羅思答應前往新新監獄與格里森會面，也明白表示：「我會接下你的案子是因為沒有其他人願意接。我不是刑事律師，但唯一能夠把你從這裡救出去的方法，就是找到真正的凶手。」克羅思又補了一句：「我們要開始一起尋找那個獨臂人。」他用的是電影《絕命追殺令》裡的台詞。

克羅思做的第一件事情，也就是那些負責把格里森和另外幾位共犯送進監獄裡的檢調人員應該做卻沒做的事——實際走訪桑德維的案發現場。他來到案子裡唯一的目擊證人宣稱看見格里森射殺狄奧普的那扇公寓窗戶前。他做出了結論：這位證人站的位置太遠了，不可能像她在法庭上所描述的那樣看見整個案發經過，或聽見當時的對話。從浴室的窗戶看出去，案發的位置約在一百碼之外。但已經沒有辦法驗證這位米莉安·塔瓦雷斯證詞的真實性了，因為她在二〇〇二年因為吸毒過量而死亡。不過她確實有理由說出對格里森不利的話，因為格里森表示他們曾有過男女關係，而且最後搞得很不愉快。這趟光靠走路就能完成的迅速調查，就讓克羅思相信格里森是無辜的。

二〇一二年，約翰·歐馬利也來到同一個案發現場，站在同一扇公寓窗戶前，從這個制高點向外看，也做出了相同的結論：米莉安·塔瓦雷斯的證詞不可信，從這個窗口看出去的景象，再加上另外兩位汙點證人的說詞，艾瑞克·格里森並沒有犯下這樁謀殺案。

克羅思說：「我們本來不需要跟地檢署纏鬥這麼久，就可以讓格里森重獲自由。檢方從來不承認自己犯了錯。」克羅思（絕對有正當的立場）質疑地檢署對這件案子操之過急，因而匆促下了判斷：「我認為他們很早就對這件案子有了定論，而且就這樣一路向前衝，從來沒想過要改變方向。」換句話說，他們從來沒有考慮要重新思考其他的可能性。

格里森是被指控謀殺貝茨・狄奧普和迪妮絲・雷蒙（Denise Raymond）而遭判刑下獄的六個人之一。紐約警局的探員在調查雷蒙的謀殺案時，發現了狄奧普案的現場，並認定兩件案子互有關聯。他們以這兩件謀殺案起訴了六個人，其他五個人分別是迪蒙・艾爾斯、麥可・科摩、卡洛斯・裴瑞茲、以斯瑞・瓦斯卡茲，以及凱西・沃特金斯（唯一的女性）。二〇一三年一月，「布朗克斯六人組」的判決被撤銷，之後紐約州支付了六人共三千九百萬美元賠償金，二〇一六年，紐約市也同意為這些冤案付出總共四千萬美元的賠償。

歐馬利只在格里森出獄之後見過他一次。格里森的律師私下帶著他來向歐馬利道謝，那次會面的時間很長，歐馬利並不是個很會說話的人，但是他對格里森這麼說：「我很不想把『運氣好』這幾個字用在你身上，因為對一個在監獄裡被關了十七年的人來說，你可能不會覺得自己『運氣好』。但是你的信最後出現在我的辦公桌上，簡直就是老天爺的安排，這就是你運氣好的地方。要是換作其他人收到這封信，他們根本不會知道發生了什麼事。」若非如此，這就只是另一個被定罪的犯人寫來的另一封無罪宣告信罷了——這種信簡直多到數不清。

後來格里森談起歐馬利時是這麼說的：「我每天都感謝上帝為我帶來了歐馬利。當我看著這男人的眼睛時，我看到一個有尊嚴的人，一個誠實的人。」

整件事究竟哪裡出了錯？我並不認識處理這件案子的檢察官，無法說他們偏執頑固，或是對被誤判下獄的這六位被告懷有敵意，但他們絕對沒有盡到自己應盡的職責。如果最初的檢調人員能夠勤懇認真地花點時間去到那扇公寓窗戶前，看看目擊證人說的話究竟是真是假，大概就不會看不清事實真相：證詞並不可信。

此外，就如同格里森所說：「結果警察和地檢署從一開始手上就握有可以破案的所有證據。」這句話一點都不誇張。格里森很積極地提起上訴，並始終堅持要看到與此案相關的文件，但這些要求幾乎全都石沉大海。這麼多年過去了，最後他拿到一份狄奧普的手機通聯紀錄，這只手機在一九九五年時就被劫走了。格里森看到的通聯紀錄上寫著，這幾通在槍擊發生後立刻撥出的電話，是打給六個與性金錢殺戮幫有關的人。這些人就是維加和羅傑格斯在搶劫並槍殺狄奧普之後通話的對象，這是非常關鍵的證據，除了能夠證實維加和羅傑格斯的罪狀之外，更能夠還格里森與其他五人的清白。檢方從頭到尾沒有讓辯方律師知道這份證據的存在，也沒有在一九九七年的庭審時提出任何說明。

而我最近才知道的一件事情是：一九九五年時，《紐約雜誌》曾以大篇幅極盡盛讚浮誇之詞，以專訪方式報導了逮捕「布朗克斯六人組」，並「偵破」狄奧普謀殺案的兩位警察。他們被譽為英雄警察，個人照以跨頁方式刊載在雜誌裡。不禁要懷疑，這篇大大美化了主角的報導，是否為檢方帶來一定程度的影響，使得他們不願再重新思考。畢竟，這麼做不只有可能會讓這件案子被撤銷，也會讓英雄警察的美譽毀於一旦。

一個人對真相的理解——無論是對事實的正確性或判斷某人是否有罪，都不應該是不可改變的。你可以把某個證據明顯且理由充足的觀點看成是一塊冰，堅定而厚實。只要具有穩固的基礎，當然可以不作他想立刻支持這個觀點。但如果有新事證出現，或是有新狀況突然被揭露，那麼這塊冰理應出現裂縫、融化，甚至徹底消失無蹤。

法律有所謂的訴訟時效；對某些特定類型的罪案來說，犯人必須承擔罪行責任的時間是有期限的，因為大部分的案子都必須遵照訴訟時效期的規定。這個規定真實存在且有其正當理由：隨著時間過去，在犯行與訴訟過程之間，記憶會逐漸淡去、證據會消失、證人會不見。可是訴訟時效只適用在犯人這一方，而檢調人員必須在道德良心上更加謹小慎微，並且無論過了多久，都絕對不會抗拒接受任何具可信度、可以證明無罪的證據。

這裡存在著一個似是而非的難題，因為我們要求（甚至可說是需要）大眾接受陪審團的判斷。我們希望大家尊重法院的判決，信任檢調及執法單位在做對的事。畢竟，無論大家如何看待狄奧普案中的檢方以及他們所犯下的錯，整個訴訟過程中還是有另外許多人參與其中的。有法官、有辯方律師、有陪審團，還有上訴的程序可走。也就是說，這件案子經過了一個相當嚴格、可以相互辯論、受到眾人監督與仲裁的程序。

狄奧普案具有令人非常不安的一面，我們無可否認這個系統並不完美。人會犯錯。受過高等教育、訓練有素、經驗豐富的律師和檢調人員都會犯錯，即便在完全不帶偏見的狀況下也是如此，更別說狄奧普案中可能還是有偏見的成分在內。

但這個案子還是有啟發人心的一面。那封信被送到了作風嚴謹、使命必達的歐馬利手上，而且他還著有過目不忘的本領。他願意花時間來讀這封本來不是要寄給他的信；願意保持開放的心態去相信信中所寫的內容；願意將信中所堅持的主張與自己多年前就知道的事情做連結；願意去探視寫這封信的人；願意自己花時間進行調查；願意去讀審判紀錄，而且願意為了釋放這些已被定罪的人堅持己見，就算這代表他必須站出來與調查員同僚、警察同僚以及所屬的檢調單位對抗。

我不確定有多少人願意投入這麼多，也不知道有多少一生致力於將壞人繩之以法，並且堅定站在法律這一邊的人，願意秉持著同樣的精神將犯人從監獄裡放出來。約翰·歐馬利和瑪格麗特·迦納德的舉動促使我不止一次對我辦公室裡的同仁們說，我們釋放人的努力與速度，要和我們定人罪的努力與速度一樣。

正義與非正義之間的差別經常就存在於，過程中負責做出改變他人一生的判斷的人具有怎樣的人品和個性。第一次，格里森和另外五個人碰上了一些能力不足以及更糟糕的人。第二次，在坐牢十七年之後，他們碰到了歐馬利和迦納德。我們的法律不變、辦案程序不變、職業道德不變，憲法也沒變。

唯一不同的是，第一次大家並沒有花時間，也根本不在乎自己的判斷是否正確，儘管這是他們的職責所在。第二次，歐馬利跳脫原本的框架，只為了要找出真相。認真說起來，修正這個錯誤並不是歐馬利的工作，但他覺得這是自己的職責，因為他遵循的是道義責任，我們得盡全力彌補所犯的錯。就我的經驗，「職責」這兩個字已經不像過去那樣受人重視，但其實我們都應該要更看重自己的職責才是。

儘管電影、電視和暢銷小說都是這樣描寫，但警察和檢調人員並不是為了要把人送進監獄而存在。當然，他們的存在是為了讓犯罪者受到相應的懲罰，並保護社會大眾不受到傷害，但是他們的工作更是為了要確保公平正義。有時候這代表著他們必須從一件正在進行的案子抽身離開，或是對一件已經審判終結的案子重啟調查。歐馬利對這個原則的貫徹，不只是口頭說說，而是身體力行，這對我帶來非常大的啟發。我經常將他為了真相而付出無比心力的這個故事，說給助理檢察官和警察聽。用這些發生在真實世界中的事情來教導並反覆提醒那些目前還在前線的人，這是非常重要的事。我沒有任何不敬之意，但刑案辯護律師並不是唯一能夠捍衛正義、撥亂反正的人。最優秀的聯邦檢察官每天都在做這件事，他們運用的是自身聰穎理智的謹慎態度，而且若有必要，他們也會讓檢察官為錯誤負責。

在離職之後，我受邀出席一場紐約警局菁英分子的謀殺案訓練研討會，並擔任客席演講人。眼前是一屋子負責破解殺人案的警察和鑑識人員，他們認真勤懇，受過各式各樣的訓練，能針對彈道侃侃而談、受過指紋分析訓練，對基因跡證也很有經驗。他們之所以能來參加這個研討會，正因為都是萬中選一的人才。

我沒有對著他們大談法律理論或條文，而是跟他們說了兩個故事——兩個需要用心注意的故事。我告訴他們發生在布蘭登‧梅菲爾德以及艾瑞克‧格里森身上的故事。對我來說，這才是有益於思考的材料，也是能夠對他們產生震撼效果的好方法，而不是用一些有如公式般的清單對他們照本宣科，說什麼該做什麼不該做。

調查案子有幾百萬種方法，當然也就有幾百萬種搞錯的方式，沒有辦法將所有的錯誤都說給他們聽。面對這群掌控他人生死、只要稍有不慎就會摧毀他人一生的人，我能教給他們並銘記在心的是強烈的責任感還有對職責的重視。另外還有正義感、了解人的不可靠，以及必須把事情做對的體認。到最後，能夠維持正義的不是法律，而是人。

當然這個道理在其他工作領域也是一樣的，我們必須全心專注在職責、細節，以及該完成的工作上。無論是治療病人、教導學生、建造橋梁、救火，或是打贏戰爭都是如此，所有有價值的行動都能用上這個道理。這是最基本的原則，但遺憾的是，現在的人卻非常欠缺。這個世界需要能夠在乎的人，因為在乎，所以他們做起事情來既確實又嚴謹，就算沒有人在旁邊看著也一樣，而且他們夠勤奮，能將工作視為生活必要的一部分，樂於擁抱並勇於承擔責任，因為他們知道自己是其他人的依靠。

格里森的案子中還有另一件啟發人心的事。

凱西．沃特金斯也是被誤判入獄的人之一。她之所以被定罪，有很大一部分是根據一段不完全又不專業的聲音辨識，那是打電話叫計程車的人的聲音。一位計程車行的調度員出庭作證表示，沃特金斯的聲音與那天晚上打電話叫車的人一致，而就在她打了電話叫車之後，狄奧普踏上了死亡之旅。這是個非常薄弱的證據，但是檢察官極力主張其可信度，陪審團也買帳。

沃特金斯在貝德福山高度保全監獄中服刑。這位無辜的女子，沒有任何需要悔改和矯正的地方，但是仍將監獄生活視為一個自我改善及救贖的機會。她以囚犯的身分在瑪麗蒙特曼哈頓學院修課，因為一個學期能修的學分很少，所以她花了漫長的十一年才終於拿到社會學學位。但這是她努力所得來的結果。

還不僅如此，由於她在學業上的表現十分優異，在度過了毫無必要的十四年牢獄生活之後，沃特金斯以四十一歲的熟齡，成為畢業班的致辭代表。她在冰冷、無法自由活動的監獄圍牆內參加了自己的畢業典禮。她和畢業班的同學，都在畢業袍下穿著犯人的制服。這個遭到誤判而冤屈下獄，而每一次真誠提出無罪上訴請求全都被漠視的女人，會如何在畢業典禮上致辭呢？令人難以置信地，她決定在自己的致辭中傳達樂觀、可能性和希望。

她是這麼說的：「儘管這些牆壁限制了我們的人身行動，但無法限制我們的想像力以及與外面世界的連結。」

她還說了這兩句話：「一個人就能做出改變，讓改變從你開始。」

凱西・沃特金斯在監獄中庭發表了那段令人難以置信卻充滿希望的致辭三年之後，一個生長在布朗克斯區的陌生人約翰・歐馬利，證明了她說的是對的。

好奇心與查核：問最基本的問題

在刑事法的世界中，提出各式各樣的問題能夠幫助避免尷尬、錯誤和不公義的狀況發生。心中明明有疑問卻隱而不表，對一件案子的傷害遠比證據被隱匿還要更大。這在所有與追尋真相有關的重要工作中都是真理。

要想深入了解任何議題或事實，需要的是積極的查核，也就是開口向別人問各式各樣問題，無論是搜查的問題、不舒服的問題、大範圍的問題、小範圍的問題、不太可能的問題、重複的問題，或假設性的問題。有很多問題都應該被問上至少兩次，或甚至三次，而且每一次都要使用不同的問法，以確保對方真的了解你的問題是什麼，也確保你真的聽懂答案是什麼。

聰明的問題很好，蠢問題更好。有句話說，世上沒有所謂的蠢問題，這句簡潔明瞭的話在這裡非常有用。所謂的蠢問題通常都很基本，往往都能挖掘出最原始的東西，直搗核心。蠢問題能夠揭發表面的理由、看穿糟糕的邏輯，並撕下惺惺作態的假專家面具。這個世界上充斥著擅長把狗屁不通的話講得天花亂墜的人，就連在最單純的工作環境裡也是如此。大家總是喜歡用根本不知道是哪些英文字組成的字母簡稱，大談根本不知道意思的專有名詞，然後彼此交換那些沒有人能夠真正掌握的概念。所有人都像鸚鵡學舌般，膚淺地高談闊論從別人口中聽到的想法和口號。

如果你把別人跟你說的話照單全收——就算說這些話的人是理論上應該對這個議題有絕對自信的專家——你還是有將眾人的一知半解視為定論的風險。問基本的問題並不丟臉，無論什麼事情都一樣。事實上，要想了解任何事情，都必須得問最基本的問題。我們很常看到有人連最基礎的東西都沒弄懂，就急著班門弄斧。這對無論什麼工作以及人生來說，都是錯誤的行為。

我不知道一個人在搞懂一件事情之前應該要問多少問題才對，但我知道的是：找出在工作場合中最少發問的那個人，那就是會出問題的麻煩所在。辦公室裡一位經驗老道的同事會對新來的主管這麼說：「會有很多人到你的辦公室來問很多傻問題，這些人你都不用擔心。如果有人在你上任六個禮拜後都還沒見過，那才是需要擔心的人。」

這些不問問題的人並非不夠聰明。紐約南區檢察官辦公室裡的助理檢察官都是金字塔頂端的菁英，是全美國受過最高等教育、擁有最多專業認證，表現也最突出的一群年輕律師。而許多高等法院的書記官都是以第一名的成績畢業於知名法學院，連身為檢察官的我都經常被許多看到的履歷嚇到。檢察官辦公室因為只擇優錄取，再加上這工作實在太搶手，所以實際上的錄取率是百分之百；我曾親自致電給將近兩百位的應徵者通知他們錄取，其中只有兩位沒有直接在電話中答應接下這份工作。

所以，我有什麼好擔心的呢？

聰明的人不喜歡自己看起來很蠢。而這份工作對許多助理檢察官來說，就是個讓他們不知道該如何是好的全新體驗，因為法學院及短期的私人執業經驗對於成為第一線檢察官的幫助有限。這條學習曲線之陡峭，是他們一生中從來不曾經歷過的，但是現在所做的任何決定都會對活生生的人帶來影響。他們並不是在為考試做準備那麼單純，而是被推入了複雜的現實世界。我手下的人擁有豐富的資源，也天生有著優秀的判斷力以及專業的研究技巧，他們運用這些資源來尋找各種問題的答案，而通常答案都有所本。但當然，許多答案都不是寫在書本裡的，特別是需要運用判斷力的問題，有些難題會有好幾個不同的好解法，而有些卻連一個都找不到。藝術能力、表演能力或判斷力，並不是從書裡學來的。（是的，我很清楚自己正在寫一本書告訴大家我們無法從書裡學習判斷力，的確是很諷刺。）

我依然記得早年直屬上司聽到我或其他人問基本問題時，臉上那種鋼鐵般冷峻的表情。多年後，我依然能想起自己當時因為能力不足而全身發涼的恐懼。但我並沒有讓那種感覺阻擋我，而是換個對象，繼續不停地發問那些很煩人的問題，通常最後都會得到我要的答案。

如果你是個聰明又成功的人，而且對自己總是準備充足而感到驕傲，想想看，如果你向上司或同事問了一個笨問題，那種感覺就像你只是走到辦公室的窗戶旁邊，卻差點從窗台摔出去一樣，簡直就是個出盡洋相的蠢蛋。這對一個向來無所不知的人來說絕對是場惡夢。幸好我從來沒有這種壓力，因為從年輕當律師開始一直到成為檢察官，這一路走來我經常都覺得自己很蠢，這也是當年我對自己的基礎評價。自認總是站在無知與失敗的窗台邊緣，也因此，我所問的每一個笨問題以及每一個願意放下身段回答的人，都拉我了一把，幫助我稍微離那個危險邊緣遠了一些，朝安全地帶更靠近了一些。

我喜歡問很多問題，也許太多了：你坐在法庭上的什麼位置？你稱呼法官為「法官大人」或是「庭上」？是不是每次都會查驗槍枝上所遺留的指紋？怎麼安排證人上庭的次序最好？你用什麼方法確保備忘錄上的事情都完成了？誰應該在證人作證時幫忙做筆記？萬一法官犯了錯該如何處理……諸如此類。

我想問的問題早在上班第一天之前就已經想好了。舉例來說，我在任職於南區檢察官辦公室之前就已經深深著迷於學習各種程序了。我會偷偷溜進珍珠街法院的一間法庭裡，當時波伊德正在進行二十世紀情節最重大的社會安全碼造假案的訴訟，就在我開始正式上班前的一周，他把刑事法庭手冊借給我看。那本手冊大概有一百頁左右的活頁紙，裝在一個破爛的黑色檔案夾裡，但我拿在手上，卻感覺到有如聖經般神聖的重量。這本聖經說明了許多事，其中一件是刑事控告書與起訴書的差別何在；在向轄區內的聯邦司法官提出控告書之後該進行哪些繁瑣的程序；要交哪些表格給大陪審團；認罪答辯的正當程序是如何，以及沒收保釋金的程序又是如何。我逐頁讀了一遍又一遍，直到把最基本的原則都背下來為止。

現在讓我們再回到蠢問題的好處吧。裝傻這件事有著非常重要的戰略價值，能讓別人把你當成一個穿制服的小學生看待。

就讓我用一個故事來說明。

喬許．勒凡（Josh Levine）是我初到南區檢察官辦公室時的同事和同期。他非常聰明、謙虛，而且很討人喜歡，沒幾年之後，就升到了證券詐欺小組，有天晚上在喝了幾杯啤酒之後，他跟我們說了當天發生在他身上的悲慘經歷。

喬許在這個全是資深人員的小組中，僅是個初來乍到的新人，儘管很快速地學了一遍，但對於刑事證券法、複雜的商業交易及相關程序等，他還是一無所知。在我們檢察官辦公室，你是邊做邊學，再加上看別人怎麼做。那天，喬許原本是要觀摩一個可能成為汙點證人的對象進行招供，希望這位麥可．尼耶布爾能供出大衛．魯特科斯基這位證券經紀公司總裁的犯罪證據。我們起訴魯特科斯基犯下一件金額為一千兩百萬美元的詐欺案，他透過一家網路遊戲公司操弄證券的買賣。提出起訴書的是另一位資深且經驗豐富的助理檢察官大衛．安德斯（David Anders），而且當天也是由他來主持這場決定尼耶布爾是否轉為汙點證人的供詞聽取會面。

就在最後一刻，會面都已經開始了，安德斯卻突然接到法院通知有緊急狀況：他案子裡的一名逃犯被抓到了，必須立刻處理這件事，所以安德斯離開了。但眼前是一場非常重要的供詞聽取會，而且是很久之前就已經安排好的，必須繼續進行下去，所以就交由喬許來主持，但他完全沒有任何頭緒——無論是關於這個案子還是相關的法律。我們聽到都嚇傻了，完全就是我到現在都還會做的惡夢的翻版：我學生時代忘了把莎士比亞文學課退掉，最後只好腦袋空空地去參加期末考。

相較於其他的案子，這宗詐欺案其實沒有那麼複雜，但是你必須要了解場外櫃檯交易系統裡的各種證券交易方式、「鎖定」安排、證券交易法規、如何收購證券，還得懂得其他技術面的操作。喬許是個既聰明又認真學習的人，多給他一些時間一定能學會審問這類案件的高超技巧，但當下的他，堪比在毫無逃生裝備的狀況下被丟進茫茫大海裡，他覺得自己很快就會溺死了——這原本應該只是一堂游泳課，而不是奧運的游泳比賽。

那麼，他是怎麼處理的呢？

在那驚慌失措的一刻，喬許腦中突然靈光一閃，接著表情坦然地對這位潛在的汙點證人說：「聽著，有一天你可能得在一群完全不知道來龍去脈的陪審團面前作證，把所有事情從頭到尾說一遍，所以得盡量把事情說得清楚簡單。我希望你今天在說明案情的時候，把我當成你九歲大的外甥，從頭開始慢慢講給我聽。」

實在是太聰明了。

這是個很簡單的開場方式，卻讓喬許在瞬間保住了他的面子、有機會去了解這件案子，還能讓證人為他將證詞化繁為簡。這麼做給了他空間和理由去問那些發自內心想問的問題——那些很基本、煩人和愚蠢的問題，那些九歲小孩可能會問的問題。他可能會聽不懂，表現出心裡的困惑，還可以請證人再重說一遍給他聽。

這個故事還有兩個後續：第一，一年之後，喬許終於將這位汙點證人送上法庭作證，而他所做的證詞既直接又簡明，就與第一次他跟喬許說的非常接近。

第二，當喬許下苦工學懂了證券法，真正成為專家以及證券詐欺小組的資深成員之後，你猜他如何進行類似的潛在庭審證人會面，商談複雜的交易案情呢？他發現自己用的還是同一套的誇張比喻：「把我當成是你九歲的外甥。」這已經不再是不讓自己丟臉的開場白了，而是非常聰明的學習方式，一個極為機智，甚至可以消除敵意，讓證人放鬆的方法，同時還能用簡單並且聽得懂的方式來描述事情。

我在擔任查克．舒默參議員的法律總顧問時，也經常看見舒默參議員用同樣的方法。精通各種憲法詞彙的人草擬了一份很複雜的法案給參議員，而他已經有很長一段時間沒有對這個議題進行任何深入的思考了。他有時候會像個小孩子似的發問。請注意，我說的並不是「幼稚」，而是「像個小孩子似的」。小孩子經常會問出最好，也最讓人狼狽不堪的問題，這可不是沒有原因的。

有哪位父母不曾經歷過這種狀況呢？當你滔滔不絕地對孩子講述科學或歷史時，孩子突然問了一個很簡單的基本問題，瞬間就暴露了父母親的知識其實很淺薄，所以家長只好趕快去找個玩具或其他東西來吸引小孩的注意力，然後再裝出沒這回事的樣子。

怕問出蠢問題的憂慮並不一定會隨著你的職位愈來愈高而消失。管理階層的人如果心中有問題卻不問，反而更危險。所有人都認為管理階層應該是某方面的專家，應該什麼都知道，但管理階層也只是平凡人。

我在離開四年半之後又重新回到南區檢察官辦公室。許多事情感覺起來都很熟悉。我認識這裡絕大多數的人，包括每一位管理階層、每一位法官。我知道調查與審問案子的基本技巧，知道這間辦公室的文化和傳統，但與此同時，所有事情都和過去不同了。現在我是這個歷史悠久、創建於一七八九年的檢調單位的主事者，但沒多久之前還不過是個在這裡工作的助理檢察官。

有件事得承認，我內心的感覺是這樣的：很緊張、很害怕，而且覺得自己很沒用。我非常恐懼自己無法符合這個單位歷來的優良傳統，到頭來可能根本無法勝任這份工作，會讓那些把我送上這個位置、對我寄予厚望的人失望。

八樓辦公室的走廊上掛著一百年來所有聯邦檢察官的人像照片。每天早上我都會從他們面前走進辦公室，他們全看著我，你知道我覺得他們對我說了什麼嗎？「孩子，別搞砸了。」

接下這份工作好幾年之後，即便事情進展得算是相當不錯，但我還是很緊張害怕。我想如果哪一天失去了這種感覺，那就是我該離開的時候了。別誤會我的意思，我過去曾經（現在依然還是）對自己相當有自信，但也同樣經常對自己發出各種質疑。

適當的自我懷疑能夠為人帶來勃勃生機和動力，而不是讓人動彈不得。那些完全不懷疑自己領導能力的人無法長久，我的看法是，讓這種人當家作主是非常危險的事。這麼多年來我學到一點，自我懷疑是好朋友，傲慢自大則是敵人。

讓我們回到我剛上任聯邦檢察官的時候吧。我發覺在許多方面，自己無知的程度比早年擔任檢察官的時候還要高，這個現象對所有領導者來說一定都不陌生。所有必須掌管一個龐大機構的執行長、大學校長或內閣官員，就算再怎麼專業，也絕對不可能知道並深入了解自己轄下這個機構中所有單位在進行的每一件事。這是不可能的。事實上我相信，如果你遇到一位對所有大小事皆瞭若指掌到令人髮指程度的領導人，那麼他很可能不是個好的領導人（大概只有賈伯斯是例外），因為他永遠都會見樹不見林，而照顧好這些樹應該是他下屬的職責。

領導人需要的是判斷力而不是知識，還要有可靠的方法來交叉檢驗那些比自己更了解事實真相的人。一個值得信賴的查核方法，再加上對人的了解，表面上看起來好像沒有太深奧的知識，但領導人就是必須如此才能做出適當的決定。一九六二年古巴飛彈危機時，甘迺迪總統對戰爭或飛彈的了解，絕對比不上他的將軍或軍事顧問，但是當蘇維埃政府將核子彈頭部署在距離佛羅里達州僅九十哩之處時，他才是那個得下最後決定的人。跟經驗比他豐富許多的軍事顧問團進行深入的問答與評估之後，他決定採取以海軍艦艇封鎖海域的方式來應對，而不是宣布兩國交戰，事後也證明這是個正確的決定。即便沒有核子彈頭瞄準著你家大門，這個道理也適用於所有最高階層的決策。

身為領導人，你也經常必須為一些自己不是那麼懂的事情做最後的決定和判斷。這時你必須相信其他人所提供的好意見。

我研讀了刑事與民事部門所有重大案件的摘要，總共有好幾百頁，而且全都是擠到不行的單行行距。我發現自己泅泳於一片充滿了新事實與不熟悉法條的大海之中，每天都有人來報告案子的進度，日復一日。所有人看起來都是如此聰明、經驗豐富，而且百分之百掌握著手上的案子，其實我只要在他們報告時微笑點頭，假裝完全了解他們報告給我聽的一切就好了。

這時我才發現，做一個領導人要假裝自己懂其實非常簡單，尤其是在你身邊的都是些特別聰明、勤奮而且人格高尚的人。你很容易就可以採取抽離和聽從的策略，假裝自己都懂，放手讓其他人去忙就好了。在一個運作良好的機構中，領導人就算什麼事都不做也不會被發現；如果現狀已經完美，也就毋須再強求更多了。

但當然，這也是機構出現問題、喪失活力、停止創造，變得跟不上時代的開始。在我宣誓就任聯邦檢察官時，就下定決心要大量閱讀有關領導與管理的書籍，希望能有個神奇的公式幫助我把這份新工作做好。詹姆·柯林斯的《為什麼A+巨人也會倒下》，其中有一頁最令我難以忘懷：

無論外表看起來多麼強大，所有機構事實上都脆弱得不堪一擊。無論你達成多麼了不起的目標、無論你拓展得多遠多廣、無論你掌握了多大的權力，都逃不開衰落敗壞的可能。這裡並沒有最強大者必定就能維持在上位的自然法則。每一個人都可能倒下，而大部分人最後也真的倒了。

我在辦公室裡的每一天，這些話時時刻刻迴盪在耳裡。我還趁著上任周年演說時，對署裡的所有人引用了這段話，而且多年來每一年都會再說一次。紐約南區檢察官辦公室是個歷史悠久的機構，擁有許多足以傳世的案件和了不起的人物，它不需要進行大刀闊斧改革的藝術家，也不需要只會照章行事的保姆，而是和所有機構一樣，需要一個願意投入的領導人。

所以，我會問自己一些很基本的問題。

但是我該如何發問呢？如果你是一個剛上線的新人助理檢察官，問蠢問題是比較簡單的，因為大家都知道你懂得沒那麼多，即便如此，要在別人面前承認自己不懂還是很困難。而我又再一次站上了危險的窗台邊緣，只不過這次不再是新人，而是由總統任命、經參議員認可的美國聯邦檢察官。

大家可能都會期待我是所有人裡最聰明、最具專業度，也最有資格擔任這個職位的人。我知道自己並不是，但是要對他人揭露出這個事實卻一點都不容易，因為我相信，任何有過老闆的人，一定都會在心裡評估自己的老闆有幾分斤兩——至少老闆自己的感覺是如此。每當我擔任會議主席時，尤其是那些時間很早的會議，總覺得每一隻眼睛都在盯著我看、所有人都在評估，不只是我究竟懂多少，還有我開口發問的問題是不是夠聰明。這是件令人望而卻步的事。我可以只點頭和假裝聽懂就好了，或者也可以等到年輕資淺的人離開會議室之後，再把副手兼最親近要好的朋友波伊德拉到一旁，然後要他告訴我，在那群年輕人的眼裡我的評價究竟如何。但是我非常努力不讓自己這麼做，並維持當年我還是個青澀助理檢察官時的做法和態度，繼續問蠢問題。

我們會重複進行一個讓人神經極度緊繃的活動。有時候會在一大早討論尚未開審的重要案件，並事先擬好開場陳述，然後讓助理檢察官搬個箱子充當臨時講台，而周圍的椅子上坐滿了其他助理檢察官、法務助理、調查員和資淺的職員，大家都準備好給予開場陳述的內容和方式批評指教了。房間裡最緊張的就是進行開場陳述的助理檢察官，而第二緊張的人，我想，應該就是我了。因為在開場陳述結束之後，每個人心中都已經有了自己的看法，但是當助理檢查官講完，基於尊重及傳統，大家必須按照職位高低依序發表意見，所以第一個發言的就是聯邦檢察官我本人。我再次感覺到所有人的眼睛不只在評估助理檢察官的表現，同時也在評估我的表現。我的回應夠不夠聰明？我問的問題是不是很蠢？我了解這件案子嗎？你聽了可能會很驚訝，但有時候我真的非常能體會那句箴言：「閉口不言讓別人覺得你是個蠢蛋，遠勝過你一開口就讓別人確定你真的是個蠢蛋。」

我知道「冒名頂替症候群」有不少書籍都在討論，雖然沒有讀過，但重回檢察署擔任領導人之後，我就一直覺得自己是個冒名頂替者。並不是說我既缺乏安全感又狼狽不堪，我一直都是個非常有自信的人，有時候甚至太過度自信了。要在「無知的重擔」和「對才智與判斷力的自信」兩者之間保持平衡，是件感覺非常奇怪的事，所以你還是繼續提出蠢問題。這有點像是站在不安全感與傲慢自大的十字路口，進退兩難，但所有機構的領導人都經常站在這個十字路口。隨著時間過去，你會愈來愈適應，然後學會不再害怕去找對的人問對的問題，否則你就是被打敗了。

我是這麼想的：如果你認真聆聽、問的蠢問題能夠直搗核心，那就沒有關係。這麼做可能會暴露出你的無知，但同時也會讓問題聚焦在對的地方。就算你的嗜好是到處問一些大家以為你應該已經知道答案的問題，那又如何？至少你的方向是正確的。「無知」很快就會被「已知」填滿。但是用離題、不切題或轉移話題的方式來面對，這也是很難調整的人之常情。不知道沒有關係，只要你想知道、關心自己是否知道，以及在你需要知道的時候知道就好。好奇心與查核，是好的領導力中最重要的基礎。

就算是全世界最聰明的人也不可能知道所有事。在我獲得終身職時，邀請了剛得到總統任命的高等法院大法官——愛蓮娜．凱根（Elena Kagan）到檢察署演講。我們按照慣例，將演講場地選在美國國際貿易法庭那美麗莊嚴的法院內一起演講，開始前大家拍了合照，並上樓和上訴律師簡單地開了個會。這位大法官是個超級好奇寶寶，連珠炮般不斷地向我發問各種問題，其中一個問題是：「美國國際貿易法庭是在做什麼的？」我不敢相信身為最高法院大法官的她竟然不知道，最高法院可是所有法院的頂頭上司啊！我把這話嚥了回去，然後壓低聲音坦白地跟她說，雖然美國國際貿易法庭就在我們辦公室對面，而且我們經常借用這裡辦活動，但是我也不知道他們是在做什麼的，猜也猜不到。接著我們兩人相視大笑。（我在這裡說明一下，美國國際貿易法庭是個非常棒的機構，專門協助解決國際間的貿易爭端與關稅法等問題，講起來好像很輕鬆，實際上可不是這麼回事。）

我最喜歡問的一個問題就是：「為什麼我們要這樣做？」結果經常獲得最糟糕的答案，或許這是個非常無知又基本的問題，但是更無知而且可恥的答案是：「因為一向都是這樣做的。」這是唯一會讓我生氣的答案。有人可能會覺得很奇怪，我是個在執法單位從事保守工作的人，怎麼會對這個傳統、正當的理由反感呢？但這個答案是對創新的阻礙、對效率的阻礙，更有可能是對司法的阻礙。

我們之所以會開始執行民事詐欺訴訟計畫，就是因為有人問了個很簡單的問題：「為什麼我們不能以『金融機構改革、恢復與執行法案』（FIRREA）來控告銀行詐欺呢？」FIRREA在一九八九年通過立法，一直都沒有引起太大的注意，它主要是用來懲罰那些做出對金融機構產生不良「影響」行為的對象，但是從來沒有人用它來懲罰銀行自己，也就是說，這條法案一直只被用在跟銀行「作對」的對象身上。但是法條本身並沒有禁止對銀行本身的錯誤操作提起訴訟，因為銀行本身的行為絕對也會「影響」到金融機構。這個意見很快受到認同，有三位法官同意我們的看法，接著全美國與司法部在我們的帶領之下，也開始將FIRREA當作訴訟時使用的工具。

另外一個簡單的問題也讓一個長久以來受到誤解的政策全然翻轉：「為什麼我們在調解民事案件時，可以允許被告既不承認也不否認原告對他所提起的指控呢？」所以我們決定不再這麼做，而天也沒有塌下來。

在還是新人時，問問題可以讓你對事情有更深入的了解，成為領導階層之後，問問題也有一樣的效果，再加上發問無論是對個人或是對機構整體來說，都能創造出一種好奇與反思的氛圍，至少我們希望是如此。而這麼做還能打造出一種深思熟慮、充滿好奇、得以批判性思考、善於理解並勇於挑戰的文化，而不是停留在現狀中志得意滿。因為，安於接受現狀就是巨人之所以倒下的原因。

訊問的原則：沒有粗暴野蠻的必要

大家都在電影裡看過要如何取得自白口供：你要對證人又踢又打再外加口頭威脅。隨便怎樣都好，反正只要用粗暴的手段，很快就可以取得可信的口供。你可以用水刑和拷打，有必要的話還可以切掉他一根手指頭，只要能夠讓對方開口，什麼方法都行。

不過，在這個重視真相的真實世界裡，男性荷爾蒙並沒有那麼肆意橫流，長久以來的經驗讓我們知道，耐心和人性永遠都能戰勝威脅和暴力。那些本能受到暴力方式吸引的人，基本上都是喜歡欺壓別人的惡霸，而且既沒有訊問方面的經驗，對於歷史也沒有太多了解。想要問出真相，最可行也最文明的方法舉世皆通。

我們來看看以下這幾種遭受訊問的對象：第二次世界大戰時在德國被擊落的美國空軍飛行員、在紐約市發動攻擊的恐怖分子——時代廣場炸彈客沙赫札德（Faisal Shahzad），以及在一樁謀殺案中飽受驚嚇的證人。以上這些人全都對擁有超高技巧的訊問人員吐露了心中的祕密，而這些訊問人員雖然說不同的語言、生活在不同時代、受到不同的訓練，但是全都採取了相同的方法和原則。

隨著第二次世界大戰蔓延到全球各地，無論哪一方都想要打贏這場仗，靠的不只是炸彈和子彈，也不只是坦克車和軍艦，還有情報資訊。監視和間諜工作當然能夠讓其中一方佔上風，但另外一個深入且重要的敵方消息來源也同樣能夠左右輸贏：戰爭中的俘虜。一方所捕獲的戰俘身上帶有另一方的機密，像是戰力的高低，或許還包括了未來的作戰計畫、意圖和策略。

美國之所以能打敗德國，有很大一部分要歸功於空戰，特別是其中一個對德國城市進行密集轟炸的殘酷計畫。美國空軍的菁英飛行員執行過數千次飛行任務，在歐洲各國投下了數不清的致命炸彈，其中最知名也造成最多死傷的一次是在德勒斯登，據估計，一天之內，德國平民的死亡人數就高達了十三萬人。

而德國擊落的美國空軍也不在少數，其中有許多逃過一死便成為了俘虜。這些飛行員全都是軍中的菁英，儘管單一一個戰俘所知道的情報可能微不足道，但是從每一個人身上慢慢蒐集，最後加起來就可能會是對德國非常有用的資訊。因此，所有被擊落的飛行員都遵守著戰爭時期「軍隊版」的緘默法則：你什麼都不用說，根據戰爭法規定，你只需要提供姓名、軍階和編號即可。許多人從頭到尾什麼都沒說，但也有許多人在沒有感覺到被操弄、騷擾或暴力對待之下，提供了資訊。

是什麼讓這些被關押的軍人願意開口？歷史證明，在混亂無明的戰爭時期中最有效的訊問方式，與承平時期刑事案件的訊問原則並沒有任何差別。

我們來看看，德國納粹空軍最有效率的訊問人員是個沒沒無聞、沉默寡言的男人，他的故事被作家托利佛（Raymond F. Toliver）寫成非常值得一讀的書：《德國納粹空軍訊問大師：漢斯・夏夫》。夏夫並沒有受過任何正規的發問技巧訓練，完全是在誤打誤撞的情況下進了這一行，他能說流利的英語，當時正在德國前線擔任翻譯人員，收到命令之後被轉往位於上烏爾茲的德國納粹軍隊審訊中心，為「專業的」訊問人員擔任翻譯。後來他負責翻譯的兩位訊問人員墜機身亡，夏夫只好臨危授命，結果他證明自己這麼多年來一直是個備而不用的明星球員。

就像許多藝術天才，夏夫經由觀察和同化進行學習，成為全德國最狡猾也最有成效的機密竊取大師。他的風格非常溫和，手法輕巧，會在所有被俘虜的飛行員面前擺出一副自己是他們最好的盟友和支持者的模樣。他拿食物給他們，跟他們開玩笑，夏夫最有名的一招就是帶戰俘們去大自然裡散步，戰俘可以在不戴手銬腳鐐的狀況下自由行動，唯一的條件就是他們答應不會逃跑，而且只需要口頭承諾即可。他靠著信任和友好的態度，讓戰俘們對他所給予的尊重及他的能言善道印象深刻，夏夫也從戰俘渴望與人接觸並發展友誼關係的人性需求中予取予求。他能同理這些戰俘，讓他們一個個卸下了心防，他們提供資訊的速度之快，使夏夫成為德國納粹空軍的傳奇人物。

他所採取的懷柔方法及其豐碩的成果之所以令人震懾，不只是因為男性直覺普遍認為戰時的審問必須要嚴酷，也因為他利用了完全不同於當時另一個德國情報單位「蓋世太保」所採取的殘暴逼供手段。夏夫為了達到目的，也會巧妙利用蓋世太保殘暴不仁的惡名。他會對戰俘這麼說，如果你真的是戰俘，可以先待在審問中心，然後再被送進戰俘營；但如果你是間諜，我就必須把你轉交給蓋世太保。接著他會再進一步說明，為了證明你真的是戰俘而不是間諜，你必須要給我比姓名、軍階和編號更多的資訊，而許多人便這麼做了。除了使用這個世界級的黑臉白臉手法之外，夏夫拒絕使用任何威脅和逼迫的方法。雖然有蓋世太保做後盾，但夏夫的成功基本上靠的還是展現出來的仁慈、尊重與友好。

就如同所有成功的行動都和人與人之間的互動有關，夏夫的方法有幾個基本的規則。第一個規則是：「在把囚犯帶進訊問室之前，先好好研讀手上蒐集到的資料，這麼做會很有幫助。」這聽起來沒什麼大不了，但有些訊問人員卻忘了，光只有聰明和心機是不夠的，下苦功把功課做好才是成功的關鍵。前面提過的麥卡比，他最大的戰力就是對追捕的黑幫分子瞭若指掌，另外有件同樣重要的事，就是建立起自己對對方瞭若指掌的名聲。麥卡比在訊問人時，對方都知道自己不能糊弄他，因為他很清楚所有相關的事，所以他們會對他吐露更多資訊。所有優秀的訊問人員都明白這個道理。

靠著一股了然於心的自信氣勢，再加上事前的準備與自學，你就能撬開那些有如蚌殼般緊閉的嘴巴，問出想要的資訊。你的無所不知能震懾訊問目標，讓他願意坦白，所有優秀的訊問人員都能證明這一點。舉例來說，歐馬利有次在訊問一位軍火走私販時，對方正在描述軍火可能被送去的地點在布朗克斯區的波士頓路附近。歐馬利很了解地點了點頭，順口就說：「噢，就在老媽炸雞店旁邊。」這乍看只是件小事，卻讓這位軍火走私販感到十分佩服，之後歐馬利問出真相的過程就順利得多了。

夏夫持續不斷地運用同一個技巧。他仔細將所有美國空軍戰俘的資料整理得一絲不苟，包括他們身上看起來無用的小東西、小細節，以及各種瑣事，然後在無意間隨口說出這些零碎的情資，讓戰俘以為夏夫知道的遠比自己讓他知道的多，同時也讓那些閉口不談的目標卸下防備。

此外，把功課做好，能夠讓你與訊問對象的會面情況更溫和（也更有收穫）。誠如夏夫自己所說：「沒有粗暴野蠻的必要。如你所見，我會在事前蒐集多到讓人喘不過氣的資訊和證據，用這些資訊和證據再加上以人之常情為訴求的勸說，我會讓他把我之前沒聽過的事情全都說出來。」

沒有粗暴野蠻的必要。一個在二戰德國軍隊中工作的人，能夠絲毫不帶諷刺地說出這些話，實在很不簡單。這個方法要求的是下苦功做好準備，在訊問開始前盡可能地詳細調查你的目標，接著以友好的態度跟對方建立關係，用有人情味的方式發問問題；而這個方法的原則就是不使用凶暴的手法。這個原則和方法之所以能搭配並非巧合，因為它們相輔相成。正因為這個方法有效，所以沒有必要粗暴野蠻，既然沒有必要粗暴野蠻，就表示粗暴野蠻是不對的。

到了今天依然有人激烈爭辯要（以及應該）如何讓一個被關押的人開口吐實，無論這個人是戰爭時的俘虜或是刑案的被告都好。也有些人堅持（通常都是有政黨的政客），只要對目標或犯人做出任何一絲善意的表示就是軟弱的行為，善待他們不會有任何效果。他們相信嚴酷的拷問技巧，並希望採取與夏夫相反的方法和原則——不應該禮遇被關押的人，所以審問方法不應該太溫和。他們相信的是沒有根據的直覺，認為對待某些類型的人，就是得拳打腳踢才能讓他們說實話，因為這種人本就應該被如此對待。儘管最終的目標是要獲得情報，他們卻因渴望暴力而堅持己見，對他們來說，人道的對待、有禮的詢問，或是向關押人宣讀他們的權利，都代表了軟弱和無用。

漢斯．夏夫是真實世界裡運用另一種做法的眾多訊問人員之一，他們透過自身成功的案例揭露了這種錯誤迷思。想想看，當時戰爭正在如火如荼地進行，這些訊問人員的成敗攸關生死，他們也很清楚其中一些美國飛行員就是對家鄉城市進行殘酷地毯式轟炸的人。在這種情況下，要以禮相待這些美國軍人，並充滿人情味地進行訊問，是多麼困難的事情。

夏夫之所以採用這樣的方法是因為，這麼做才是對的，而且這麼做才有效果。他很清楚歷來所有戰功彪炳的訊問人員都知道的事：事前準備與友善關係能戰勝威脅與暴力。他的箴言跟獲得成效不謀而合，那就是：溫言軟語遠勝過重拳揮擊。而這個方法的運用及其持續帶來的成效，也更加強化並證明了另一個道德原則：儘管頭上炸彈滿天飛、身旁不斷有人死去，我們還是有可能保有人性。《德國納粹空軍訊問大師》的作者是這麼說的：「身處戰爭這個最泯滅人性的人類活動之中，我們看到了一個始終保有人性的男人。」一所有我曾遇過、談過話或是受我監督的優秀訊問人員，全都認可並贊同夏夫的這個通用原則。毆打與恫嚇極少能讓人問出可靠、真實的答案，計策能擊敗蠻幹，而耐心則是勝過暴力。

在紐約南區檢察官辦公室，總是會不斷地看到同樣的情況出現，就連那些你直覺認為犯人絕對不可能合作或招供的案子也是如此。你猜猜看誰是最難攻破、最守口如瓶的證人呢？你可能會認為應該是那些執念根深蒂固、內心充滿仇恨的恐怖分子，他們進行大屠殺既不是為了錢，也沒有精神失常，更不是因為愛，純粹只是出於恨以及扭曲的理念而殺人。但你這個猜測是錯的。

來看看「時代廣場炸彈客」沙赫札德的案子，他計畫要殘殺一大群美國人，當時我獲得檢察官終身職還不到九個月。

二〇一〇年五月一日傍晚時分，一輛深色、貼了有色隔熱紙的日產 Pathfinder 汽車停在五十四街與第七大道口，紐約時代廣場的中心位置。在這輛汽車中滴答作響的是一顆由肥料、丙烷、煙火以及瓦斯做成的炸彈，可說是雖然陽春卻威力十足。炸彈客意圖要在周六夜的曼哈頓市中心引爆它，因為這個時候路上會有好幾千人，大家正要前往餐廳用餐或是去百老匯欣賞歌舞劇。炸彈最後沒有傷害任何人，因為它並沒有爆炸，製作者犯了個令人慶幸的錯誤，所以炸彈有缺陷，附近一位民眾看到有煙從車子裡冒出來，於是通報了警察。

緊接著就是封鎖時代廣場、撤離當地為數眾多的民眾，並展開一場五十三小時的追緝行動。最後我們發現，六個月前，這個殺人未遂的炸彈客曾在一段由巴基斯坦塔利班組織所拍攝的影片裡說：「從九一一之後，我就一直想要加入我的弟兄成為聖戰士。」

在這五十三個小時中，我手下那些隸屬於反恐小組的助理檢察官就和他們在聯合反恐任務小組（Joint Terrorism Task Force）的夥伴，不眠不休展開追查，所有時間都用來追蹤線索、查看監視錄影帶畫面，並調查全紐約每一輛日產 Pathfinder 汽車的車主及其來源。過程中出現了一些假線索和死胡同，直到周一晚上，完全確認了沙赫札德就是我們要找的人。全副武裝的聯邦調查探員包圍了他在康乃狄克州橋港的公寓，準備進行逮捕。

當時擔任我副手的波伊德，就駐守在聯邦廣場二十六號的聯邦調查局總部。我則是在第一街的安德魯廣場，聽取反恐小組組長匯報有關逮捕沙赫札德的最新狀況。結果出了差錯，沙赫札德不知怎地擺脫了監視人員，從公寓中逃走了。他跑去哪裡了？這個遭到全美通緝的人，甚至被列在禁飛的恐怖分子名單上，居然還是搭上一班阿聯酋航空的班機，準備在周一午夜前起飛前往杜拜。當時飛機已經離開停機坪，但最後驚險地被攔停，沙赫札德也被請下了飛機。

他立刻就被收押禁見，此人生命跡象穩定，也可以正常說話，一場重要的訊問眼看就要展開。沙赫札德是獨自行動嗎？如果不是，同謀是哪些人？是誰讓他有這些激進的想法？是誰訓練他？製作炸彈的原料是從哪裡來的？他知不知道其他的恐攻計畫？有太多問題等著要他回答，但是，他會開口嗎？

這場訊問所牽涉的來龍去脈關係重大，這是九一一之後第一位在紐約市策動攻擊的恐怖分子。有鑑於一新近的案例，我們開始質疑標準作業程序，並希望能有其他的選擇。剛好在沙赫札德被捕的四個月前，二〇〇九年的聖誕節，被稱為「內衣炸彈客」的阿卜杜勒穆塔拉布（Umar Farouk Abdulmutallab）才在一班從底特律起飛的班機上遭到逮捕。阿卜杜勒穆塔拉布很快就被宣讀了權利，是不是有點太快了？使得大家開始討論這麼做是否讓探員沒有足夠的時間蒐集到重要的情資。究竟要不要，以及要在何時宣讀沙赫札德的權利，問題牽涉到的層面十分敏感。

在阿卜杜勒穆塔拉布的案子之後，我們就開始預先為將來發生這個狀況時該如何因應進行了討論：萬一有恐怖分子在我們這裡策動攻擊時該怎麼做？我們仔細研究了在什麼狀況下，可以依照公共安全例外的原則，不提供嫌犯「米蘭達警告」。米蘭達警告就是在訊問已被逮捕的犯人之前，必須先依法告知他的權利為何，例外原則能讓探員在不告知的狀況下向嫌犯發問，而且不必擔心這些能夠自證己罪的證詞會在法庭上被視為無效。

公共安全例外，是在一九八四年「紐約州訴夸爾斯」（New York v. Quarles）一案中，由高等法院法官所提出的見解，內容是：只要事關公共安全，便可以在一定時間內對嫌犯訊問有關其犯案計畫、同謀及其他重要情事。法律允許我們可以在一定的時間之內，在不對嫌犯提出米蘭達警告的狀態下，進行訊問找出答案，同時蒐集資訊與情報。根據不同的情況，就算因為沒有提出米蘭達警告而致使自白在法庭上失效也無妨，因為其他更重要的證據已足以證明嫌犯有罪。我們離開會議室時已經擬好策略了：不要太早提出米蘭達警告。先盡可能找出所有證據，然後評估自白和其他重要情資相比，哪個比較有可能在法庭上讓嫌犯定罪。

我們的苦心規劃沒有白費。就在沙赫札德被捕，即刻得面對執法人員的訊問時，我們已經準備好了。我和位於華盛頓特區的國土安全部先說明了我們會延遲提出米蘭達警告的計畫，這個做法完全合法，而且對眼前的狀況來說非常恰當。國土安全部的官員大衛・克里斯同意我們的做法，並要我和司法部長霍爾德討論。我直接打電話到指揮中心，這是找到檢察總長最簡單的方法。指揮中心回電到我的手機，我還記得自己接起了電話，一邊從辦公室一整面牆大的落地窗向外看，那時已經過了晚上十點。我說沙赫札德一案的證據已經很充足了——探員已經趕往甘迺迪機場去訊問他了——為了爭取獲得更多資料與情報，我們不打算太快向他提出米蘭達警告。司法部長也背書同意了這次的行動。

就在此刻，沙赫札德坐在俗稱的機場小房間裡，由美國海關及邊境守衛局的探員看守，並由聯合反恐任務小組的探員開始進行訊問。一位聯邦調查局的長官級特別探員和一位紐約警局的警探進了小房間。沙赫札德表現冷靜，一派輕鬆。他在被逮捕之後所說的第一句話是：「你們怎麼這麼晚才來？」那真的是個疑問，而不是嘲弄。他們先是讓他吃飽喝足，才把人送到位於曼哈頓，守衛森嚴的聯合反恐任務小組總部。根據計畫，警探先問了沙赫札德一系列與公眾安全有關的問題，他非常配合地一個一個回答，全程保持著平穩的態度。沒多久，這位警探就和沙赫札德建立起友善的關係。

儘管原本計畫要先訊問好幾個小時，但當下這位警探根據長年的工作經驗，以及對沙赫札德的舉止和心理狀態的評估，判斷現在可以提出米蘭達警告了，而且沙赫札德還是會繼續招認。

只要看過電視的人都知道什麼是米蘭達警告，這是個很簡單的權利告知：你有權聘請律師、你有權保持沉默……諸如此類。絕大多數的警察和探員都對米蘭達警告爛熟於心，不過通常還是會拿出一張印刷的小卡逐字念誦，確保不會出錯。

你怎麼知道什麼時候可以向恐怖分子提出米蘭達警告？怎麼知道什麼時候該提醒對方他的權利？有位探員是這麼形容的：「你可以把訊問面談看作是第一次約會，米蘭達警告有點像是在告訴對方他不能在第一次約會時吻你。有時候你在約會中途會這樣想：『如果我現在吻他，他也會回吻我。如果我繼續等下去，那麼這件事永遠不會發生，這一刻也就永遠錯過了。』」當然，這也可能會讓訊問戛然而止，但是給予對方應有的權利是種友善的表現，也會加深你們之間的信任感。如同漢斯．夏夫在戰爭時期就知道，友好的態度是讓人吐露祕密的不二法門。

其他探員也用類似的說法來形容訊問的藝術，就有如施展誘惑一般，你必須要看懂時機，當你與嫌犯之間的連結達到最穩定的高點，很清楚如何讓對方有反應，也知道對方的弱點何在，那麼時候就到了。因此這位警探必須有所決斷，他也認為：我現在可以提出米蘭達警告了，我可以履行法律責任，並保持未來上法庭時證詞的可接納性，於此同時，還有機會繼續讓嫌犯提供更多的資訊。

當然這裡要擔心的是，向嫌犯提醒了他可行使的權利之後，可能會讓對方決定從此閉口不談（比方說，阿卜杜勒穆塔拉布就是如此）。但眼前這個人，在決定成為恐怖組織的炸彈客，並且計畫逃走好有機會再回來進行新的攻擊，沙赫札德此時竟然都招認了，大聊特聊，簡直停不下來。

過程中完全沒有任何拳腳相向，也沒有任何威脅恫嚇，他隨時都有東西吃，也被充分告知了自己的權利。溫言軟語遠勝過重拳揮擊。連續好幾天，他平靜地進行漫長的陳述，詳細揭露了他的計畫和企圖，承認所有的炸彈材料都是他一個人買的，也預期自己做的炸彈能夠炸死四十個人；還有，他計畫兩周之後再回來殺更多人。而在每天重複且明確地向他宣讀米蘭達警告的情況下，當他被詢問到同夥以及可能的唆使人是誰，沙赫札德同樣也提供了非常多的線索，多到我們在告知法院的時候，法官下令「要求全美不同城市的數百位探員，必須二十四小時進行追查」。

他在法庭上也對自己的罪行直言不諱，這也是我在擔任聯邦檢察官期間唯一一個受到如此高度關注的被告有如此表現。兩周之後沙赫札德被正式傳訊，並當庭認罪，現在正在監獄中服無期徒刑，而這也是他應得的下場。

除了事前準備與做功課之外，想讓訊問成功，看懂時機也是非重要的一點。這需要感性的理解力，而非虛張聲勢的蠻力，儘管在電影或政客大放厥詞的表演中經常會看到這樣的暴力畫面。政治上的譁眾取寵不提，米蘭達警告所引起的各種爭議，並不是沒有道理，但大部分都已經沒有討論的價值了。調查有太多的面向要考量，最後能夠成功達成任務的，是那個能夠根據常理和經驗即時做出判斷的人。值得注意的是，與沙赫札德建立起友好關係的執法人員，並不是以國家安全為己任的聯邦調查探員，而是一位警察。他曾為了調查街頭毒品案而把自己的牙齒拔掉，也從來來回回與數百位證人及嫌犯交手之間，獲得寶貴的經驗和判斷力。所以，當他面對職涯中一次最重大的訊問，必須看出時機是否已經成熟之際，做出正確的判斷。正規的訓練很重要，但那些從街頭巷戰中學到的東西，以及隨時掌握狀況的能力，往往才是關鍵所在。

重點是，真正有效的訊問並非從教科書上學來的。訊問是種藝術而非科學，需要的是同理心以及了解人性的天賦。並不是說粗暴的訊問方式就一定不會有收穫，有時候可能真的有必要採取粗暴的手法，但是我們每個人都應該對那些愛吹牛的傢伙抱持質疑的態度，他們總是會說，只有用嚴酷的手段才能夠取得資訊或真相。你尤其要小心那些從來沒有在現實生活中訊問過任何人的人。這是專業的聯邦調查局探員、警察、美國緝毒局專員，以及聯邦檢察官的看法，我對這些人的信任遠超過任何一個生活在象牙塔裡的作家或政治人物，因為他們一輩子從來沒有見識過該如何讓壞人開口招認。

順帶一提，沙赫札德並不是唯一一個上一分鐘想著要殘殺無辜民眾，下一分鐘就對執法人員全盤托出自己的行動計畫和同謀名單的恐怖分子。大衛．黑德利遭到伊利諾州的北區聯邦檢察署起訴，罪名是參與二〇〇八年發生在孟買的恐怖攻擊，這場恐攻造成一百六十四人死亡，其中六人是美國人。探員同樣抓準了時機，根據檢察官的判決備忘錄記載，在對黑德利宣讀了米蘭達警告後不到三十分鐘，他就「提供了極為詳細的塔利班情資，包括組織架構、各區領導人及相關人員、招募方式、資金來源、攻擊計畫以及可能的攻擊目標」。有同樣反應的還有其他人，這是常態，而非例外。

這些恐怖分子為什麼會招認？除了優秀的訊問技巧之外，是什麼讓像沙赫札德、黑德利這樣的人願意在被捕之後，不用暴力相向就幾乎毫不保留地供出所有關於自己、恐攻計畫和目的等資訊？多年來我一直對這一點百思不得其解，因為這違反人性直覺。

我聽過最好的解釋大概是這樣的，聰明的訊問人員懂得如何利用這些人的心態：恐怖分子希望大家知道他們是誰，希望事蹟能廣為流傳。此外，他們既想要當編劇，也想當故事裡的英雄。恐怖主義的重點就是為了製造恐懼並提高政治立場的曝光度，他們的野心就是成為家喻戶曉的知名人物。恐怖分子最痛恨的就是沒沒無名。他們之所以拍攝殉難影片，也是基於相同的理由，利用媒體和行銷宣傳來散播信念，慫恿新人加入他們的行列。他們渴望成名，就算只有十五分鐘也好，不過有些案子的狀況可能比這還要再複雜一些。

此外或許還有另外一個原因。人都希望被理解，就算是令人髮指的罪犯也不例外，他們希望有人能明白自己為什麼做出這樣的事，那些犯下滔天大錯的人，尤其是為了自身理念而這麼做的人，也同樣擁有這個基本的心理狀態。對訊問人員來說這是好事，他們可以將這個尋求理解的渴望當作突破點，不但能讓這些人俯首認罪，還能夠知道恐怖分子的組織規模大小，或是還有哪些人想要傷害我們。

當然，還是有人支持嚴酷的訊問方式，甚至包括嚴刑拷打。對某些人來說，粗暴野蠻的言行之所以有必要，除了能讓他們肯定自己的力量之外，也是真心相信著「粗暴野蠻是有效的做法」。但從歷史資料來看卻不是這麼回事。

以朱貝達（Abu Zubaydah）的案子為例，他在九一一後遭到逮捕，並被誤認為是蓋達組織的高階領導人之一。二〇〇二年朱貝達在巴基斯坦的一場突襲之中受傷被捕後遭到關押，被中情局監禁期間，他遭受了至少八十三次水刑伺候、不被允許睡覺、被關進長二點五呎寬二點五呎的箱子裡二十九個小時、被放進棺材大小的盒子裡兩百六十六個小時、不斷地被拉去撞牆、被以極不舒服的姿勢上銬、被暴露在嚴寒的天氣以及巨大的噪音之中，有一次中情局的人甚至以為已經把他弄死了。朱貝達最後供出了穆罕默德（九一一事件的背後主謀）以及美國公民帕迪拉。帕迪拉因為共謀在美國本土進行炸彈攻擊而被判刑（而他在訊問時所遭受的對待也成為激烈討論的話題）。

聽起來很有成效，只不過，這個經由嚴刑拷打朱貝達而獲得的訊息，早在聯邦調查局探員進行友好訊問時就已經問出來了。那是三月底他剛被逮捕的時候，負責訊問的是聯邦調查局特別探員，同時也是訊問專家的蘇凡（Ali Soufan），他也是整個局裡會說阿拉伯文的八位探員之一。蘇凡與另外一位探員一起飛到祕密地點去向朱貝達問話。

他在一個特別空出來的小房間裡見到雖然受了傷卻依然狂妄自大的朱貝達。蘇凡問的第一個問題很簡單：「你叫什麼名字？」朱貝達回答：「達烏。」這當然是假的。蘇凡看了看朱貝達，然後微笑著說：「那我可以叫你漢尼嗎？」漢尼是朱貝達的母親取的小名，他非常驚訝，回答：「可以。」就是這個撼動人心、極具人性的小細節讓狀況有了轉變。接下來的一個小時，朱貝達招認了，他將非常關鍵、足以起訴的資訊提供給了蘇凡。

蘇凡之後在國會作證時表示，聯邦調查局的訊問之所以成功，是因為事前先做了調查。準備充足是很重要的。他彷彿夏夫上身般這麼說：「訊問人員必須要做好功課，要能完全掌握拘留對象情報圈中的所有細節。然後訊問人員要運用這些資訊來震懾拘留對象，讓他們知道我們對一切瞭若指掌，只要說謊，絕對會被我們拆穿。」

之後美國參議院情報特別委員會做出了一份長達六千七百頁，名為「刑求報告書」的研究報告，當中記載著，中情局在二〇〇一到二〇〇九年間所進行的囚禁與嚴刑訊問並沒有成效。粗暴野蠻的舉動不但沒有必要，也沒有任何幫助。委員會在研究中的第一個發現是：「中情局所採用的強勢訊問技巧，對於從拘留人身上取得情資或是與其建立合作關係，都沒有顯示出成效。」

嚴刑拷打不但對於獲取情資沒有必要，還有可能造成「假自白」的狀況發生。二〇〇三年美國入侵伊拉克時，行政當局給的正當理由是，根據不具名的情報來源所提供的證據顯示，伊拉克提供武器給蓋達組織的間諜人員。

這個情報來源是利比（Ibn al-Sheikh al-Libi），他是賓拉登在阿富汗的恐怖分子訓練營的負責人，在二〇〇一年被逮捕。他是當時美國捕獲的蓋達組織最高階層人員，聯邦調查局和中情局都對利比進行了訊問，聯邦調查局的官員提醒探員必須向利比宣讀他的權利並有禮地對待他，以建立起雙方友好關係為目標，而中情局的探員則是認為他們這樣做不會取得任何正確的資訊。根據報導所說，中情局安排將利比送去埃及，毆打他後把人關進小箱子裡，假裝要將他活埋。最後利比告訴訊問人員他們想要聽到的資訊，也就是蓋達組織如何與伊拉克勾結。但是利比的自白根本完全是捏造出來的假話，二〇〇四年他被送回由聯邦調查局監管，便推翻自己當時的供詞。利比是這麼跟聯邦調查局說的：「我已經快被他們殺死了，一定得跟他們說點什麼才行。」

這就是最好的證據，嚴刑拷打一點用都沒有。

你永遠不知道究竟是什麼樣的人性連結、哪一個良心關鍵，會觸動人的心底深處。有件殺人案已經懸宕了好幾個月完全沒有任何進展，眼看就要成為懸案。警察看著手上的這件案子，知道無計可施，只好向聯邦調查局求援。

這件案子有個很顯而易見的嫌犯，卻沒有足夠的證據能夠起訴他。警方缺乏確證，聯邦探員只能運用手上的資訊來進行調查。他們檢視電話通聯紀錄、找人談話，追查各種線索。他們認為這件謀殺案肇因於毒品分贓，所以試著讓相關的人員願意倒戈提供資訊，但始終沒有任何斬獲。

後來，有位負責案子的警探發現其實還有一個關鍵的證人存在，但並不急著去接觸這位證人，而是遵循夏夫的心法：在把囚犯帶入訊問室之前先將對方調查清楚。這位證人雖不是囚犯，但原則是一樣的，警探找出跟此人有關的一切，像是仔細檢視通聯紀錄、調查他的家人朋友、找他的鄰居聊聊、跟蹤他去上班。警探將有關這位證人的所有細節都牢記在心，因為他知道，第一次見面時——如果處理得宜——就能夠讓案情撥雲見日。如果處理得不好，就可能讓一切努力付諸流水。

最後，我們決定要找這位證人來面談。這名警探做了一次例行性的攔檢，用西班牙文與他對話，並請證人一起回警局。探員跟證人建立友好關係，對方很快就發現這是怎麼一回事，這件事已經困擾了他好幾個月了。

警探釋出了最大的善意，他跟證人聊起家人、妻子，還聊到了上帝。根據調查，他知道這位證人是個信仰堅定的人，應該能夠體會受害者家屬的心情。有時候，證人的信仰正是調查人員需要的施力點。

這位證人突然哭了起來，有某個地方被攻破了。這是否就是那個情緒潰堤宣洩的時刻呢？追尋了那麼久的祕密是否就要在這一刻揭曉？哭了一陣子之後，這位證人終於用婆娑的淚眼看著訊問人員，用西班牙文做出一個出乎意料之外的請求。

「給我一本聖經。」他這麼說。

這倒是頭一回。

接著是整個警局開始翻箱倒櫃想要找出一本聖經。整間警局上上下下雞飛狗跳，有人大喊：「我需要一本該死的聖經！」最後，是一位維修技工自願出借個人用的小小黑色封皮聖經。警探將這本聖經拿到不停啜泣的證人面前，他用雙手緊緊抓住聖經貼近胸口，然後對警探說出了他所知道關於這案子的一切——這個案子就這樣破了。

一位經驗老道的聯邦探員曾跟我這麼說：「每個人都有能被觸動的點。找出這個點，你一定要找出這個點在哪裡。」他們每一個人都是這麼說的。**只要你努力去找、努力思考，一定可以找到那一點人性之所在。**找出能讓彼此建立連結的那一刻，而不是讓對方恐懼。你愈是表現出人性，就愈是容易找到目標心中那最柔軟脆弱的一點。

絕大多數罪犯和證人之所以會自白，並不是因為屈服於手槍或徽章的威嚇。事實正好相反，如同一位警探所說，他身上的制服反而是獲取真相的阻礙。優秀的執法人員會努力讓證人或目標忘記他們身上的槍和身分徽章，單純把他們當成一個人，而不是犯人來對待。

不過，吉米．摩托這位南區檢察官辦公室最有經驗的調查人員，也曾跟我說，現在有很多人開始爭論是否應該強制在訊問的時候進行錄影存證，他個人對這個要求感到擔憂。是因為陪審員可能會對強勢的訊問手法產生反感嗎？不——因為他們可能會錯把「與罪犯建立友好關係」這個聰明的手法，看作是過度善待罪犯。他擔心大家看了訊問影片會覺得警察人太好、太客氣。

在進行訊問時，你不能躁進。即時進行的訊問需要非常多臨場發揮，當然在可能的情況下，也需要下苦功事先準備。你走進訊問室之後，就必須順應當下的情勢做出反應，但絕對不能一臉冷酷地走進去。就算是罪犯和他們背後的指使者都還是有自己的道德觀，也許跟你我的不同，但是他們還是人（儘管是反社會人士）。他們的人性可能被隱藏了起來，或只在瞬間出現、稍縱即逝，但人性還是在的。每個人都有弱點，而做好準備並具有同理心的調查人員知道該怎麼去觸動這個點。

回到第二次世界大戰，就在雙方都經歷了慘重的傷亡之後，同盟國宣布獲得勝利。德國人無條件投降，下場狼狽不堪，美國軍隊的戰俘則是全數獲釋。那麼我們的訊問大師漢斯．夏夫呢？

隨著戰爭結束，這位充滿人情味的傳奇德國納粹空軍訊問人員，帶著美國戰俘對他的一致好評，遠渡重洋來到了美國。美國空軍邀請夏夫來為軍人演講他的訊問技法。他所教導的許多方法都被納入了美軍的軍隊教程之中，也包括了五角大廈。到了近年，從二〇〇九年開始，由聯邦調查局主導的「高價值拘留人訊問小組」投入了一千萬美元針對有效的訊問技巧進行研究，也特別研究了夏夫所使用的方法。從夏夫迷倒一大批二戰時被關押在德國的美國戰俘至今，已經過了七十年，而美國政府的結論是，他真的很懂。相較於任何類似嚴刑拷打的方法，他的訊問方式能夠獲得更準確也更值得參考的資訊。

如我之前所說，夏夫並沒有為擔任德國納粹空軍訊問人員而受過任何訓練，方法完全是靠自己摸索出來的。戰爭結束之後，夏夫成為一位馬賽克拼貼藝術家。而過去的敵人美國，則是張開雙手歡迎他前來，於是他挑選了陽光充足的加州作為定居之所，並且生活得相當愉快，他的名氣遠播，藝術作品也在美國各地展覽。

夏夫最知名也最傳世的作品，直到今天仍在美國展覽著。如果你曾去過佛羅里達州的迪士尼世界，那麼很可能已經看過了。就在你從樂園主街走向幻想世界時，會走進城堡裡的一條廊道，在兩旁高高的牆上，會看見五幅巨大又美麗的拼貼畫，以超過一百萬片、五百種不同顏色的義大利玻璃排列組合而成。

這些馬賽克拼貼畫是夏夫用他那雙謹慎細膩的手創作出來的，畫中呈現的是灰姑娘的故事。

漢斯・約新・夏夫一九九二年在加州的貝爾瓦林泉逝世——這位美國馬賽克藝術家，永遠受到那些祕密被他偷走的戰俘所愛戴。

告密者：合作證人所面臨的道德危機

紗窗門「碰」一聲關上。這大約是發生在二〇〇七年夏天的事，場景是我們在馬里蘭州的家中，當時我在美國參議院工作。

六歲大的瑪雅以行軍般的步伐邁向我們，一副下定決心的模樣，緊緊跟在她身後的是四歲的傑登。他正在大聲哭喊著：「瑪雅，不要！不要這樣！」看得出來傑登應該是做了什麼調皮搗蛋的事，而瑪雅正準備要來舉發弟弟。瑪雅走進廚房裡，雙手扠在腰上，我太太黛拉和我一起看著她。就在瑪雅正要開口之際，傑登突然變得歇斯底里，衝上去把她的嘴巴摀住，我很少看到他這麼生氣。天生檢察官性格加上經過多年訓練的我，碰到有人主動來通報犯罪事件時，通常都欣然接受，不過這一次卻不太開心。我和黛拉都先要瑪雅別說話，然後試著安撫傑登讓他冷靜下來。接著我們問了幾個問題：「你們有誰受傷了嗎？」「有打破或弄壞什麼東西嗎？」瑪雅搖搖頭說沒有。「傑登，你有沒有覺得很抱歉呢？」他點點頭說有。

然後我們做了一件兩個孩子都沒料到的事，我們說不想知道發生了什麼事。聽到之後，傑登立刻就不哭了，而瑪雅則是一臉不可置信的模樣，當場就翻了一個大白眼。但我們的決定就是如此，所以他們又回到外面去玩了。

為什麼我們阻止女兒來告弟弟的狀呢？我想是因為我們不想讓傑登留下陰影，但除此之外還有其他原因，這裡有個值得學習的課題。告狀並不是件討喜的事，這是種背叛的行為。沒有人喜歡告密的人。這種會出賣親朋好友的人讓我們感到渾身不自在，甚至敬而遠之。我們天生就對這種會告密的人反感——甚至覺得他們很缺德——即便對數不清的罪案調查來說，這些叛徒是起訴罪狀得以成立的原因。

告密者這項調查工具（也就是由罪犯轉成的汙點證人），總是能引起大眾的無限想像……告密者、抓耙仔、出賣耶穌基督的猶大，他們也被稱為合作證人。

檢察官都自認為起訴過程的道德正當性並非審判的重點，總是會說：「政府並不是受審判的對象。」但事實上當然是。事實很簡單：任何社會中的司法系統都必須追隨同一套道德標準。法律和道德的時效與限制不盡相同，但是很大程度來說，一個社會選擇如何懲罰犯罪者，同時也顯示了這個社會認為什麼是無法被接受，且應當受眾人指謫的不道德行為。此外，一個社會選擇如何執行其所制定的法律和刑責，如何發揮其被賦予的權力以及被允許使用的工具，也可以看出這個社會中眾人的道德觀為何。而這一點在合作證人這個危險的灰色區域中尤其如此。

好萊塢拍了許多出賣合作夥伴的告密者電影，像是《四海好傢伙》中的經典黑幫角色亨利・希爾、《華爾街之狼》中的詐欺犯喬登・貝爾福。看著一個人從罪犯轉變成為合作證人，這個過程確實充滿了戲劇張力，混合了危險、背叛和轉化種種牽動人心的情節。但我想，除此之外，應該還有些別的東西，那就是複雜度。

合作證人處在一個難以界定的混沌區域。他們協助警察所換來的結果，就是能逃過自己所犯下的罪行。他們就像是雙面間諜一般，對身邊最親近的人下手。這種存在於罪犯與執法人員之間的關係，聽起來有點荒誕也有點黑暗，卻總是埋伏在法治光譜的這一端蠢蠢欲動。這樣的關係需要雙方都先放手相信對方的誠信，同時建立起彼此能夠相互倚靠的情誼，然後將這份信心與信賴放在對方身上：一方希望能夠獲得強而有力的後盾，讓自己無罪開釋，而另一方則是希望能夠在將犯人定罪的同時，為專業職涯中多添一筆成功紀錄。在司法這行裡，這是最不光彩的結盟，但對法官來說卻是司空見慣的事。

司空見慣並不代表沒有風險，正好相反，與檢察單位合作或許可以讓你躲過牢獄之災，但也可能讓你再也見不到明天的太陽。有太多人因為和檢調人員合作而走上黃泉路，也有人只是被懷疑就落得同樣的下場。當年我還是助理檢察官時，同事大衛・羅迪和大衛・安德斯就曾在一件案子裡求處被告死刑，因為該案件裡的死者艾德溫・山迪亞哥被同夥懷疑與檢警合作，所以他們將他誘騙到一間公寓中，把他的四肢像動物一樣綁起來讓他動彈不得，然後酷刑凌虐、掐頸勒脖，最後再把人活活燒死。我看過被害人那些令人毛骨悚然的照片，直到今天那種恐怖依然揮之不去。一位驗屍官在作證時表示，由於山迪亞哥的遺體實在太過殘破，連要辨識他的眼珠顏色都辦不到。

願意冒風險的合作證人，能為執法人員提供豐富的破案資訊。這些表面上披著同夥外衣作掩飾的內線，可以完整提供案件的來龍去脈，甚至是一整個犯罪家族的詳細內情。合作證人可以讓一件原本完全無從下手的案子水落石出。

看看黑手黨就知道了。「蠻牛」山米．格拉凡諾一手摧毀了甘比諾犯罪家族，喬瑟夫．麥西諾則是瓦解了布南諾家族。再看看企業界的例子，安迪．法斯托協助揭發安隆的執行長，史考特．蘇利文則是揭露了世界通訊（WorldCom）的黑幕。而多位合作證人則是在近年來最重大的內線交易案中，聯手扳倒了帆船集團（Galleon Group）的執行長。同樣也是靠著合作證人的證詞，檢調才有辦法將十多位伯尼．馬多夫的同夥繩之以法。所有被瓦解的知名黑道幫派，都是遭到之前家族裡的大哥或成員為了自保而出賣。犯罪集團和貪汙腐敗的公司都會遭到像是聯邦調查局這類外部的調查，但通常最後都是被內部的自己人給終結。

所有擁有罪犯相關資訊的人都是可能的合作證人。有些人會讓你非常驚訝，他們可以出賣同事、最好的朋友、兄弟姊妹和配偶，甚至是自己的爸媽和小孩。有些人為了自保，什麼事都做得出來。

合作證人可以瞞天過海，甚至騙過科學。知名的自行車手藍斯．阿姆斯壯曾奪得法國巡迴賽七次冠軍，在那幾年間，他總共做了一百五十次的藥物檢驗，每一次都通過了。那麼為什麼最後他還是被抓到?就是合作證人——他的十一位前隊友跳出來舉報他。蘭迪斯是第一個在二〇〇二年承認自己服用禁藥的阿姆斯壯隊友,之後供出阿姆斯壯也服用禁藥,甚至將阿姆斯壯的腳踏車隊與黑幫家族相提並論。

合作證人既是種魔法也是種威脅。竊聽裝置所取得的資訊可能不夠清楚、不夠完整,或是根本無法取得。但是合作證人就身在那些對話或祕密會議的現場,而且聽得懂行話和暗語。他們可以在身上裝竊聽器、操控對話進行的方向、帶你找到藏屍所在。

但對檢調人員來說,這其中也隱藏著風險。**合作證人是你的通行證,同時也是最大的包袱。**他們可能說謊、編造事實,或是讓陪審員覺得反感。這就是為什麼你在發問以及質疑之際,還必須下苦功將他們說的話全部驗證過一遍。證詞的真實性必須經過檢驗,所有環節都要能夠對得上,如果證人說那天下雨,我們就要把所有天氣紀錄都調出來看一遍。我們都聽過太多合作證人私下做交易和黑吃黑的警示故事,有些人還曾親身經歷過呢。

合作證人長久以來一直都是法律、道德和倫理上的一大暗影。老實說,我自己就不曾好好反省或思考過,用同夥人的證詞來讓罪犯定罪的這種做法是否公平,我們就是會這麼做。但我確實曾在某些案子裡思考過許多這方面的手法和做法。舉例來說,讓合作證人去指證地位較低的小囉嘍就是個不智之舉。你要的是向上檢舉而非向下,基本的公平法則就是不能以大搏小,因為大魚(犯罪情節更重大的人)不應該因為只供出一個小角色就獲得減刑。第一次我的被告在法庭上被無罪開釋，就是因為合作證人是個臭屁的蠢蛋，他比那個被指控犯下移民詐欺罪的小咖被告還要討人厭，陪審團實在受不了他，所以儘管鐵證如山，他們還是寧可讓被告無罪開釋。

當然，所有辯護律師都會把政府的合作證人反過來當作檢方的痛腳。這是理所當然的事，因為你案子裡的定罪關鍵同時也是你的阿基里斯腱。辯護律師可以大方站在陪審團面前，指著證人席，要陪審員好好想想這個跟檢方合作的證人本身就是個惡棍，大聲疾呼他是多麼不誠實、多麼邪惡，出賣自己的靈魂背叛其他人。

接著檢方就得使出渾身解數來讓陪審團回心轉意，不能只因為政府找了個「抓耙仔」來當證人，就認為案子不能成立、證據不值得信賴。要做到這一點，就得把你的弱點變成強項，試著翻轉局面。

我辦公室裡的檢察官會如此陳詞：

「陪審團的先生和女士，你們絕對有權利仔細斟酌這位合作證人的證詞，因為法官大人會跟你們說，證人的可信度是由你們來決定。證人說的究竟是真還是假，要由你們來判斷。而這個案子裡的合作證人格外需要你們的檢視，因為他之所以願意出庭作證，就是希望能夠換取法院對他的寬容對待。我們不是要你們喜歡證人，而是請你們決定要不要『相信』證人所說的話。這位證人並不是我們選的，我們也希望站在證人席上的是位教士、修女、牧師或童軍，但是他們不可能知道任何與罪案相關的事。按照我們的常識來判斷，能夠真正了解這樁罪行的人、能夠告訴你們被告心裡在想什麼的人，就是跟他一起犯罪的夥伴。所以，女士和先生們，從非常現實的角度來看，證人由不得我們挑選，被告在選擇與對方一起犯下這樁罪案時，就已經註定了這件案子的證人是誰了。所以，是的，請仔細檢視他的證詞，但是別忘了在同時也要想想，其他的證據都與他的證詞不謀而合。」諸如此類等等。

而對造律師會在心中祈禱陪審團不要發現證人的證詞已經全數經過驗證，或是覺得用「抓耙仔」這個說法讓他們覺得很刺耳，於是做出讓被告無罪開釋決定。他們的祈禱偶爾會應驗，但通常都不會。

檢察官一般來說不會太執著在道德問題上。但在現實裡，當搶匪真的上了法庭，以及十二位一般的美國公民坐在法庭上評斷另一個人的時候，飄蕩在空氣中懸而未決的就是一個道德問題：政府這種做法是對的嗎？為了捉到一個惡魔就和另一個惡魔進行交易？我們在正式上法庭之前的訊問階段、在開始與合作證人建立關係之際，最常問自己的問題就是：陪審團比較可能會相信哪一個惡魔的話？

合作證人是怎麼來的？有些人並不需要遊說，自己就會跑到辦公室來祈求獲得減刑。有些人在聯邦調查局探員找上門時並不會馬上就出賣同夥，但是一等到發現自己可能難逃牢獄之災，就會立刻變節，還有一些人就算被起訴了還是抵死不從，一直等到審判迫在眉睫才會屈服。也有人直到最後口風都很緊，安安靜靜地認罪或上法庭受審，然後乖乖入監服刑，一個字都沒有透露。當然，也有很多人是根本沒有可以交換的資訊，也無法提供任何實質的證據。

可能有人會質疑這個系統的公平性，因為我們總是根據提供犯罪情事的多少以及涉案程度的輕重，以成正比的方式來獎勵願意合作的人，而那些運氣很差的邊緣小罪犯，沒掌握到任何關鍵事證，也就沒有機會透過合作來換取刑責的減免。

要策動人背叛，在手段上其實與聰明的訊問並沒有什麼不同。沒有必要裝腔作勢，這麼做很可能適得其反。優秀的探員和檢察官不會威脅恫嚇，而是用堅定且實事求是的口吻。

讓人決定是否合作，基本上靠的就是成本效益分析，所以探員和檢察官會強調被告所要承擔的代價和風險，例如：「這個案子絕對可以成案」、「你已經無路可走了」、「如果你想要幫自己解套，就只能趁現在」，非常直接了當。

肯尼・羅賓斯（Kenny Robbins），我最喜歡的探員之一，他會走進訊問室，然後把被告家人的照片拿出來放在桌上（如果他能取得照片的話），接著再走出房間。一小段時間之後他會再次出現，不煽情地進行遊說，只是提供一個簡單的選擇。肯尼會嚴正地為他們重新定義何謂男子氣概：「你得做個決定。你可以跟自己說，我是個男子漢，所以什麼都不說。又或者，你可以說，我是個男子漢，我希望未來能再見到我的小孩。」沒有戲劇化的台詞、沒有拍桌子、沒有大吼大叫，肯尼會用最柔軟最簡單的話語，但這些話的效果並不微弱。

如果對方的態度似乎鬆動了，肯尼會再提到家庭這個關鍵點，讓最終結果塵埃落定。「你可以選擇告訴自己我是個男子漢，女兒慶祝十六歲、兒子學校畢業、妹妹的婚禮、爸爸的六十歲大壽時，我都希望自己能在場。這一切都由你決定。」說完後他就在一旁等待。當然，他也不忘提醒他們：「千萬別忘了案子裡還有其他被告，第一個透露任何消息給我們的人就會先拿到認罪協商。」這就是真實世界裡被關押的被告所要面對的難題。

對任何目標來說，與檢調合作往往是個左右命運的重大決定，而且非常為難，儘管並非每一次都是如此。離開你原本的生活很難，就算那是罪犯的生活也一樣。恐懼、忠誠、堅忍不拔的態度、風險規避的考量，以及個人的榮譽原則，這些因素全都會影響選擇。很難預料哪一種類型的目標會選擇背叛，因為不管是地痞流氓、黑幫分子、商人，或是美國總統的私人律師，都有可能。二〇一八年，川普總統的前競選總幹事保羅・曼納福特，在兩宗陸續被追查出來的刑事訴訟案中堅稱自己是清白的，結果在第一件案子裡他被判了八項罪名，然後在第二件案子開始之前，就先認罪了，而且還把其他人也供了出來。後來他對檢察官說謊，所以認罪協議就被取消了……簡直就像是旋轉木馬一樣沒完沒了。

有些人就像是車輪般翻來覆去，有些則是從頭到尾都沒動搖過半寸。

對一個活生生的人來說，做出與檢調合作的決定，代表的不只是一個換取自由的交易。如同我所提到的，這會引發道德上的危險，同樣也代表你得拋棄家人、放棄朋友，斷絕過去的所有關係。這也可能代表你得終身以證人保護計畫的假身分生活，時時刻刻提心吊膽。

這很困難。

馬修・馬爾托瑪是SAC資本顧問公司（SAC Capital）這家避險基金公司的投資組合管理人，為公司賺進二億七千六百萬美元的非法收益。在記者會上我宣布了起訴的罪名，一位記者問我會不會希望馬爾托瑪供出其他涉案人。我心裡想著：「希望事情可以如你所說的發展。」但他乖乖上了法庭接受審判，然後被定罪，判了九年刑期，從頭到尾什麼都沒說。

法律中的所有要素，都得仰賴既無法預測又不完美的人類，做出各種左右命運的決定，從警察、律師、法官到合作證人都是如此。是因為「人」這個因素，才讓所有試圖伸張正義的舉動有了變數。

有些案子要是少了合作證人就非常難以突破，但這些並不是由黑道和詐欺犯所犯下的案子，而是執法人員。執法人員採用緘默原則或閉口不談的比例，比西西里島黑手黨還要高。讓我說個例子給你聽。

紐約雷克斯島監獄有個瘦弱的收容人史畢爾，二〇一二年聖誕節前一周，在獄中活活被打死。我們有理由相信，是名叫布萊恩・寇爾的獄警犯下了這起殘酷的殺人案，但通常這類案件發生後，其他獄警都會站在同一陣線，異口同聲說同樣的故事：是收容人先用一枝拐杖去挑釁獄警寇爾，寇爾把史畢爾打倒在地只是自我防衛的舉動。而在我們聽起來這根本就是謊話連篇，所以派出了署裡最專注的調查員布拉卡席尼（Steve Braccini）來負責這件案子。布拉卡席尼有張氣色紅潤的娃娃臉，是義大利移民的後代。他之前擔任紐約警察多年，在加入我們南區檢察官辦公室前十年，一直都待在紐約警局的未解謀殺懸案小組。

讓人開口爆料的關鍵就在於讀懂他們的想法並事先做好功課，如同夏夫的教導。布拉卡席尼是這麼說的：「做好功課真的非常重要。他們的背景、過去犯的案子，另外特別需要下功夫去了解的就是他們的家人。這個人是否來自一個破碎的家庭？這是個切入點。這個人兒時是否曾遭受虐待？這是個切入點。這個人是不是由祖父母撫養長大的？這也是個切入點。但你必須知道有這些切入點的存在，才能夠佔得先機。」

布拉卡席尼為史畢爾的案子做足了功課，把火力集中在一位的獄警托瑞斯（Anthony Torres）身上，他當時在案發現場，同時也被懷疑是聯合串供隱瞞事實的人之一。布拉卡席尼得知托瑞斯曾經從軍，還參與過中東和平計畫六個月的時間。他為國家奉獻一己之力，並以榮譽一等兵的身分退伍，不僅如此，還在切斯特港擔任義消。布拉卡席尼從托瑞斯的同事口中得知，大家都很喜歡他，還得知另外一件事：為了保護史畢爾不被寇爾用腳上沉重的靴子死命踹踢，托瑞斯的手還因此受了傷。布拉卡席尼的結論是，托瑞斯並不是個無可救藥的人，一定還保有良知。布拉卡席尼跟我說：「結論就是，他是那個你一定要想辦法讓他說出實話的人。」

某天清晨五點半，布拉卡席尼偕同兩位聯邦調查員前往托瑞斯位在紐約新羅榭爾的家，展開他們的遊說。當時托瑞斯已經出門了，布拉卡席尼打電話給他，表明身分之後說：「我想和你聊聊。」托瑞斯立刻就明白他們想聊的是什麼，但回說他很忙，他已經被雷克斯島監獄開除，現在在做快遞的工作。布拉卡席尼叫托瑞斯到一家位在切斯特港的貨車簡餐店碰面。他們一碰面，布拉卡席尼就把托瑞斯帶到簡餐店最後面的包廂式雅座，並刻意讓他坐進內側的座位，而兩名聯邦調查員則是坐在對面，三人將他包圍起來。我還記得布拉卡席尼跟我說這個故事時，讓人印象很深刻的一點是，他認為此時與托瑞斯保持身體近距離接觸非常重要，但這並不是為了要嚇唬他。他說：「因為你會覺得有些人應該要稍微保持一點距離，但有些人就一定得要跟他靠得非常近才行。」而托瑞斯，就是他覺得應該要非常貼近的那一個。為了開展友好的關係，布拉卡席尼先聊起托瑞斯在軍隊服役的種種，接著又聊到他的家人。

他看得出來托瑞斯其實很想說出實情，讓自己卸下心頭的重擔。所以在談話進展到了某個程度時，布拉卡席尼不經意透露自己是工會代表一事。這是個讓彼此產生連結的關鍵時刻，也是個非常聰明的舉動，這麼做是為了讓對方知道，我很懂你的感受，我很清楚身為一位執法人員得承受來自工會的壓力，那種在備受爭議的狀況下被迫力挺同儕、閉口不談的壓力。這是為事情帶來轉機的一刻，以同理心、同情心、理解以及良知的訴求，布拉卡席尼終於擊潰了防線。談話進行了一小時之後，這位強悍的獄警、義消兼退役軍人哭了起來，而且哭得實在太厲害，連餐廳的人都跑來說要打電話報警。布拉卡席尼只好告訴他們自己就是警察。

最後，托瑞斯同意合作，他認了妨礙司法的罪名，並提供毀滅性的證詞，證明布萊恩·寇爾殺害了一位身體虛弱、全程完全沒有抵抗，而且被壓制在地的收容人。在庭審時，他被問到為什麼最後選擇跳出來坦承事發經過，托瑞斯是這麼說的：「我不想再說謊了。我受不了良心上的折磨，每天都因為自己所知的真相而良心不安，我只想要站出來承擔我該負的責任。」布拉卡席尼對他的解讀完全正確。

有時候一個人之所以會選擇要供出自己同夥所犯下的罪行，並不是因為良心不安，而是覺得受到背叛。亨利·希爾當年之所以自己走進執法機關投案，是因為愈來愈肯定會被他所屬的盧切斯犯罪家族導師——吉米·伯克（Jimmy Burke）幹掉。二〇一八年，川普總統的私人律師科恩（Michael Cohen）親自來到了特別顧問羅伯·穆勒（Robert Mueller）的辦公室和紐約南區檢察官辦公室。他曾親口宣誓對總統的忠誠，但沒多久之後，他宣稱開始覺得總統並不支持他，甚至感到自己被總統背叛了，也因此背棄了這個位高權重的主子。科恩與總統非常親近，因此所揭露的種種內幕高潮迭起，震撼不斷，但他的抉擇引起了執法單位的迴響，故事一個接著一個被爆了出來，而人們就在決心與憤怒之間反反覆覆難以平息。

再來看看麥克．迪里奧納多（Michael Dileonardo），又稱「刀疤麥奇」的例子。他是甘比諾犯罪家族的小頭目之一，與小約翰．高蒂（John Gotti Jr.）同一天正式加入甘比諾家族。他全心全意為家族效忠，在身為頭目的那些年間，刀疤為家族收進了數百萬美元的勒索金。他將自己從中分到的報酬（將近二十五萬美元），交給家族中的上級保管，希望之後再把這筆錢領回來。而他在二〇〇二年因為敲詐勒索、謀殺、放高利貸等罪名被捕之後，就曾試過要把這些錢拿回來，但是高蒂和家族裡的其他人卻拒絕，宣稱他「早已經把自己的份都拿走了」。

刀疤心碎了，這是他要留給女友和他們兩歲大兒子的錢。跟他一起坐牢的一位牢友說，他們就是看他夠忠誠，才會這樣佔他的便宜。「你知道他們為什麼會這樣對你？就是因為知道你絕對不會是個抓耙仔。」這話聽起來非常有道理，刀疤聽了之後很生氣，也因此願意開口。

做出和檢調合作的決定出賣同伴，有時也可能只是一時之氣。就在決定要合作之後，刀疤從監獄中獲釋兩周，而在這段期間，他愈來愈為自己的決定感到良心不安，於是改變了心意。

他對自己的背叛感到失望不齒，因為實在太過失望，有天刀疤在凌晨三點醒來，決定要「光榮地死去」。他想到的是用武士切腹，或是在裝滿熱水的浴缸中割腕，但下樓之後，他開了一瓶樂復得（譯註：Zoloft，為一種抗憂鬱藥）和一瓶史蒂諾斯（譯註：Ambien，中文商品名為史蒂諾斯，為一種安眠藥）。在吞下這些藥之前，他心裡最後想到的人是高蒂。

刀疤是個三十年來為甘比諾犯罪企業賺入充足資金供其運作的男人，他一步步往上爬到了家族頭目的地位，和小約翰．高蒂在同一天成為家族內的重要幹部；他參與了勒索取財、恐嚇勞工階級收取保護費，以及許多件謀殺的策劃，這樣的一個男人想要「死得光榮」。不過他沒有死，而是被女友麥德琳及時發現，救回了一命。

四個月之後，經過一段徹底隔離監禁和復原的時間，刀疤再次同意合作。幾經痛苦的思考，刀疤終於明白，他的忠誠和未來屬於兒子和他真正的家人，而非他的黑幫家族。他又開始定期造訪我們的辦公室，對他的犯罪人生進行漫長的供述。

我二〇〇〇年初開始在第一街安德魯廣場九樓工作那段時期，對刀疤所進行的盤問——取證面談——是段很有名的故事。當然，在這些由檢察官金俊和麥可．高文（Michael Govern）主導進行的訊問會面之中，刀疤一一吐露甘比諾家族幹部和成員的相關情事，日復一日，他供出了勒索、強盜和謀殺的各種犯罪細節。每一次刀疤來署裡進行供詞聽取時，我們這層樓的所有人都會知道，因為大家會在午餐時間聞到他來了的味道。由於他離開了管制嚴格的大都會懲教中心（譯註：MCC，Metropolitan Correctional Center。此中心位於紐約市曼哈頓，是由聯邦監獄轄下管理之單位，收容人皆為南區檢察官辦公室審理案件中之人犯），所以麥德琳獲准可以準備他喜歡的食物。她準備的可不是花生醬和果醬，每一天，都會帶來一整套傳統義大利饗宴：新鮮的義大利麵、肉、火腿和胡椒，放在充滿愛心的外燴錫製餐盒裡，再用保鮮膜包起來。她還會帶新鮮的帕瑪森起士來，就是你會在義大利食品店看到的那種，店家會用專用刨刀將一整塊輪胎狀的起士削成一片片。重點是，麥德琳帶來的不是削成一片片的起士，而是把一整塊大如輪胎的起士都搬來。大蒜的香味瀰漫在這棟政府大樓的走廊之間，比起大都會看守所的伙食，這根本就是米其林大餐了。（在取證訊問結束後，麥德琳會把剩下的食物都留在會議室裡，至於食物最後去了哪裡則是我們的最高機密。）

幾年後，檢察官侯尼格和探員奧圖兩人為了準備超過十二件案子的庭審，時不時會去看望刀疤，因為他在這些案子裡都有作證。奧圖會先去一家刀疤最喜歡的糕餅店買瑞可塔起士捲，然後帶去和刀疤會面，而且還會準備適當的冷藏措施，保持甜點的新鮮度。

這是個小小的美食善意，卻意義重大。瑞可塔起士捲讓刀疤持續吐露黑幫內情，而且保持他心情愉快。有時候，要抓住合作證人的心，就要先抓住他的胃，我在處理亞洲黑幫組織的罪案時，也會從中國城買來香噴噴的道地家鄉菜，而這往往能讓合作證人的臉上露出笑容。在其他情況下，一塊普通的披薩可能就會讓被關押的證人熱淚盈眶了。

緝毒署的特別探員吉米．索列思（Jimmy Soles）曾這麼跟我說：「帶關押人想念和喜愛的食物去給他們，這是種尊重的表示。」他相信職涯中最重要的一位合作證人之所以願意供出同夥，很大一部分要歸功於家鄉菜。一九八〇年代，索列斯是掃蕩國際海洛因走私調查小組的臥底，當時有個目標人物薩米爾在一次交易中與索列斯碰面，將七公斤重的海洛因親手交給他。薩米爾是約旦人，但大部分時間都生活在黎巴嫩，後來被關進了位在布魯克林區的大都會看守所。索列斯是希臘裔美國人，熱愛美食，如同他自己所說：「希臘人最懂得食物的力量。」他很想讓薩米爾轉成汙點證人，認為薩米爾如果願意合作，將會為檢調帶來源源不絕的幫助。

索列斯想了個辦法，同事們都覺得他瘋了。薩米爾的案子是在東區地院等待審理，一個禮拜有三次，索列斯會請看守所將薩米爾送到法院裡一間位在走廊盡頭的拘留室。索列斯每次都挑午餐時間去找他，還會先去賣中東美食的餐車買個沙威瑪三明治或是烤肉串拼盤，並幫薩米爾買一份，額外再多加一份辣醬。他到拘留室時會看到薩米爾安靜坐在那裡，面前放著監獄發給他的三明治：火腿起士白麵包三明治，加芥末醬。

索列斯心想：「這三明治不可能打動他。」他把給薩米爾的沙威瑪放在對方面前，讓他能聞到那股香味，然後索列斯會邊吃自己的那一份，邊自顧自地打電話。而薩米爾則是強忍著坐在那裡，雙眼緊盯著索列斯，努力抗拒誘惑，無論是沙威瑪還是火腿起士三明治，他碰都沒有碰過。接著索列斯就離開了。每周三次，周而復始。

有一天，薩米爾終於打破沉默。他抬頭看著索列斯，然後問：「你到底想要我怎樣？」一索列斯知道這一切結束了。薩米爾後來成為緝毒署有史以來提供最多資訊的合作證人，協助檢調起訴了幾十件國際毒品走私案。

索列斯說他知道應該可以藉由薩米爾的文化打動他。「我不知道到底會不會有用，但是我很確定他知道，要搭配白麵包，有比火腿和起士更適合的餡料。」

南區檢察官辦公室的合作證人需要面對一個特殊的難題，而且難度也比一般來得高。如果手中握有足夠的證據，當然可以起訴犯下這樁罪案的人；如果沒有充分且可供驗證的證據，那麼對這個人的指控就缺乏公正的基礎。這看起來非常正確也非常簡潔易懂，然而，在我之前工作的單位裡，卻有個例外的規定。

按照慣例，有一種類型的人，儘管缺乏充分的證據證明他們犯了罪，我們還是會起訴他們；過程中幾乎不會進行任何驗證，甚至可能連追訴刑責的時效都已經過了，而且這些罪行都不是在南區檢察官辦公室的管轄範圍內發生。他們會依謀殺、搶劫、槍擊、販毒等各種罪名被起訴，而我們手上完全沒有任何充足的證據。你可能會問，這群倒楣的混蛋是誰？這群超級不走運、受到不公平對待及強權壓迫的被告是些什麼人？

事實上，他們根本不是倒楣的混蛋，反而是聯邦刑事司法系統中最幸運的一群人。他們堪比彩券的頭獎得主，每一個都是，他們就是南區檢察官辦公室的合作證人。

請容我說明。我們的做法是，想要成為簽下認罪協商的合作證人，你就必須坦白告知這一輩子曾經做過的所有犯罪行為，無論這些罪行是否已經被揭發、無論這是多久以前的犯行、無論是否有任何人知道這件事。這聽起來要求很高，的確如此。

之所以會制定這樣的規則，其實有一部分是策略性的做法。我們都希望帶一個徹底擺脫過去、洗心革面並擁有悔悟之心的合作證人上法庭，而不是一個搖擺不定的「抓耙仔」，不但選擇性記憶事情，連證詞都僅是「部分屬實」。我們要的一個徹底改過自新的證人，所以他要能夠毫無窒礙地承認所有過犯，準備好要為那些**自動自發**告訴我們的罪行負起應有的責任。這種效果在法庭上所向披靡。每一次我在庭上審問合作證人，聽到他們坦承檢調在逮捕當下毫不知情的其他罪行時，我真的可以聽見陪審席傳來驚呼聲。

如我所說，這是個很高的要求。你一定也不會驚訝，絕大多數被告聽見我們這麼說的時候，眼神就彷彿見到一幫瘋子。他們心想：「我幹嘛要把你們不知道的事情跟你們說啊？」有些人從頭到尾都沒有從實招來，但還是有很多人願意這麼做。

約翰·歐馬利在第一次接觸潛在的合作證人時，劈頭就會直白地跟對方說：「好了，現在我需要知道你這一輩子做過的所有壞事，從你五歲偷了媽媽錢包裡的五角錢開始。」有次他說起一個被逮捕的搶匪，這人身高六呎三吋，是極其凶殘的赤血幫成員。他大言不慚地聊著身上的刺青和累累前科，但這是他第一次因搶劫被捕，而且是當場人贓俱獲。歐馬利引導他坦承所有過往犯行，搶匪還是堅持這是他這輩子第一次搶劫。歐馬利站起身來，說：「我們就到此為止。這場會面結束了。」接著他轉身就走，沒什麼好繼續了。

事實至關重要。你不能只靠「大部分事實」來讓案子成立或伸張正義，事實必須是完整的。畢竟，證人在庭上所宣讀的誓詞要求的不只是「事實」，而是「完整的事實」以及「不妄加揣測的事實本身」。部分事實、模稜兩可的藉口、投機取巧的否認，這些都會讓人難以對審判過程將產生公正結果懷抱任何信心。所以，為了取得事實你得不斷努力、努力，再努力，而且得像個世界杯足球賽的守門員一樣，在驟死戰進行罰球時，嚴密地防守「謊言」射門成功。

兩周後，赤血幫的律師打電話來說，他的委託人想要為自己說謊這件事向歐馬利先生道歉，而且是真的道歉！同時搶匪也徹底坦白，承認犯下兩百件搶劫案。這就是每天在南區檢察官辦公室會議室中上演的事。

我們嚴格遵守這個規定是為了加強證人的可信度，降低「情人交易」（譯註：sweetheart deal，指的是私下祕密進行的協議，通常會使某一方獲得極大好處，卻可能有損部分的公眾利益）的程度，並展現出證人承擔自身罪責的意願。那些願意把我們不知道的事情說出來的證人，其坦率與真誠非常了不起，也很值得讚許。不過，我們這種做法更多是為了大局著想。坦白一切，這樣法官就能夠評量你的罪行有多重大，並據此量刑。如此這般的坦誠程度以及承擔罪責的意願雖然非常極端，卻是個公平的方式。

就這個面向來說，與合作證人簽訂認罪協商並強制他們承認我們沒有證據能夠證明的罪行，其實也算是一種道德象徵。對被告來說，這樣的轉變往往能夠讓他們徹底洗心革面。我認為，這是刑事法律中最接近贖罪與補償的正式程序了。換個角度來說，我們讓他們明白，只承認一部分的罪行是不夠的。如果想要在這個世界裡繼續向前走，並在家人和朋友面前以一個受到尊重、改邪歸正的身分光明正大地生活，那麼只承認我們知道的罪行是不夠的。自由和赦免需要你付出更多代價換取：你必須坦承所有你曾犯下的罪行。

紐約南區檢察官辦公室的調查員比利．拉雷（Billy Ralat）會跟他們說：「你不能改變過去，但是可以把壓在胸口的重擔卸下來。」我曾有一次親眼見到比利向被告進行卸下重擔的「驅魔儀式」。這個潛在的合作證人盧比歐就和其他許多人一樣，對於自己被控告的罪名完全接受，毫不猶豫。但有件事很困擾我們，因為從別的情報來源聽說盧比歐還有一具屍體沒有交代，也就是說他殺了人卻沒有被逮到。容我提醒，我們不知道被害人是誰，也不知道案發地點和時間。

有天下午，在第一街安德魯廣場七樓的會議室裡，我、比利和另一位聯邦檢察官比爾．強森（Bill Johnson）一起就那件殺人案對盧比歐進行訊問。我們在這段時間裡已經跟他建立起友善的關係。比利說話的口吻一點都不嚴厲，卻非常堅定並帶著請求的意味，他主動將一些我們所知的案件細節透露給盧比歐，製造出我們掌握的資訊比實際上多的氛圍。這並不是當面扯謊，而是策略性的虛張聲勢。

比利對此事緊咬不放，當他對一件事緊咬不放時，就會用盡所有方法來達到目的。我不記得經過多少時間，但透過窮追不捨、好話說盡的訊問以及極大程度的善意，盧比歐終於情緒潰堤，承認他曾經聽從指示，在一台白色小貨車後座，瞄準某人的頭部開槍將他射殺，然後再找地方棄屍。在他說出口的那個當下，我可以感覺到心臟都快從喉嚨跳出來了。盧比歐後來出庭作證，幫助我們將費瑞迪．亞貝定罪，亞貝最後被宣判無期徒刑。而在審判後，盧比歐的聯邦刑事罪刑期全部加起來差不多是六年，另外還有三年刑期未決，要等待州政府法院判決其他加起來十五年刑期的罪名才能確認。

盧比歐是不是因此得到免死金牌？這麼說好了，他確實是得到從輕發落的處分，但也確實協助我們把一個更糟的壞人永遠關進了大牢裡，權衡他犯下的所有罪行，這個相對輕微的處罰從整體上來看，更強化了合作證人的獎勵機制。我們的司法體系希望殺人犯能夠供出其他的殺人犯，跟其他事情的道理一樣，你不能期望別人提供東西給你卻不求任何回報。這是交易、這是功利主義，但這同時也是正義。

探員肯尼．羅賓斯很喜歡講述一個他抓到的毒販的故事，這位被告後來徹底轉換了自己的人生。O先生是個哥倫比亞毒販，生長在一個幾乎身旁所有人都是「正統」毒梟的環境中，所以很自然地也開始了同樣的營生。他從被逮的那一刻起就開始招供，將一切據實以告，背棄了所有的同夥、上級，也提供運毒路線。他對犯下的所有罪行坦承不諱，後來更不計得失地持續彌補自己的過錯，全心致力於做對的事。他手上握有的資訊實在太多，多到緝毒局給他取了個綽號叫做「老鵝」，靈感來自格林童話裡那隻黃金鵝。即使在卸下了正式的合作證人身分之後，O先生仍繼續為檢調擔任有支薪的線人，因為他還是和那個毒品世界維持著一定的聯繫。最後緝毒局協助幫他開了一家旅行社，讓老鵝可以偷聽毒販的對話然後再向他們報告。前前後後加起來，他協助緝毒局抓到的毒販大約有四十個，而因為他提供的情資所破獲的毒品交易價值，則是高達數百萬美金。十五年過去了，肯尼到現在還是會收到老鵝寄來的聖誕卡和新年賀卡。

而緝毒局這麼多年來持續支付給老鵝的那筆線人費到哪裡去了呢？他用這筆錢讓女兒念完了普林斯頓大學。

我們這個嚴格的合作規定其實還有個經常被忽略的優點：讓無罪的人得以被釋放。回想一下前面章節提到的格里森、凱西．沃特金斯，以及另外四個跟他們一起下了冤獄的人。再想想約翰．歐馬利之所以在讀格里森的信時會有似曾相識的感覺，唯一的原因就是幾年前某個下午，他曾經帶著吉伯特．維加和荷西．羅傑格斯一起進行這個困難、迂迴又痛苦的實話招供大會。

幾年之後，這些合作證人的供詞逐漸建立起案件的資料庫，也幫助我們更清楚歹徒的心理狀態。一方面有助於終結過去未解的懸案（包括殺人案在內），另一方面，我們也發現，無辜的人會被抓進牢裡，就是因為真正犯案的歹徒當時正坐在會議室裡對我們據實以告。事實上，紐約南區檢察官辦公室的調查員和探員習慣問一個很有震撼力的問題：你知不知道有誰因為不是自己犯的案件而坐牢？很多人都知道。按照歐馬利的計算，南區檢察官辦公室總共還了十三個人的清白，而這全都是因為合作證人將所有的犯行據實以告。直到今天我還是很驚訝，大部分的檢察官並沒有採取我們那毫不通融的做法；對我來說，這會讓所有的努力、想像力，甚至是正義，全都付諸流水。

與合作證人有關的道德問題絕大多數都集中在：「這些合作證人在交易中所得到的好處是不是太多了？」殺了人，只要跟檢調告其他人的密，就可以不用坐牢了，這是最典型的道德議題。

只要合作就可以獲得「法外開恩」這個天大的好處，但我們不妨自問另一個感覺很傻的問題：「對合作證人來說，這個安排是否公平？」在這個功利主義的交易當中，我們是不是只把人當成達到目的的工具？這個司法系統並不認同合作被告本身的價值與尊嚴，只把他們視為一種達成某些公眾利益的手段（而且通常是個可被取代的手段），再由冷酷無情的檢察官分析成本效益之後，遊說他們接受？合作證人都被貶成司法機器中的一個開關把手，為了讓檢方打贏官司而被撥向「開」的那一邊。許多道德思想家都不會認同這一點，例如大名鼎鼎的康德。

但這裡存在著一個矛盾點。就在政府決定把一個人當成達到目的的工具，決定用一個罪犯來交換另一個罪犯的那一刻，我們就註定要把這個罪犯視為一個普通人來看待。在對方告密之前，在起訴書上相對於「美國政府」的另一邊，寫的通常是沒有臉孔、沒有真實感的被告人姓名。

而在告密之後，被告就會開始進行無止境的盤查說明、無數次的供詞聽取會面。在這個過程中有些事情會出現變化，日復一日，坐在不見天日沒有窗戶的小房間裡，一次好幾個小時。

你們會開始認識彼此，仔細審視的不只是他的犯罪紀錄，還有他的一生。你會聽到各種有關他同夥和朋友的事，也會談起家人。你會聽到他從小長大的環境是什麼模樣，以及父親是如何痛打他，知道他念書念到幾年級、有那些紀律方面的問題。你會知道他的心理狀態是否健全，會問他從什麼時候開始吸毒，也會知道每一個家人分別是在什麼地方長大，以及在什麼地方被人刺殺、搶劫、毒打或槍擊。

之前你竭盡所能想要將這位被告定罪並送進大牢裡，現在他成了一個活生生出現在你面前、複雜且具體的人了。第一次，你發覺自己面對的是一個完整的人。

你可能會明白，他所犯的罪並不代表他的全部，就如同我們每一個人曾經犯下過錯，也無法等同於我們這個人。

當然，這裡還有另外一個矛盾的衝突力量。一夜之間，這個人突然就不再是你的敵人了——他不但不再是敵人，還成了你的盟友。在這場征戰中，他是你的同志，協助你將那些依然是敵人的壞蛋繩之以法，是你完成這項任務的關鍵所在。而且這不是個普通的任務，這個任務是要在遵守法律規範下破解罪案以伸張正義，為罪案中的被害人行使他們的權利。這是正當的行為。

在你努力要達成的任務之中，這位剛出爐的合作證人是你的夥伴，而在你希望事業成功的雄心抱負之中，也少不了他的存在。這個人轉為合作證人之後，你也必須調整好心理上的觀感，這並不是件容易的事。有時候你們之間會培養出一份情誼，但你必須提醒自己，雖然這個人最後選擇和你站在同一邊，但無法否認他做過很多壞事。他雖然不是個好人，但是現在已經願意和好人站在同一邊，也變成值得你信任了。

而這也是高度危險之處。

艾里．侯尼格是我們南區檢察官辦公室組織犯罪小組的主任，曾讓數不清的歹徒改邪歸正。他在晉升為資深人員後，常會以如何使用合作證人為題，做介紹性的演講。在他展示為數驚人的投影片時，會對聽眾提出一個雖然老套卻很簡單的警告：「你絕對不能愛上你的證人。」有一些保持距離的規則和習慣是我們希望大家遵守的：不要用名字稱呼彼此、不要透露任何私人資訊、不要靠得太近。這些都是最好的做法，而且也應該這麼做，但我得承認，往往都是在違反了規則之後才會知道規則很重要。只要是人就會卸下心防，這是人的天性。

合作證人就和所有事情一樣，都有出差錯的可能，「蠻牛」山米．格拉凡諾就是個例子。儘管有十九件謀殺案被定罪，但他出乎意料只被判了短短的五年刑期，之後便加入證人保護計畫。一九九〇年代後期，格拉凡諾開始在亞歷桑那州經營迷幻藥生意，每個禮拜的進貨量高達兩千顆藥丸，這也讓他被重判二十年的刑期。每一次看到像「蠻牛」山米這樣的證人，你就會希望能有更多像老鵝這樣的人。

合作證人的故事多到說不完，就算把這本書的篇幅全部拿來寫，我還可以再出好幾本續集。我就用自己擔任聯邦檢察官時，最感到震撼的兩個故事來為本章做結。

第一個故事的主角是諾亞．費里曼與唐諾．隆格奎爾，兩位都是在SAC資本顧問公司工作的財務經理，這間公司的老闆則是史蒂夫．科恩。諾亞和唐諾不只是同事，也是非常要好的朋友，他們的背景和興趣相近，都是從波士頓地區的學校畢業，畢業後因為兩人都熱愛溜冰而結識。他們相互競爭、一起去滑雪、一起去旅行，而當諾亞的未婚妻解除婚約離開他的時候，是唐諾照看著諾亞，確認他每天早上都有起床好好過日子。諾亞重新振作之後，開始跟唐諾未婚妻的閨密約會。這對好友還有一件會一起做的事，那就是，違法交換交易的內線資訊。

二〇一〇年十一月某個晚上，《華爾街日報》報導，紐約南區檢察官辦公室一直在調查一起大規模的內線交易案，逮捕行動已近在眼前。當天晚上，我和其他檢察官及聯邦調查局探員都非常擔憂，害怕這案子裡的關鍵證據會被銷毀，從此灰飛煙滅。這也表示我們之前所做的重要工作都將付諸流水，而有罪的人卻可以逃過牢獄之災。

於此同時，我們的調查工作掌握到確實的證據，調查小組將線索拼湊起來，鎖定費里曼就是案犯。十二月某日的早晨，B. J. 姜（B. J. Kang）這位性格強硬、沉默寡言的韓裔美國聯邦調查局探員，在溫莎女子學校的停車場首次接觸了費里曼。費里曼在不當交易員之後選擇到這所學校教書，他立刻就認出姜那張下巴方正、面無表情的臉，因為他的照片曾出現在新聞裡。那段日子，姜已經成為聯邦調查局的招牌破案先鋒，也是偵破許多受到高度矚目的內線交易案的頭號幹員，願意與他合作的汙點證人比比皆是。費里曼也不例外。現在，這位退休股票交易員已經看見了命運在向他逼近，也絲毫沒有想要抵抗的意思。他跟姜這麼說：「我知道一定會有這一天。」事實上，費里曼準備周全，連律師都早就請好了，根本不需要別人進行遊說，也完全不需要肯尼．羅賓斯那種動之以情的勸說。他的女兒才剛出生沒多久，因此對他來說這件事的權衡很簡單：自己無論如何絕對不能去坐牢。坐牢和當父親這兩件事是不可能同時進行的，所以他願意告密。費里曼也獲准保持自由之身，做法就是對此保密。

沒多久，費里曼就和律師前往第一街安德魯廣場提供證詞，並討論合作方式。通常一般人都會有不願意做的事，合作的範圍也有極限，但一心只想著寶貝女兒的費里曼卻非如此，他不只認罪、願意出庭作證、願意在審判時供出其他所有涉案人，甚至主動提出要與檢調合作——而且是急切渴望能這麼做。他願意在身上裝竊聽器，更令人感到震驚的是，他願意竊聽最要好的朋友兼伴郎：唐諾・隆格奎爾。

二〇一〇年十二月二十日，費里曼來到好友的家，對方絲毫沒有起疑，熱情歡迎。隆格奎爾全然信任他的朋友，卻因此毀了自己。他親口描述自己是如何在《華爾街日報》報導出來的當晚銷毀所有的犯罪證據，利用老虎鉗破壞裝有內線交易資訊的隨身碟。他對費里曼娓娓道來，自己是如何「當場就把隨身碟拆成兩半……然後把裡面的磁碟拉出來砸碎……再把碎片分別裝進四個小袋子裡，然後在凌晨兩點……星期五晚上……把這些袋子放進黑色 North Face 夾克口袋裡……然後再隨機丟進垃圾車裡……而且是四台不同的垃圾車」。

要不是有這迷你的錄音裝置，再加上費里曼一心只想要自保，隆格奎爾一定可以逃過內線交易及妨礙司法的法律制裁。不過他最後認罪，遭判入獄三十個月。

與汙點證人合作是執法單位日常的一部分，很少執法人員會對此大驚小怪，除非是碰上那種少了合作證人將會很難搞定的案子，才有可能特別興高采烈。但是費里曼眼也不眨就欣然同意合作，著實令人驚訝。他的回應實在太快了，負責這件案子的檢察官利波韋茲（David Leibowitz）和魏茲曼（Avi Weitzman）簡直不敢相信。兩人都曾將非常、非常多的被告轉成汙點證人，尤其是魏茲曼，他在南區檢察官辦公室有非常豐富的組織犯罪案調查背景。但是費里曼快速又冷血無情的算計實在太驚人了，甚至可說是不可思議，徹底推翻了人類行為的最低標準。

身為經驗豐富的檢察官是件很有趣的事，或許也有點讓人厭煩，你以為自己什麼都見識過了，再也沒有犯罪行為或掩蓋手法能嚇倒你（這種事情隨時都在上演，實在忍不住要打個哈欠），卻還是被這個協助破案的人的行為給驚呆了。什麼樣的人會出賣自己最要好的朋友，而且如此輕易？在這個案子裡，什麼才是正確的道德評斷呢？

我們利用背叛者取得資訊，向來如此，但是這件案子卻令人感到坐立難安。真的有可能碰到一個比罪案本身和企圖掩蓋的行為更讓人厭惡，卻協助我們破了案的合作證人嗎？很顯然地，這個人就是，直到如今我依然這麼認為。

第二個故事同樣也讓我感到坐立難安，卻是因為不同的原因。

二〇一一年，我們碰上重大公務人員貪汙瀆職案。這是承接我的前任，麥可・賈西亞（Michael Garcia）所留下的任務，我們持續並擴大範圍執行相關工作：將目標焦點放在調查並起訴紐約市及紐約州政府中的現任公職人員。紐約州政府的立法人員尤其惡名昭彰，你若是在那段期間的在職參議員，被起訴的可能性遠比民調輸給對手的機率大許多。

貪汙瀆職是非常重大的問題。不管你相不相信，州立法人員舉足輕重。在紐約州，每一位參議員就代表超過三十萬民眾；每一位眾議員則代表差不多十三萬人。參議員的權利包括了認可州政府官員及法官的任命。州政府的立法人員決定預算有多少，要花多少錢在兒童教育、公共安全、公共交通運輸、公共衛生及公共福利系統上。他們決定法律上規定的犯罪行為為何，以及該以什麼方式懲罰。而且也是由他們來劃分你生活、工作及投票區域的選區界線範圍。所以，眼看著公眾對政府公權力與日俱增的幻滅感已經來到前所未見的最高點，實在令人十分洩氣。

對我以及其他許多人來說，公職人員的貪瀆罪案尤其令人難堪，並具有十足的毀滅性。當這個瀆職的公務人員所犯的罪與其服務單位有關，就又更雪上加霜：這不只是違反了法律，還違背了他們就職時的誓言。這讓原本就已經倍感厭煩的大眾對政府更悲觀、更厭倦，也更幻滅。這些貪汙者服務的對象以及奉公守法的公務員也籠罩在陰影之中，因為大家會認為他們也是一丘之貉。

好的政府該有的是誠實的民主制度，該遵從的是人民的意願，而不是那些自吹自擂的政客。最重要的是，政府提出的社會契約及其規範該是如何。

二〇一一年的某個下午，我接到一通出乎意料的電話，來自布朗克斯區的聯邦檢察官羅伯·強森，他很清楚我們南區檢察官辦公室在反貪上所做的努力。他坦承他的辦公室以不公開的方式起訴了一位目前在任的紐約州議員，一位名叫尼爾森·卡斯楚（Nelson Castro）的民主黨議員。卡斯楚涉及偽造請願書和選民登記書，因此以偽證罪起訴。他們讓他以合作證人的身分取得更多情資，但沒成功，事情毫無進展。

強森說：「你們在州政府立法機關的貪瀆案上已深耕多年，我們要不要攜手合作，讓這件事能有個結果？」於是我們聯合各自的反公務員貪瀆小組，一起進行調查。沒多久，我們就擬好計畫，讓卡斯楚安排跟那些向同黨政治人物尋求幫助的商人會面，主動讓貪瀆一事曝光。卡斯楚不但願意幫忙，還很積極，因為他想趕快擺脫在布朗克斯檢察署眼皮底下惹出的麻煩。他甚至願意穿戴竊聽器，這可不是件小事。我可沒有忘記，要是知道跟自己開會的同僚之中有人戴著竊聽器，威嚇效果有多強大。如果政治人物知道其他政治人物可能與聯邦調查局合作，成為檢調人員的耳目，那麼他在吐露犯罪實情之前就會三思而後行了。

卡斯楚找來的是幾個居心不良的俄國商人，想要誘使議會中的議員發揮影響力。卡斯楚在辦公室裡錄下了與這四個商人會談的內容，他們計畫在布朗克斯區開設成人日間照護中心，但是想要阻止其他人競爭，所以希望議員能夠立法禁止其他符合資格的成人照護中心開張。他們想要壟斷布朗克斯區的生意，這些俄國商人以現金賄賂取得營業執照、客戶，並透過賄賂提出了保護性法律。就如同我在正式宣布起訴之後所說：「策劃出這個計謀的手法非常巧妙，它同時違反了民主制度和資本主義的核心原則。」在調查過程中，這幾位俄國商人又為了相同的目的找上另一位在任的州議員艾瑞克．史蒂文森（Eric Stevenson）。史蒂文森渴切地接受他們提出的現金賄賂交易，最後一共收取了超過兩萬兩千美元的回扣。

不過，我們很快面臨到一個困境：紐約州的議會要在二〇一二年十一月進行全面改選。議員尼爾森・卡斯楚認罪協商一事尚未公開，他穿戴竊聽器、成為合作證人一事沒有任何人知道。隨著選舉迫近，我們得做出決定，是否要強制卡斯楚辭職，好讓另一個沒有貪汙的公職人員取代他的位子？又或者，我們繼續進行這個祕密調查任務？這可不是簡單就能回答的問題。

這個案子還沒有完備。現在停下來或是公開卡斯楚的罪狀，就會打草驚蛇把那些俄國人嚇跑，也無法蒐集到足以定罪的關鍵證據。這麼做也會讓史蒂文森有所警覺。此外，卡斯楚也在協助我們調查其他人，但相關調查都還在很初期的階段。我們不知道這些調查最後是否會有結果，但是非到必要時刻，也不想拿石頭砸自己的腳。如果什麼都不做，我們就會淪為共謀，讓一個貪腐的人參加改選，而且我們很清楚這個人不可能做完他的任期。

當時這件事讓我十分苦惱，直到現在依然如此。在許多與祕密合作證人有關的情況中，這是逃不掉的必經過程。那些願意告密並同意戴上竊聽器的醫生、商人或教師，全都是以他們的假面目示人。我們對此毫不在意，允許他們繼續從事原本的工作，無論是行醫、從商或教學（甚至是販毒），好讓我們能夠得到想要的結果，並在駕輕就熟的浮士德魔鬼交易中逮住其他罪犯。所以，從某種角度來說，你可能會問：這又有什麼大不了的呢？

但其實這非常大不了，因為議員可不是一般的職業。卡斯楚是選區裡的選民選出來的，曾宣誓要維護他的職位。現在，這個妨礙司法的卡斯楚要帶著虛假品德重新坐上議員寶座，而我們不戳破是因為還有更大條的魚要抓。我們讓這個計畫繼續，然而就在做了決定之後，其他的調查並沒有任何結果。但那些俄國人真的讓史蒂文森在選舉過後三個月，於議會提出了他們夢寐以求的法案，法案編號是A05139，這下總算證據確鑿了。他們和史蒂文森在二〇一三年四月被逮捕，合作證人議員卡斯楚也在同一天辭職下台，他的任期還剩下八成。

所以，我們究竟是欺騙了大眾還是為大眾做了件好事？

這個問題我被問過好幾次。我覺得那些認為我們當時應該要停止調查的批評並沒有什麼不對。或許那麼做才是正義，不一定是司法上的正義，而是整體上的正義——包括選舉程序上的公平與透明。但是考量到貪汙情節的重大程度，我們若把卡斯楚拉下台，只會讓另一個像是史蒂文森這樣腐敗的政治人物繼續逍遙法外；兩害相權之下，繼續進行祕密行動的危害明顯小很多。所以我們就繼續做下去了，而在這段期間內，卡斯楚的選民因為我們的緣故，無法擁有一個乾淨清白且誠實的民意代表。這或許是因為我們把他當成一般的合作證人來對待。基於當時貪汙的嚴重程度，我們不得不問：如果你察覺到問題比想像的更加嚴重，是不是應該採取更激烈的手段來處理？很顯然我們採取的觀點是，問題愈是嚴重，就愈應該準備好要採取更激進、更不同於一般的處理方法。這麼做可能是錯的，也可能是對的。

這是個很重要的問題，而我們也為了這個問題深思熟慮良久。說實話，如果當時停止行動，今天的我會更感煩擾不安，但整個執行過程中我也沒比較好受。

以執法的細緻度與操作上的嚴謹度來說，即便後見之明也無法百分之百清晰正確。檢調與合作證人之間的關係和作用力非常複雜。沒有一本書能夠讓你了解這種複雜度，尤其是在暴力犯罪這個領域。哈佛大學不會教你要怎麼跟赤血幫或跛腳幫的人說話，這個暴力犯罪的世界，是任何一位我所聘用的菁英聯邦檢察官都不曾經歷過的。

另外還有件事我得實話實說。如果你從小到大在備受呵護的環境中長大，求學時心無旁騖只想成為執法人員，過去最多只在宿舍裡開趴太吵而與他人有過糾紛，那麼，當你面對面和一個真實的罪犯或幫派分子說話時，一定會覺得興奮不已。這是一扇一般人沒有機會接觸到的窗戶，會帶你看見另一個世界。我第一次和幫派分子同處一室時，簡直不敢置信，那種感覺很超現實，而且非常美妙。簡直就是把電影《教父》和《四海好傢伙》加在一起然後再乘十倍的快感。

當你一心只想著這令人悸動的快感時——覺得眼前這傢伙的經歷實在太迷人了——你是不是應該要檢查一下自己的心態？提醒自己這並不是名導演史柯西斯的犯罪電影，最好也擔心一下自己如此享受與暴力犯接觸是否恰當？

還有哪些問題是你應該要問自己的？你是不是覺得這樣很酷？學會幫派的俚語、行事手法、儀式，以及真實聽見那些在街頭討生活的殘酷情景。坦白說，確實是很酷。

你有沒有可能同時既感到迷人又覺得噁心呢？答案很可能是「有」，雖然這兩種感受很難保持平衡的關係。這是不是親眼見到活生生的罪犯所必經的狀態呢？

專責處理幫派案件的檢察官特別熱愛幫派電影，這是不是只是巧合？通常這類電影都會凸顯黑幫分子的榮譽心，遠超過對執法人員的讚揚，這暗示了什麼？是否是種病態的喜好呢？

肯尼斯．麥卡比如果不是對黑社會的一切有著深切的好奇，他有可能成為有史以來最偉大的黑幫案件調查員嗎？大概不可能。

也許前述這些都不重要，只要能專注在你的任務上，隨時做好防備、保持懷疑的態度，只要這種好奇的著迷不會變成盲目的崇拜。只要你做好訓練，讓自己的雙眼永遠都能看到最終的目的何在，而那個目的就是伸張正義。通往正義的道路並不總是輕鬆好走，有時甚至並不單純，路上會出現各種阻礙、繞道、必須權衡輕重以及別無選擇的狀況。這種狀況在合作證人這個道德曖昧不清的世界裡，尤其明顯。任何強大的武器或工具（包括合作證人），都帶有危險和風險。所以，我們理所當然要有鋼鐵般的意志和精神，以及敏銳的判斷力，來為正義這條路導引方向。

持續性與創新變化：司法創意

有時伸張正義需要的不僅僅是勤奮努力和奉獻投入。偶爾，還需要一些創意或創新的火花，就跟一般企業一樣，需要一種嶄新或經過重新思考的操作方式。

我沒有任何可以拿出來說嘴的理工能力，我不知道怎麼修車、組裝電腦或是醫治疾病，到現在還是不懂飛機為什麼可以飛起來，和大多數的普通人一樣。我總是對科技發展的速度感到目眩神迷，也對那些簡單卻能帶來改變的想法，讚嘆不已。就許多方面來說，更讓我驚豔的是那些熱情、充滿想法的人在日常生活中想出來的小小改善，這些人總是細心專注地面對自己的工作，雖然並非專業的研發人員，卻能帶給我們各種平實的創新發明，讓你忍不住會想：「為什麼我沒想到可以這樣做？」就如同各種小錯誤加起來就會造成悲劇性的邪惡，一個個平實的小發明和小改善加起來，也能夠帶來重大的改變。

稍早曾提過商業領導書《為什麼A⁺巨人也會倒下》，我謹記其中教導的一個課題：持續的成功，就算是在紐約南區檢察官辦公室這麼成功且歷史悠久的機構，也還是需要「維持」與「改變」。維持其價值、優秀表現、專注打擊恐怖主義及金融犯罪，同時也在需要時，改變事情的優先順序、所使用的科技和應對的策略。如果你只是站在浪頭上，隨著時間過去，水流會漸漸將你帶離岸邊，這對任何企業或組織來說皆是如此，當然也包括司法檢察機構。

改變與創新對保守的機構來說並不容易。「跳出既有的框架思考」這種提醒，你只會在矽谷新創公司的晨間會議聽到，或是在商業雜誌裡讀到，與調查單位可說是八竿子打不著。

這也不讓人驚訝就是了。除了神職人員之外，應該沒有其他行業比法律更加萬年不變，也沒有任何法律從業人員比檢察官更保守了吧。法律從業人員必須嚴格遵循法規和前輩的教誨，完全受到法律條文的約束，更別提還有自己良心和憲法了。

這是個受到極大限制的狹小空間。試圖要在這裡跳出框架來思考，感覺就像試著在外太空正常呼吸一樣，在智力上是個極大的挑戰。我們的習慣、訓練與個性，緊緊箝制了創意與創新的發揮，同時也造成了對改變的極度反感——無論什麼樣的改變皆然。

我還是聯邦檢察官時，曾受邀前往加州帕羅奧圖（Palo Alto）一家頂尖的科技公司演講。紐約南區檢察官辦公室是全美第一個與科技公司簽約，請他們針對各種罪案中所發掘出的相關數位資料，進行分析的檢察機構。這家公司 HobbitCon 的執行長特地邀請我前去為員工演講，這群軟體公司的工程師都很年輕——非常年輕，而且絕大多數都穿著T恤、牛仔褲或短褲。面對矽谷隨興的穿衣風格，我所能想到的配合方式就是，在保守的藍色西裝裡面穿一件有花紋的襯衫，然後不打領帶。

就在技術人員幫我別上麥克風之際，我看了看空曠的舞台，然後問舞台上怎麼沒有講桌。「我們不用講桌的。」他說。接下來我注意到，在這間大房間裡，有兩顆海灘球各從兩側被底下的觀眾拋來拋去，球在落地之前就都會再被打回空中。我開玩笑地問這位技術人員，自己的臉被球打中的可能性有多高。他停了一下，看起來好像是在做計算，然後說：「等到你開始演講，我想機率應該不會超過百分之十五。」

在少了講桌和領帶的狀況下，我乾脆把西裝外套給脫了，把筆記收進口袋裡，然後走上舞台。演講時我提到了政府與科技公司之間工作文化的落差，光是從「穿著方式」這個表面證據就能略知一二，更別說政府單位對科技所抱持的落後態度。當我講到全世界早就已經開始普遍使用 iPhone 和微軟 Word 文書軟體，我們的司法部卻堅持要用黑莓機和 WordPerfect，觀眾爆出了一陣大笑。這笑聲不但大而且久久不停，也表示了某些意涵。

我想，不經思考就堅持使用過去的老方法來做事，會受到別人的嘲笑也無可厚非。傳統是好的，不但很有用處也讓人感到安心，但是習慣性的「懶惰」和對於改變的「敵意」絕非傳統，這不過是對智慧的約束。生活中大家都習慣基於同樣的理由，用同樣的方式來做事，從來不曾停下來思考是否還有更好的方式，看看我們每天準備早餐的方式就知道了，或是用來遊說客戶的說詞。人類總是傾向於採取習慣與安心的方式來處理事情。

然而，就算是最嚴肅的環境和職業，創新都是很重要的。我指的並不是盲目衝動或激進的改造，比較像是用一點想像力來解決遭遇到的日常問題，許多最棒的創新都是既簡單又顯而易見的。有時候，有價值的創新只是將另一個領域長期愛用的工具或技術運用到另外一個領域當中，如此而已。這個原則不只可以套用在科技新創公司，也可以套用在所有職場中，從食品公司、成衣經銷商到調查單位皆然。原子彈開發可能會需要有個曼哈頓計畫，但小小的改善、改造和創新，卻是所有人、所有職業都可以辦得到的事，只要能保持開放的心態接受新的事物。

我先分享一個非關執法領域的小例子。從小到大，我都會為漢堡淋上番茄醬。我家雖是印度移民家庭，但跟所有生活在澤西海岸的人一樣，使用的是亨氏番茄醬。我們會將它淋在老媽以瑪莎拉香料調味的獨門漢堡上，那個年代，想要在漢堡肉上倒出一團適量的番茄醬完全要看運氣。

某個年紀以上的人一定都還記得這些事。你會把番茄醬的玻璃瓶倒過來，用力拍打瓶底，但番茄醬還是出不來，接著會把瓶子換個角度，對準盤子後在瓶身標示著57字樣的地方沒什麼把握地用力再敲一下……還是一樣，什麼都沒有。或是更糟糕，一大坨番茄醬從瓶子裡噴出來，不偏不倚落在離盤子兩吋遠的地方。如果瓶子裡只剩下四分之一的番茄醬，直接放棄吧，直立玻璃瓶內的引力再加上內容物的黏性，等番茄醬倒出來，漢堡早涼掉了。

這對番茄醬廠商來說可不是件好事。該怎麼做才好呢？亨氏直接做了個長達一年的廣告宣傳，讓好幾位廣告公司老闆大賺了一筆，為的就是將這個設計瑕疵（得花很長時才能倒出番茄醬的瓶子）變成一個優點。電視廣告使用《期望》這首歌當配樂，歌詞中有句「期望讓我等待」，被用來讚美移動速度緩慢如冰河的番茄醬。垂涎欲滴的演員耐心等待番茄醬滴落在薯條和漢堡上，一旁還會打出「值得等待的美味」或「慢得好」等標語。其中一支廣告裡，旁白是這麼說的：「想想看，等最後番茄醬終於出來的時候，將會有多美味……」

想像一下，如果這是一家服務很糟糕的餐廳，或是一家經常誤點的航空公司的廣告，你會作何感想？「你看，等我們最後終於抵達時，阿魯巴將會是個多美好的景點呀！」

要澄清一點，番茄醬倒不出來既不是什麼國安問題，也沒有造成我的童年陰影。但我仍清楚記得多年之後，這個問題終於獲得解決，那時塑膠瓶早已問世多年，解決方法既簡單又優雅。這個創新的方法是什麼呢？

就只是把蓋子換到瓶底而已，就這麼簡單。這跟運用在洗髮精、洗面乳的基本原理完全相同。我覺得最驚豔的是，這個方法並不需要任何新的科學發現或新的材料研發。塑膠製品開始受到廣泛使用之後，任何人應該都可以想到把蓋子換到瓶底，同時大家也對地心引力有基本的認識。一九七〇年代早就有一些聰明的人家會把冰箱裡的番茄醬瓶子倒過來存放——他們是知道地心引力如何作用的普通人。

這個解決方法或許無法與核融合研究相提並論，但番茄醬瓶的例子教導我們一個重要的課題：事情之所以有所改善，就是因為有人選擇做不同的思考，下決心要以不同的面向來看事情，真的顛覆了傳統。

常識和聰明總是能讓人無往不利。許多年前我曾讀到一個關於防範犯罪的簡單故事，一直無法忘懷。有家高級時裝店經常遭竊，竊賊每次都在半夜入侵店裡，警報系統每次都會啟動，但他們總是能在警察出現之前，帶著滿滿的收穫從容離開現場。這樣狀況一再發生，竊賊的動作實在太快，而警察則是太慢。後來店裡的一位員工靈機一動：只要衣架換個方向放就好了！把第一個衣架面向前方，第二個則面向後方，以此類推，這樣竊賊就無法快速把所有的禮服從衣架上扯下來，而是得一件一件取下來。

等到下一次竊賊又來光顧時，就被人贓俱獲逮個正著：警察到的時候，他們正貪心地取下一件一件禮服。這裡所使用的方法也不需要任何厲害的科學創新，任何一個普通人只要稍微跳出框架思考，就能夠想出這個辦法。

這就是為什麼我這麼欣賞這個方法的原因。

我不知道如何啟發一個聰明的普通人去打造速度更快的微處理器、製造更大的火箭，或是到另一個星球上開拓殖民地。但是我可以做的，是請他們質疑自己做事的方法、用新方式來運用舊工具，還有請他們腦力激盪。真正的發明家是很特別的人，但我們這些其他人同樣也有發明的能力，可以顛覆傳統。

犯罪調查也同樣是如此，跟其他的專業領域沒有什麼不同。犯罪調查需要技巧、專業、投入與專注，偶爾也需要一些創新。執法單位本質上及設計上本就該是保守的機構，但這並不代表它不能從創業家的驚奇發想中得到好處。竊聽器一直以來都是調查犯罪非常有效的工具。而獲得法院授權的竊聽器是販毒與組織犯罪調查得以進行的最大功臣——不只是在紐約南區檢察官辦公室，而是所有地方。在我成為聯邦檢察官之前，有個南區檢察官辦公室的人有了個嶄新的想法：為什麼不把竊聽器拿來用在調查內線交易呢？

你看，這就是創新。通常，跳出框架來思考就只是把過去用得順手的工具、方法或原則，運用到另一個領域而已。這件事也就只是如此。明文規定可以利用竊聽器來調查內線交易，其實早在多年前就可以這麼做了，但就跟上下顛倒的番茄醬瓶一樣，似乎沒有人想到要這樣做。內線交易罪案最重要的關鍵，就在於非法的溝通——由一個人提供重要且不公開的資訊給另一個人，而多年來內線交易案最難證明的就是「非法溝通」的存在。

創新思考的阻礙包括了反對聲浪與拒絕接受。大家都努力要維持現狀，拒絕改變。在刑事法領域中，只要出現了任何能夠讓我們更容易將犯罪人士起訴或是定罪的創新做法，自然就會碰到大力反對的人，那就是辯護律師。就法律層面來說，要辯駁檢方不應該在內線交易案中使用竊聽器，其實是徒勞無功。內線交易的本質就是股票基金詐欺罪，長久以來，以竊聽器作為這類犯罪行為的證據，基本上都是通過法庭允許的。

但是當然，南區檢察官辦公室在這方面的「創新」，還是讓辯護律師在法庭上大罵卑鄙下流，並且遭到火力全開的大肆攻擊，不過他們從來沒有贏過。在法庭上，受挫的辯護律師針對使用竊聽器一事與我們脣槍舌戰，活脫脫就是場自相矛盾的鬧劇。

二〇一〇年十月四日，同時有兩位知名辯護律師針對使用竊聽器一事提出完全相反的論點。其中一位向法官提出的看法是，法院應該禁止在內線交易案中採納竊聽內容為證據，因為只要具備其他不那麼有力的證據就足以定罪，政府無法說明竊聽的必要性何在。於此同時，另外一位聲名卓著的律師則是同樣奮力向陪審團主張，針對內線交易罪，他們應該判他的被告無罪，因為雖然該案有合作證人的證詞，但是缺少了像是「錄音檔」這類的電子通訊證據，政府無法達到自己所訂下的證據充足標準。而這兩位律師的主張都被駁回。

在這兩個案子裡，我們沒有通過任何新法條，也沒有任何新發明，就只是單純的常識性概念調整。創新並不一定需要天才，但需要有人專注於重新評估事情還可以怎麼做，才能解決問題或是改善程序。創新需要暫停腳步、重新反思、重新整理並思考：是不是還有新方法可以使用？

當我還是聯邦檢察官時，起訴過許多貪汙的立法公職人員，而當時紐約州的法律有個特別明顯的大漏洞。我在一場公開聽證會中作證時說道：「對所有會思考的紐約人來說，這個不公平的司法狀況如鯁在喉，因為所有貪汙瀆職的現任公職人員，就算已經被陪審團定罪並入監服刑，他們依法所享有的公職人員權利依然不變。也就是可以領取由納稅人的稅金所支付的退休金，一直到過世為止。」這個權利被立法機構奉為神聖原則，卻公然違反了邏輯與正義。我們都認為它應該要符合常理的原則：被定罪的政治人物不應該領取以稅金支付的退休金，然後舒舒服服地過日子，尤其是這些納稅人就是他當年在位時所背叛的人。

不過這並不必定是故事的結局。我的副手理查．札博為這個重大疏失想出了一個聰明且完全合法的解決之道。州政府法律所不允許的部分，我們可以藉由聯邦法條的刑事沒收來完成，而且完全符合法律規範：第一，我們可以向這些未來能領到退休金的貪汙官員進行罰款；第二，我們可以考量是否實際進行刑事沒收；第三，檢察署會將貪汙人員在犯罪期間所產生的退休金利息，全數追討回來。這個原則非常公平，手法也完全符合法律規定，所有的上訴行動全都鎩羽而歸。札博看到了之前從來沒人看到的解決方法。

這裡還有另外一個例子。已經有很長一段時間，網際網路上有許多被稱為「暗網」的非法網站，你可以在上面公然買賣武器、毒品、兒童色情影片，以及其他各種齷齪下流的東西。要從網路匿名的偽裝中，找出從事這些犯罪行為的人，極具挑戰性。我剛進南區檢察官辦公室時，專門負責所有網路相關案件的是一位個性溫和的檢察官，名叫湯姆．布朗（Tom Brown）。他在暗網變成大問題之前，老早就開始投入網路相關的罪案調查了。他沉靜的熱情推動我們破獲許多經典的案子。

湯姆與聯邦調查局位於紐約的網路犯罪小組 CY-2 的主任克里斯．史坦格有著十分密切的合作。其中一件是花旗銀行在德州的自動櫃員機網路處理系統，遭植入數據包分析器軟體，而幹下這勾當的壞蛋至少有一人在俄羅斯，結果導致了三十萬個帳戶被盜領。這些被盜取的帳戶資料又被發送給至少另外一個壞蛋，然後再轉給位於世界各地的同夥直接盜領現金，或是透過中間人將錢領走。

聯邦調查局找到有名中間人住在愛沙尼亞的首都塔林。湯姆和克里斯一起前往塔林與愛沙尼亞檢警合作，並建立好關係——沒錯，只要其他國家願意，我們就會直接與他們建立交情。湯姆和克里斯兩人也經常碰面一起進行腦力激盪（通常都是在酒吧），想想該如何發掘更大也更好的案子。在塔林，他們找了間位在舊城區的酒吧，一邊用冰塊做成的酒杯啜飲伏特加，一邊討論揪出網路犯罪者通常得面臨哪些困難。

他們花了好幾個月好不容易才找出這位中間人的確切位置，如果可以讓找人的問題變得更簡便，同時還可以主動出擊而非被動等待，該有多好呢？他們靈光一閃想到的方法就是，架個偽裝的網路論壇，讓罪犯們聚集到這個網站來，在上面進行失竊資訊的買賣，然後共謀犯案，就有點像是網路上的非法地下酒吧。「只要把架好網站罪犯就會來」，就是他們想出來的方法。與其在一旁守株待兔等歹徒有所行動才把他們揪出來，還不如讓他們自投羅網，然後再利用網站來找出這些人的所在位置，一舉將他們關門大吉。

這個被稱為「信用卡商店」的行動，是一大成功。我們找出了被盜取且在網路上非法流傳的信用卡資訊，因而阻止了數千萬美元的詐騙發生，同時起訴了全世界數個國家共二十四名罪犯。

這一切之所以能發生，就是因為有兩個人決定要停下來看一看，該如何解決眼前所面臨的問題。這項偵查手法既不新穎也沒有任何創新成分在內，早已被運用在貪汙案件、黑道案件、幫派案件、販毒案件，甚至是恐怖攻擊案件，卻從來沒有人將這一類的手法應用在網路犯罪，規模也從來沒有這麼大過，實在說不過去。

如果你是大學文理學院畢業的，不太可能某一天去上班，就期待自己能夠發明出像是便利貼這種全球不可或缺的辦公室文具用品。但是每一天都有機會讓你重新思考自己的習慣、做事的方法和程序，只要以常識來進行各種角度的反思，就能找出改造的方式，藉此優化生活的品質或事情的結果，甚至還可能維護大眾的安全。

這邊我要講最後一個故事。發明並不一定需要有博士學位，但擁有博士學位的人同樣也有很多很棒的點子。在我的聯邦檢察官任期即將結束前，聘請了一位與慣例不符的調查員，他是寇特·哈福（Kurt Hafer）。通常我們聘請的調查員絕大多數是前任警察，因為他們從過去數十年處理謀殺案或幫派分子的案件中，累積了豐富的街頭調查經驗——像是約翰·歐馬利和肯尼斯·麥卡比。

寇特·哈福跟他們不一樣：體型瘦得讓人忍不住要為他擔心，滿臉雀斑，再加上一頭茂密的紅髮，看起來是個對槍枝持質疑態度，卻能輕鬆看待被紙張割傷手指頭的人。他擁有加州州立理工大學（California Polytechnic）的物理學學位，以及加州州立大學洛杉磯分校的生物化學博士學位。我們是從美國能源部將他挖角過來的，當時他主要的工作是調查能源部的經費如何遭到各方的劫掠。能源部的預算大約是三百二十五億美元上下，而且與數百間私人公司簽署了工作合約，但其中好幾間公司做出向能源部重複請款或其他類型的詐欺行為。

寇特以他的智力、進取心、創意和努力，來彌補自己所欠缺的街頭經驗。有鑑於他的背景以及擅長數學與財務等相關知識，我們將他分派到基金證券詐騙小組工作。

寇特給自己的一個任務，就是從金融機構填報的可疑交易報告中，找出更多與內線交易案相關的線索。可疑交易報告是重要的資訊命脈，有助我們找出洗錢、證券詐欺以及所有類型的金融犯罪線索。法律規定，所有在中央銀行轄下的金融機構，只要發現有人在進行可疑交易時，都必須填報可疑交易報告，簡稱SAR（suspicious active report）。

有些機構填報的報告比較多，有些比較少，有些寫的鉅細靡遺，有些則只是簡單寫寫，交差了事，其中當然不乏機構真的希望我們能進行深入調查。問題是，這些報告最後都進了廣大無邊、沒有差別性的資料海。

寇特認為我們對這些報告的檢視方式很有問題。

他的直覺是，我們理應從這些報告中獲得更多的內線交易線索才對。一定是關鍵字搜尋的哪個地方出了差錯，造成調閱出來的報告數量遠比應有的低許多，他擔心不知有多少重要的資訊跟著沒有價值的資訊一起被丟掉了。寇特決定要好好想想，該如何一次把搜尋的功能定義好，他採取老派的方式，不看電腦資料而是直接看紙本。他坐下來慢慢地檢視這些報告，親自用手和眼睛，一份接著一份讀下去。一開始，他每次只看一家頂尖投資銀行的可疑交易報告，每一份都從頭仔細看到尾，就只為了去感覺這些內容是怎麼寫出來的。自從他到任以來，每個月都會撥出兩至三個禮拜，共兩百個小時的時間來做這件事。

他看到的東西讓他既驚喜又失望，因為就算沒那麼聰明的人讀了其中的一些報告，都會發現事情不太對勁。寇特不斷看到可疑交易報告中寫著股票購入、股票賣出、獲利，以及發生在這之間的股票轉讓——全都是教科書上寫的標準內線交易狀況。

問題是，沒有人認真去閱讀這些顯示出情況大有問題的報告，因為關鍵字搜尋的範圍太狹隘也太特定。寇特發現了兩個原因，首先，這些被漏掉的報告顯示出有可疑的交易行為，但「內線交易」這個用詞卻經常沒被打進報告裡。這一方面是金融機構沒有做好內部教育所造成的錯，但另一方面，調查人員只想到輸入這麼狹隘的關鍵字，也是個問題。再來，許多案例的狀況是，填報可疑交易報告的人並不知道股票交易的獲利金額是多少，所以就填了零。也因此，如果調查人員使用的是以最低金額門檻來進行篩選，那麼金額為零的可疑交易報告就會被篩掉。

這個問題的改善方式很簡單，不過在寇特之前似乎沒有人想過。他重新定義了關鍵字搜尋，讓獲得的結果範圍更廣，他也時不時利用傳統方式，詳細檢視紙本可疑交易報告的全文。猜猜看後來發生了什麼事？這些可信度很高的線索在南區檢察官辦公室裡增加了兩三倍之多。

有時候創新需要我們先停下來想想，科技其實讓我們能掌握的東西更少而非更多。創新，無論是與公司製造產品有關，或是與探員調查罪案有關，都代表著必須持續對科技、人為錯誤的容受度和缺乏想像力進行重新評估。創新也表示必須排除缺點、懶惰與習於安逸。

寇特所發現的是過去很有效的工具已經過時的問題。這個工具沒有發揮它應有的效能。諷刺的是，曾經，我們使用搜尋條件在資訊海中尋找壞人的線索，這件事本身就是個創新的做法，但現在這個做法卻已不合時宜。如果不持續更新和維護，今天的創新就會變成明日的過時。對汽車、電腦和智慧型手機來說皆是如此。而對調查技巧來說也是如此。有時候，正義需要藉由顛覆傳統才能得以伸張。

2

Accusation

提出控訴

開場

你的訊問已經結束，過程很艱難，也費煞了苦心，你希望整個過程都是在開放與公正的狀態下完成的。你已經盡了最大的可能對事實真相做了完整的調查。現在，我們要進入下一個司法程序的階段了。我們先假設，你之所以會進行調查是因為發現事有蹊蹺，那麼你是否找出了蹊蹺為何呢？是否找到了足夠的證據證明是誰做出了不當行為？俄國文豪杜斯托也夫斯基在《罪與罰》一書中曾寫到：「再多的懷疑都不能拿來當作證據。」一旦訊問及查核程序完成，在你對他人做出指控之前，應該要問的一個基本問題是：什麼時候該開始行動？什麼時候該放手？

這個問題的答案並不總是那麼直接了當，也沒有那麼簡單。

有時候，你之所以放手是因為沒有人做錯事，收集到的證據都證明此人無罪。又或者，你放手是因為這只是條微不足道的小罪，不值得花那麼多的時間和精力，也不需要由國家來施以懲罰。又或者，某人確實做了很糟糕的事，但是你所進行的調查找不到足夠的證據，無法達到起訴所需要的標準。又或者某人確實做了件不光彩、造成他人傷害的事，但那是個意外，或是早已超過法律追溯的期限。又或者這件事確實違反了法律，但你總結各種情況後認定，從來沒有人在類似的狀況中因為同樣的罪行而遭到起訴。基於公平原則，除非有其他夠強大的理由能夠推翻前例，不然你也會選擇放手。

這些狀況每天都在司法範疇中發生。如何在看不到盡頭的密林之中，以有原則且公平的方式找到一個正確的方向？這就是接下來我們要來探討的問題。

要在正式提出指控的階段中做出公正的決定，首要條件就是，你必須下定決心凡事皆須再三審慎思考，並避免任何先入為主的結論。你把所收集到的資料全都仔細篩檢一遍，認真思考它們所代表的意義。你得考量看來罪證確鑿的種種情事是否有清白的解釋，也得反覆思考這些證詞或關鍵的電子郵件，是否有不同的解讀方式。你得不斷推敲其中是否有巧合的可能性，或是調查上的偏見？還記得布蘭登．梅菲爾德嗎？大家過度解釋一連串與他相關事實，而且只靠這些單純的事實就提出指控，例如只因為他改信伊斯蘭教，便認為最初的指紋吻合一定沒有問題。對司法來說，像這樣的粗心大意非常致命。

所以你得檢查手上所掌握的事實，檢驗自己的推斷是否合理或是帶有偏見。你挑戰自己對整件事的理解與結論是否沒有瑕疵，也必須要求其他相關人等這麼做。調查完成後，按照慣例我會找辯護律師來開會，聽聽他們對這些貌似有罪的行為會做出什麼樣的無罪解釋，以及會運用哪些法條來分析無罪開釋的理由。有時候，還真的有辯護律師指出了其中的問題，這才避免我們犯下真正的錯誤，並造成不公義的狀況發生。（但我必須說明，只是一味單純否認犯行並不足以讓我們停手。）

像這樣的審慎態度和暫緩行動，對司法來說是最基本的事。指控一個人犯罪，就等於粉碎他的人生，也為身邊的人的生活帶來混亂。被告就算被判無罪，也很可能遭到他人的排擠、破產、失業，或是根本沒有人願意雇用他。所以要做出指控他人的決定時，首先得盡一切可能保持公平與公正。同樣地，新聞媒體在公開對某位公職人員或平民百姓進行嚴厲指控之前，也應該如此，因為事情一旦報導出來，就幾乎不可能再收回了。

要小心那些對於指控他人感到沾沾自喜的檢察官或警察。檢察官並不是牛仔或受雇的槍手，至關重要的一點是，你必須牢牢記住這一刻所代表的意義，這不單只是為了負責起訴的檢察單位，也是為了嫌犯，以及大眾對法律的信任。

在這個狀態中，個人與司法機構的心理狀態非常值得我們探討。刑事控訴並不是自動由電腦或演算法計算出來的。司法，是由人來進行的，面對那些經過善意訊問所獲得的豐厚證據，決定該怎麼做（或不做）的是真實的人，這些人並非全知全能，而且通常都有各自的缺點和偏見，還必須在一個不完美的系統和官僚體系下運作。

我經常會跟手下最資淺的檢察官說這些話——我將檢察官比喻成一輛有著極強大動能的汽車，可以用非常快（而且危險）的速度移動——對一輛能夠（安全地）帶你抵達目的地的車子來說，有兩樣不可或缺的東西：油門和煞車。你需要腳踩油門前進，因為我們必須抵達想要去的地方；做錯事的人需要負起責任，受害者需要有人為他們發聲，社會需要秩序。但有時候我們也會需要踩下煞車，停下腳步反思、重新考慮、質疑我們所做的分析。煞車也可以救人一命。

你不但要格外小心那些好戰的檢察官，同時也要注意那些怯戰、總是把腳放在煞車上的檢察官。他們有可能因為完全相反的理由而忽略了正義和責任。對某些人來說，要為那些可能產生重大後果的事情做出決定，是很困難的。指控他人是最終極的正面衝突，無論是在刑事司法系統、工作場合，或是其他地方都是如此。一般來說我們都討厭衝突，特別是衝突的後果很可能是將對方推入絕境。小時候大人都會教我們不能用手指著別人，因為這麼做很沒禮貌，這麼做會惹麻煩。

有些人很享受沉浸在永無止境的調查之中。他們永遠都有更多的調查要進行，永遠都有別的線索要查證。或許，這些人之所以會拖延提出指控，就是因為「查核」最初的本質就是個安全的避風港。調查和查核都可以靜悄悄完成，只要仍有所懷疑，就可以繼續追蹤。現實中，我們常遇到某些指控還處於理論階段，只是傳聞罷了。舉例來說，一直到司法部特別檢察官羅伯・穆勒起訴川普的國安顧問或前競選總幹事之前，儘管流言四起，沒有人知道是否真的會發生。在沒有正式出手之前，都不會受到攻擊。

從另一方面來看，提出指控是種具體的作為。指控是特定、徹底且公開的行動，是白紙黑字寫下的戰帖。指控會讓人驚恐不已，特別是在一些難度很高或不公開的狀況下。公開提出控告，特別是經由檢察單位來進行，往往是非常重大的決定。有些人會以徹底調查之名，不停拖延這個時刻的到來。如果你的工作是進行調查報導或是內部管控，又或者你是執法人員，都必須要能堅毅不拔地做出這個決定。任何事情都可以讓人調查到天荒地老，不過採取行動也會產生相應的後果，如果有一天輪到你針對某事進行調查，並有可能得揭發某些不法行為，你必須讓自己成為敢於扣下扳機的人，而且是在對的時機這麼做。

如何分辨冒煙是否就代表失火，失火是否就代表蓄意縱火，了解這背後的決策過程是非常重要的事。有時候，案子明擺著就是需要檢方提出指控的犯行，但偏偏只有情況證據，這時會感到猶豫也是理所當然。

先讓我們來看以下這個案例，為接下來的內容暖暖身。二〇〇八年，《紐約時報》揭露了長島鐵路公司（Long Island Rail Road）涉嫌進行一場牽連廣泛的惡劣詐騙。鐵路公司的員工為了獲得傷殘退休金，假稱自己行動不便或受傷，許多員工在年滿五十歲前提早領取傷殘退休金，卻依然行動自如地去打高爾夫球或網球，絲毫不以為意。

長島鐵路公司的員工申請職業傷殘撫恤金的比例高得令人咋舌，光是二〇〇七財務年度，就比其他鐵路公司（像是同樣在紐約市區運行的北方都會鐵路公司）高出十二倍之多。在二〇〇一到二〇〇七年之間，就有七百五十三位長島鐵路公司的員工請領撫恤金，理由從關節炎到風濕不一而足，而北方都會鐵路公司在同期內只有三十二位。換句話說，光是這個差異就足以讓人嗅出集體詐欺的味道了。三位醫生批准了數千位員工的索賠申請，最直觀的推測就是，這些醫生也是一丘之貉。

但另一方面來說，我們在這起詐欺案中能掌握的，只有情況證據和統計數據而已。要證明背痛、肩痛或是關節痛等症狀是捏造出來的，難度非常高。無論是X光、核磁共振或血液檢查，都無法確認或排除這種自由心證的病痛，診斷和預後都必須基於病人自己的描述來決定。

不過，這件案子還是有多到數不清能證明身體機能依然健朗的證據；這些請領了撫卹金的員工之中，有許多人原本宣稱自己身體狀況不佳，無法從事辦公室事務性工作之後，還繼續從事強度極高的體能運動。這裡有幾個《紐約時報》在那篇重磅報導中所列舉出的例子：

- 退休員工戈格利·努南表示，每當要用手去拿東西的時候，都會感覺到強烈的疼痛。他提早拿到了傷殘退休金。沒多久之後，二〇〇八年，努南在九個月之內打了一百四十場高爾夫球。對照前面手會劇痛的說法，他要不是還可以輕鬆從球袋裡抽出高爾夫球桿，就是有史以來最自虐的業餘高爾夫球手。
- 另外一位退休員工雪倫·法魯恩表示自己無論是站立或行走都會感到疼痛，因此也提早獲得傷殘退休金。之後沒多久，她被人拍到在健身房裡上了四十五分鐘的有氧舞蹈課。

● 還有一位退休員工費德瑞克・卡塔拉諾聲稱無論是站起或坐下都會經歷劇烈的疼痛。而在退休後才幾個月的時間，卡塔拉諾就獲得了柔道的黑帶。

以上這些人看起來全都是在濫用福利制度。

調查之中記錄了一個又一個類似的案例。那麼，我們該現在提起控訴，控告這大一群人，包括那些在診斷書上蓋章的醫師嗎？

還沒那麼快。儘管有那麼多宣稱自己無行動能力的人在一領完退休撫恤金之後，立刻就奇蹟般的變得有如運動員般生龍活虎，這還不能算是鐵證如山。就在評估了各種可能是詐領退休金的證據之後，儘管涉案的範圍之廣令人咋舌，但我們在曼哈頓河對岸的優秀對手東區檢察署，最後還是決定不繼續追究此案。他們決定放手。就這件案子只具備間接證據的情形來看，並不能說這是一個不負責任的決定，不過我們還是決定要自己來進行更深入的調查。

身為鐵路公司監管單位之一的美國鐵路公司退休委員會，儘管憂慮與懷疑與日俱增，但依然全額給付了這些退休金的申請。看看那些讓人瞠目結舌的統計證據——長島鐵路公司在二〇〇七年申請傷殘退休金的比率，遠遠超越了北方都會鐵路公司，而且竟然高達了十二倍之多，這該怎麼解釋？事實上，我們判定光靠這個證據在法律上可能甚至無法成案，因為法官會認為這是偏見，而且於法無據。

更重要的是，完全沒有明確的資料能夠看出有共謀犯案的跡象；我們沒有任何竊聽的資料、沒有任何人自白，只有兩位醫師對聯邦調查局稍微提到了一些有犯罪可能，但無法確證的事。最有可能被起訴而且對整件案子影響最大的就是這些醫師了，但是就算他們難以自圓其說，也早就有所準備，因為唯有靠病人的證詞才能定他們的罪。

這裡還缺少了一些東西：沒有強而有力的合作證人替我們（及陪審團）勾勒出這起詐領陰謀的輪廓。我們需要的就是這個，所以決定找到願意合作的人，於是開始對詐領人個別提起控訴。

這裡要考量的並非被訴人是否清白，而是要取得證據。這是個很重要的差別。進行法律控訴需要放手一搏。某天傍晚，我看完摘要各種證據和說明統計數據的備忘錄之後，跟我的團隊說：「你們要不要把摘要的內容當作陳述先試唸一遍給我聽？」這樣我才能夠了解這些證據在法庭上將如何被呈現，而且不只是呈現給地方法官或大陪審團，還有最後的庭審陪審團，因為庭審時最困難的關卡，就是要提出超過合理懷疑範圍之外的證據。

我們的結論是，以常識即可判斷的證據多到數不清，長島鐵路公司的醫師和員工明顯謀畫了一個時間長達多年、金額高達數十億美元的騙局，向交通主管機管詐領退休金。儘管缺乏法庭適用的直接證據，我們還是有足夠的材料提起控訴，並暗自祈禱有人會倒戈，使案子的基礎更為鞏固。

我們的團隊打造了一份長達七十四頁的刑事控告書，不但將事實整理清楚，並詳細記載了那些本該為傷殘的退休員工，卻依然健步如飛的種種情狀。我們積極地對個人提起控訴，希望有人因此吐實，他們也真的這麼做了。到最後一共起訴了三十二人，所有人都俯首認罪，我們也開始著手重整這個漏洞百出到無藥可救的退休金系統。

我之所以分享長島鐵路公司的故事，重點不在於自我誇耀，而是為了呈現做出這些決定的難度有多高，尤其是這些困難的決定並沒有任何精準的科學證據可以依靠。

接下來我們要探討的就是這個特別的司法階段。我會試著深入探索並解釋為何「指控某人做了某事」這個決定總是令人提心吊膽，因為我們都深知這麼做會對當事人以及自己所屬的檢察官辦公室帶來巨大的影響，就算最後決定要放手，也會出現相應的後果需要承擔。接下來你會讀到檢察官辦公室文化的重要性、如何小心避免在不知不覺間，對指控製造出無形的壓力，導致不公正的情況出現。

你會在接下來的篇章中讀到，要即時在沒有無懈可擊的資訊卻必須挺身而出負責保護大眾不受傷害的狀況下，判斷哪些人具有真實的威脅，是多麼困難的事。當你發現一個發出聖戰士恐攻威脅的準恐怖分子、聽到一位丈夫公開表示要傷害自己的妻子，你需要等待多久的時間才能採取行動？你需要多少的證據？純粹的妄想與真實的犯罪謀劃之間有什麼差別？當人命關天之際證據卻還不夠充分，你會在哪個層面犯錯？而如果我們犯錯，你會希望是在哪個範疇之內？在讀接下來的故事時，問問你自己會怎麼做。

有時候當檢察官根據事實、法律與良心，決定放手不再追究，大眾會極盡所能地挖苦埋怨。每當有人受傷害、房屋被燒毀、無辜的人遭到槍擊、駕駛撞死行人等事件發生，大家很自然希望能找出幹下這些壞事的原因，有時候這種心情與司法的作為相符，有時卻並非如此，而且無論誰怎麼說都無法改變。

要解釋你為什麼做某件事，遠比說明你為什麼不做某件事要簡單得多。這在許多情況中皆是如此，但在司法這一行裡，這是個十分特殊的兩難：什麼時間點放手才最恰當？你會讀到我們對輕微小罪所抱持的論據、零容忍的嚴格執法將會帶來的危險、對於手邊資源的判斷，以及為什麼無論我們有多憤怒，或是多麼渴望司法正義，某些案子就是無法成案，

最後我要提的是，文化是很重要的。我花了許多時間投入所屬的南區檢察官辦公室文化。傳承前輩們的教誨，我把握每一個機會來廣為傳布一個信念準則：**正義比勝利更重要，做對的事永遠比做對自己有利的事更重要。**我對所傳承的這個文化感到自豪，也希望自己能夠持續讓它發揚光大，這個文化具備了努力不懈與專注的精神，讓歐馬利付出如此龐大的心力為六個無辜下獄的人平反。不過，文化在所有地方、所有機構中都有其重要性。有些地方的犯罪氛圍就是比其他地方濃厚，為什麼？對我來說，那就是文化所造成的影響，不好的機構文化將使調查過程既耗費金錢時間又充滿威脅，最終對提起控訴造成危害；這是我個人的看法，也納入下文之中。

磨人的司法機器

調查一旦開始，就擁有了自己的生命。它們會自行產生一股動能，朝向一個根本還不夠清楚或明確的目的地前進。一旦展開了查核程序，所有事情就動了起來：相關人員被指派工作、排定各人出勤的班表，並列舉出各種清單，調查程序就此成立。通常，這時候會訂定好一份調查計畫，不是用手寫下來就是打成電子檔。探員們紛紛出動，或是發送傳票，或是監視各個地點、尋找檔案紀錄、竊聽電話、登門找證人談話，傾盡全力在所不惜。「全體動員」不只是掀起一場喧囂與騷動而已，而是點出了某種重要性。這是個實際且外顯的行動，具體化了搜尋事實與責任歸屬的迫切性；這個行動是司法程序這個機器運作時，所發出的巨大聲響。

但經常伴隨著調查行動而來的，是另一種危險的心理動能。當所有行動正在進行著，無論線索是否有用或證據是否成立，總是有其他的什麼也同時在發生中。我們已經砸下了資本，因此就會有所期待。

執法單位某種程度上和華爾街很相似，大家都希望自己的投資能有所回報。只要是人都會希望自己的付出能夠獲得等值的報酬，迫切希望自己的努力可以換來一些什麼。沒有人想做白工。但是，執法人員畢竟與華爾街投資人不同。獲利與司法正義不同，司法正義經常必須承受大量投資血本無歸的結果，因為司法正義本就需要這樣的投資。每當耗費極大時間心力所進行的調查結果卻一無所得；每當發現某個壞蛋非常可疑，最後卻沒有找到任何能將他入罪的證據；每當所有人都認為應該就是目標人物犯下了罪行，但終究還是無法排除某些疑慮；每當法律本身的愚蠢之處或是法院的天真致使一樁人們深惡痛絕，且亟欲給予懲罰的犯行被判決不起訴，唯一的選擇就只有放手。

放手會讓人打從內心感到深深的不甘。但如果讓所有深切的期待、個人的投資，以及損失的成本將人們推向做出不公義的起訴，這才是真正的失敗。

有許多外在的推力會觸發我們這種與生俱來的心理動能。只要有不好的事情發生，政治人物、媒體以及大眾就會開始尋找歸咎之人與代罪羔羊。這種心情是有傳染力的，而且會影響調查的公平性。保持公正心態的調查人員會維持純粹且不受影響的態度，低著頭，穿上防護衣，阻絕外界的壓力，並對街頭巷尾傳來的無知吶喊「把壞人抓起來！」充耳不聞。

除了外在的力量之外，有時我們也會有來自內部的壓力源頭，這同樣很危險，而且也不能被拿來當作開脫的藉口。每當機構的主管向下施壓（可能連主管本人都沒有意識到），希望能夠有好結果時，機構內部的壓力就會產生。主管之所以會這麼做，是因為忘了要對下屬清楚表態（我有時候也會忘記），就算最後費盡千辛萬苦還是一無所獲，他們也已經準備好要接受這樣的結果。**因為獲利與正義是不一樣的東西。**

二〇一五年，我們處在水深火熱之中，正在調查三位紐約州最有權勢的政治領導人物，其中兩人涉嫌貪汙：民主黨的眾議院發言人蕭華（Sheldon Silver），以及共和黨的參議員領導人史凱洛斯（Dean Skelos）。這是很重要的案子，兩位都是知名度極高的人物，而公職人物貪汙正是紐約最嚴重的問題。自然而然地，檢察官辦公室的主管，包括我在內，都對這些案子投入了不少關注。

從第一線檢察官的角度來看，能得到主管的關注是很不錯，但有時也會感到困擾。貪汙小組的檢察官辦公室一樣位在八樓，就在我辦公室的正對面，所以我要以督導之名去煩他們也特別容易。幾乎每天，我都會在特定時段晃到貪汙小組的辦公室去，拋出成串的問題。有時候問的比較一般：最新狀況如何？你們找到了哪些證人？有時候則會比較細節一點：陶普醫師什麼時候會來進行第一次訊問談話？我們有沒有備份蕭華領取衛生署醫療補助金的資料？什麼時候要更新史凱洛斯的電話竊聽？

這些問題不只是來自我，也來自法務部副部長理查．札博與刑案部門主任金俊，我們並不是為了滿足自己的好奇心才問的，而是想表達對案子的關心、支持，以及事情的急迫性。同時我們也不停糾纏南區檢察官辦公室兩位主導案子調查、堅毅不拔的調查人員約翰．貝瑞（John Barry）和鮑伯．雷恩（Bob Ryan）。調查既要徹底也要迅速，因為受到懷疑的兩人都是受到民眾愛戴而當選的政治人物。也因此，就如同所有的公職人員貪瀆案，這類案子的調查格外需要速度，無論是決定要起訴還是要放棄。這是為了大眾的利益、檢察署的利益，也是為了當事人的利益，這一點對許多人來說或許會覺得驚訝，但當事人的利益是非常重要的考量。

但就算提出的是善意的問題，如果問的方式很強烈（次數也很頻繁），就可能會製造出揮之不去的壓力，致使調查方向朝某個特定結果前進。這股壓力會讓調查人員認為，無論案子的證據是否太過薄弱，只要最後無法成為刑事案件，長官會很失望。這一類的壓力如果沒有得到釋放，將會大大危害公平的程序及公正的結果，對此主管不能視而不見。

一天傍晚，我從札博那裡聽說，其中一位負責此案的檢察官表示：「我很擔心如果我們沒辦法成案，普里特會很生氣。」這就是我該立即停手的時刻了。或許這位檢察官只是隨口說說，但是對理查（和我）來說卻是一記警鐘，因為我們都很清楚，好意卻無止境的探問可能已經製造出了一個壓力鍋。

於是我開始變得比較不關心案子本身，而是更重視團隊的士氣與心理狀態。無論那句話是否為無心之談，都讓我感到十分不安，因為一位聯邦檢察官擔心的是會讓我失望，而不是將心力專注於找出事實並做出最公正的建議（無論那個建議是什麼）。

理查和我決定要把話說清楚。隔天我在八樓圖書室召開了一場會議，邀請的參與者有負責調查蕭華和史凱洛斯的團隊，以及他們的長官。如此突如其來地把所有相關人等找來開會是非常罕見的事，兩邊的團隊都派了人來——負責蕭華這邊的有格史坦（Andrew Goldstein）、馬斯特（Howard Master）、柯恩（Carrie Cohen）和麥當諾（Jamie McDonald）；負責史凱洛斯這邊則是馬丁斯（Tatiana Martins）、姆克西（Rahul Mukhi）、麥西摩爾（Jason Masimore）和馬凱伊（Tom Mckay）。當會議達到法定人數之後，從我的辦公室只需寥寥幾步，就能走進這間沒有窗戶的圖書室，這裡的時光宛若停止了般，不變的法律書籍擺放在不變的書架上，同樣的一面旗子放在同樣的一個角落裡，至少好幾十年了。幾年前我為這裡增添了一個有功能的裝飾品——掛在距離最遠那面牆上的圓形時鐘，剛好在我視線的正前方，這樣就可以知道是否該結束一場已經拖得太長的會議。

我和平常一樣坐在那張長木桌的主位上，兩個調查團隊則分別坐在桌子的兩邊。我順時鐘掃視了所有人一輪，那時剛過下午五點鐘，是許多人準備要下班的時間，但對檢察官來說工作卻正要開始，尤其是調查仍在進行之中。

我很確定自己先說了一兩個笑話，因為這是我每次開會時的開場方式。接著就直接切入正題，我大概是這麼說的：「我想要確定在場的每個人都能明白一件事。我真的很以你們為傲。你們大部分人都是我聘用的，這是因為我信任你們，也尊重你們的判斷。我們在這裡只做一件事，那就是，做對的事。我之所以會針對案子問那麼多問題，是因為關心案子的進展、因為我們不能出錯，也因為無論最後決定怎麼做，都會對紐約州帶來相應的後果。這些後果不但會影響人民對政府的信心，更會影響南區檢察官辦公室的聲譽。但是我想要說清楚的是：我希望你們在進行調查時積極、徹底、完整。不管是哪一件案子，就算你們告訴我沒有適當的起訴理由，我依然會以你們為傲。

「所以我不希望你們會覺得我、理查、金俊或是丹，都希望看到某個特定的結果。這不是我們的行事作風，也不是我希望你們做的事，我很確定大家都知道，但還是想要召開這場會議來消除大家的疑慮。我們南區檢察官辦公室有這樣的資源與立場可以花時間、精力和努力來積極追查全紐約乃至全美國最有權勢的人，因為我們相信法律凌駕於所有人之上。不過，正如我的一位前輩曾經說過：『評斷一間檢察官辦公室是好是壞，看的不光是他們起訴的案子，還要看他們不起訴的案子有哪些。』所以，如果起訴是不對的做法，我們就不會這麼做。」

我最後也說：「我不希望你們花任何時間顧慮這種狀況和我的想法。」我看到至少有兩個人的臉上露出稍微鬆了口氣的表情。會議結束。

最後我們對蕭華和史凱洛斯兩人都提起了控訴。兩人都出庭接受審判，也在相隔十一天之內分別被判有罪。幾個月之後，美國最高法院改寫了所謂「官方行動」的法條，因此兩人的定罪都被撤銷，他們在我離職之後都重新受審，而最後所有起訴的罪狀依然都被判有罪。

就在史凱洛斯參議員被定罪後幾個月，負責這件案子的其中一位檢察官傑森・麥西摩爾，表示想要找我聊一聊。他在電子郵件中沒有提到想要聊什麼，但我很清楚，因為收過不下數十封這類電子郵件：「嗨，普里特，有時間的話我方便過去找你聊聊嗎？」信中的語氣很平常，但這類電子郵件通常只代表了一件事：這個人決定要離職了，所以想要先讓我知道，並私下跟我告別。通常我都已做好了心理準備，但有時還是會感到驚訝，而且每一次都有點難過。有時候是為自己感到難過，但絕大多數都是為對方感到難過，因為我知道他們可能不會再找到比在這裡更好的工作了。

傑森走進我的辦公室，在靠門口牆邊的矮沙發上坐了下來。我從辦公桌後面走出來，在一張皮椅上坐下。我感謝他這些年來的付出，說我很難過他要離開了，因為我是真心這麼覺得。我們共同回憶了一下關於這場審判的種種，接著又開玩笑地說，我認為他身為檢察官最光彩煥發的一刻就是，進行史凱洛斯的庭審時，他在那番慷慨激昂的抗辯陳詞中引用了美國詩人席爾佛斯坦（Shel Silverstein）那首題為〈大猩猩〉（Gorilla）的詩（這段抗辯陳詞稍後也會在書中提到）。

在離開之前，傑森說：「普里特，我只想再跟你說一件事。」接著他提起好幾個月前在圖書室裡的那場會議。「那真的是一場很重要的會議。我真的很想讓你知道，我在南區檢察官辦公室最引以為傲的一天並不是成功起訴史凱洛斯那天。而是那天開會時你提醒我們，無論決定起訴與否，我們的工作就是做對的事。」

任何犯罪相關的調查通常都會有其他的影響因素牽涉其中。為了要確定無誤，每一次的調查都是在釐清究竟發生了什麼事，並找出事情的真相。但是過程中的每一步與每一個階段，還是難免會碰觸到道德價值觀——那是種渴求的力量，希望能找一個人來為違反法律或是傷害他人負責。每當大眾看到某家銀行欺騙了顧客，或是某件產品對顧客造成了傷害，又或是某位政治人物濫用了他的權力，人類天性就會強烈希望找到該為此負責的人，即便最後法律並不認定該行為犯法，又或者事實證據無法支持提出指控的人的看法。

這麼說好了，犯罪調查跟醫學調查在這方面並不相同。醫學上的謎團是價值中立的（除了法醫可能會有不同看法之外）。有人生病了，醫生想要知道是什麼讓這個人生病，是病毒還是細菌？進行醫學診斷通常不會牽涉到任何道德價值觀，沒有人會說他們要病毒或細菌負起責任。責怪沒有任何意義，因此也不會有任何懲罰，疾病不會被抓去坐牢。醫生只想著如何讓它無法發揮作用、變得不具傷害力。癌症會造成他人的痛苦，但在道德上它並不邪惡，就跟閃電也不邪惡是一樣的道理。

而在犯罪調查中，我們明顯知道有人受到傷害或是有人做了壞事，這時道德觀就會像朵烏雲在我們頭上揮之不去。或許不像朵雲，更像是一個在調查人員心中出現的聲音，一種「快把那個壞蛋抓起來」的使命感。一方面，這個聲音會督促你動起來，翻遍所有可能的線索，好讓找出來的結果不但是事實真相，也能使正義得以伸張，這是件好事。但另一方面，如果不夠謹慎，這個聲音可能會讓我們刻意朝自己想要的方向走，危害了中立的心態，讓我們過於急促地做出判斷。想想中央公園五人組（譯註：一九八九年四月十九日晚上，一名白人女子在中央公園慢跑時遭人襲擊、性侵，事後警方錯誤逮捕了五名有色族裔的少年，五人皆因莫須有的罪名入獄）、想想沃特金斯和格里森，我可以舉出一整本書的冤獄案例。

懲罰與責任是司法中十分關鍵的部分，但是在調查階段中，對僅僅是有可能的推測抱持著無比的信心，就會有本末倒置的危險。並非所有的錯誤行為都是犯罪，因為法律就是這麼講究細節。而且，並非所有嫌疑人都有罪，因為有時候事情並不是表面上看起來的那樣。抱持公正心態的調查人員或檢察官必須時時將此謹記在心，同時也必須在具有開放心態的環境中工作，這個環境不喜歡他們遽下判斷，而且無論已經花費了多少時間精力來進行調查，放手永遠都是選項之一。

天理不容

我要在這裡告訴大家一個不怎麼光明正大的祕密：決定要起訴一個人，並不完全只基於這個人過去的行為。

你所找到用來支持控訴的證據，必須要禁得起回溯，也必須要基於實際上真正發生過的事，當然也一定要夠充分。不過在現實生活中，決定起訴與否（和何時該進行起訴），無可避免地會與此人未來是否可能造成他人傷害的評估息息相關。這也就是為什麼檢察官會花費這麼多的時間和精力來搜集各種相關的證據來讓案子成立，特別是針對黑幫人物或可能的恐怖分子。因為這樣做比較簡單。想想黑道老大艾爾．卡彭被以「逃稅」罪名遭起訴入獄就知道了。我們必須要能先看出事前的預兆，但該如何處理卻是很微妙的事。就如同物理學家玻爾（Niels Bohr）曾說的：「預測很困難，尤其是想要預測未來，更是難上加難。」

但是，大家得變身命理師的情形在生活中層出不窮。舉例來說，決定是否將某個人開除，最合理的方式應該是根據他過去所犯的錯來判斷，而且要是可以確認、具體的錯誤。但在現實中，你很可能也會考量這個人未來再犯錯的可能性，以及公司是否能夠接受這個風險。在大部分情況中，是否做出這個指控他人的決定並不受到任何條件的限制，也因此考量未來可能造成的傷害，是非常恰當的舉動。

想想看你聽過的兒童在寄養家庭被監護人活活打死的慘劇，或是妻子被暴力的丈夫傷害的新聞，我們經常發現，其實之前早就出現警訊，受害人可能打過一一九報案，甚至申請過保護令。

二〇一八年二月十四日，佛羅里達州一名遭到退學的十九歲高中生，屠殺了同校的十七名學生和老師，成為美國史上死傷最慘重的大規模槍擊案之一。案發一個月前，這名學生在社群媒體上表示他的目標就是成為一個「血洗校園的專業槍手」。在社群媒體上貼文並不構成犯罪，沒有人逮捕他，但是這篇貼文傳達的究竟只是單純的妄想，抑或是真有殺人的意圖呢？令人難過的是，現在我們已經很清楚答案是什麼。

我們確信每個人都該為自己的行為負起責任，而非他們的念頭。但是就算這個信念如此真確，也依然有其缺漏之處。單純的念頭，全然存在於空想之中，連被人察覺都不可能，更別說要對其提起控訴了。但如果是被表達出來的念頭，例如寫下來，或是用任何一種方式和其他人討論過，就不再是祕密，也不再是檢調無法觸及的空想。它們不但反映出蓄意的惡念，同時也結合了具體的行動，非常可能成為實際的犯行。

事實上，聯邦刑事法的共謀罪定義是，二人或二人以上會面共同商討進行觸法行為之可能性。這個定義不需要有實際的行動，只要有人表達出犯意，並且獲得另一人的接受與認同，即算是共謀。我們的社會（及國會）認為，這樣的「想法」不但令人遺憾而且危險，同時也可視為犯罪並進行起訴與懲處。

所以，我們該如何處理任何尚未造成傷害的危機呢？這種困境在恐攻威脅中尤其明顯。舉例來說，南區檢察官辦公室對克羅米提（James Cromitie）所提起的控訴，就因此造成了軒然大波。

我們握有明確的證據顯示克羅米提計畫要炸毀一間位於瑞佛岱爾的猶太教堂。二〇〇八年，我們的主嫌克羅米提跟一位假扮成巴基斯坦商人的聯邦調查局臥底線人胡珊說，他想要對美國「做點什麼」。聽到之後，胡珊對他表示自己有興趣加入穆罕默德軍（Jaish-e-Mohammed）這個外國恐怖組織。到了十一月，克羅米提針對一起攻擊猶太教堂的事件如此表示：「我討厭這些王八蛋，這些猶太混蛋。」接著說自己也想要摧毀一座猶太教堂。

到了二〇〇九年四月底，克羅米提與即將成為他同謀共犯的大衛．威廉斯四世（David Williams IV）、翁塔．威廉斯（Onta Williams）和拉格瑞．沛恩（Laguerre Payen），一致同意要以炸彈攻擊一間位在瑞佛岱爾的猶太教堂，以及在紐堡「擊落」一架軍機。這群人從胡珊那裡取得了三個他們以為內含C4塑膠炸彈的簡易爆炸裝置，以及史丁格地對空巡弋飛彈。兩天後，這群被告就把這些假炸彈放在瑞佛岱爾的兩個地方。

這群人並不是史上最詭計多端的壞蛋，也不是最狡猾的恐怖分子，只是一群在窮困生活中載浮載沉的人。四位被告都不具備與炸彈或武器相關的經驗和專長，他們的計畫從頭到尾都是在聯邦調查局的配合與監控之下完成的。再怎麼說這都是個安排好的騙局，沒有人真的身陷危險之中。儘管他們聲稱自己是伊斯蘭教徒，但克羅米提還得別人告訴他才知道，穆斯林每日祈禱時必須朝向位於聖城麥加的清真寺卡巴天房敬拜。翁塔．威廉斯是個毒販，沛恩看起來應該是個思覺失調症患者（他在家裡存放了好幾瓶自己的尿），而且以為要有護照才能去佛羅里達州觀光。他們可能不是史上最聰明的恐怖分子，但是看起來確實很認真地想要執行恐怖攻擊。

法官麥可馬洪（Colleen McMahon）對這次的起訴行動充滿了批評：「只有政府才有這個能耐把克羅米提先生變成一名罪犯，這個男人小丑般的行徑充其量只不過是莎士比亞舞台劇的程度罷了。」對於這樁罪行，麥可馬洪法官是這麼說的：「這是在政府的煽動與計畫之下才得以實行的犯罪。」當她不得不依照相關法律的強制量刑標準將這四個「滑稽小丑」全數判處二十五年刑期時，她對這四人的形容是：「這只是幾個被雇來犯罪的小混混，他們本身既單純又無知。」

我們是否應該起訴那些外表看似無害，內心卻包藏惡意，明白表示想要殺害美國人的蠢蛋，儘管他們根本沒有這個能耐？這幾年陸續出現在紐約、倫敦、巴黎以及其他各地的血淋淋教訓都告訴了我們，就算是沒有任何裝備但有心想要傷害他人的人，不需要任何武器，只要有一輛車或一把刀，就可以驚嚇並殺害許多人。這種行為不需要經過計畫、特別的專長、特殊的能力，只需要一個邪惡的念頭，再加上幾秒鐘的時間開車衝撞人群，或是拿刀刺殺通勤列車上的乘客。

這不只是假想的狀況而已。從二〇一七年萬聖節發生在曼哈頓下城區的案子中就可以充分證明這一點：薩伊波夫（Sayfullo Saipov）是個二十九歲來自烏茲別克的恐怖分子，他開著租來的貨車，在世貿中心附近猛力衝撞腳踏車道上的人群，造成八人死亡，十二人受傷，也成為紐約市自九一一事件後傷亡最慘重的恐怖攻擊。我的前同事在這件案子的審判中，向法院求處薩伊波夫死刑。

執法人員所接受的訓練，會讓他們持續不斷在腦海中浮現「天理不容」這句話：這個人做這件事真是天理不容。就是因為我們沒有採取任何行動，才讓這個滿嘴歪理的厭世者殺了人，真是天理不容。薩拉耶夫（Tsarnaev）兄弟在波士頓馬拉松炸死了三個人，真是天理不容。

當可能發生的傷害近在眼前，只要是檢察官都會積極地去處理，畢竟誰知道哪個威脅會被付諸實行，哪個僅止於說說而已？這就是為什麼只要是對總統做出「威脅」——無論是隨口說說或是看起來完全不可能，都會有國安局人員找上門來。他們不一定會逮捕人，但是一定會進行調查，跑到你家的大門前，評估威脅的真假程度，接著中斷或是仔細審查你的行動。絕大多數對總統所發出的「威脅」並不會被起訴，但都會受到國安局一定程度的調查。有時候，就算被威脅的對象不是總統，也應該要這麼做才對。

有位主審法官曾因為一場審判而引來騷擾。這位佛瑞斯特法官（Katherine Forrest）負責主審厄爾布齊（Ross Ulbricht）的案子。厄爾布齊是「絲路」這個在線上販售毒品、武器和其他違禁品的黑市網站經營人，他被起訴的七項重罪全部成立，佛瑞斯特法官判處他無期徒刑，並需繳交一億八千三百萬美元的賠償金。在他的審判進行期間以及被判刑之後，佛瑞斯特法官成了飽受欺凌與騷擾的受害人。她的社會安全號碼被匿名公布在一個叫做8chan的暗網網站上，住家地址也被公布在網路上，那些騷擾者還謊稱該地址遭受攻擊，打電話要特警部隊前往，也有人把炭疽病毒送到她家去。

她還收到了一連串來自Reason.com這個反政府自由主義網路媒體讀者的威脅。於此同時，她的丈夫和辦公室都收到了許多不祥的攻擊預告，她（還有我們）有非常充分的理由擔心自己的人身安全。二〇一四年十月，就在厄爾布齊遭判刑定讞之前，一位網站使用者打電話給一個毒梟，要他「殺了這位女士和她全家」。二〇一五年五月，這群網友發出一連串的威脅：「這種法官應該拖出去斃了」、「把她丟進碎木機裡碎屍萬段」、「在法院大門口射殺他們，讓他們死在法院大門前的階梯上」。

我們南區檢察官辦公室非常積極地採取行動，對六位在網路上張貼威脅話語的Reason.com用戶發出了傳票。檢察官採用了禁言令（這通常是暫時性的舉措），好讓Reason.com無法在執法人員尚未找到主要嫌疑人，並判定這些威脅的真實性之前，公開討論收到傳票之事。儘管佛瑞斯特法官並不是美國總統，但這麼做既是慣例的程序，也非常符合當下的情況。順帶一提，有關討論謀殺的言論，其實沒有什麼人重視。我從自由主義期刊沒完沒了的反對文章中學到了這一點，我們被指控是「政府霸凌」，違反了憲法第一修正案中的言論自由權，若用自由主義人士的話來說，就是「為言論自由帶來了令人恐懼、心驚膽跳的效應」。

有意與無心之間的那條界線非常難以掌握，而對某些職業的人來說，你不會想要冒這個風險。念頭與行動之間的劃分並不是那麼清楚明確，這就是風險評估的本質：當負責維護安全的人發覺，在想像與現實的混沌不明之間，有人精心規劃了一件尚未付諸實行的壞事，究竟什麼時候應該要採取行動？以下就以我們處理一系列恐怖罪案的方法來回答這個問題。

如果你的心臟不夠強壯，請跳過以下的段落。

凱瑟琳．曼根（Kathleen Mangan）與吉爾博托．瓦列（Gilberto Valle）是對年輕的新婚夫妻，居住在紐約市皇后區，育有一個小女嬰。就和許多婚姻一樣，隨著時間過去，夫妻間的親密行為就會逐漸減少，最後來到讓曼根感到不滿的地步。有一天她鼓起勇氣提出這個話題，瓦列只是直接丟出一句評語，他覺得曼根不夠「變態」。她興致勃勃地想要配合丈夫：「你想要我怎麼做？用毛茸茸的手銬嗎？」瓦列回答：「不，那還不夠變態。」

之後狀況並沒有改善。瓦列幾乎不到床上睡，日復一日，他寧願整晚都待在筆記型電腦前，一直到破曉時分。曼根終於生氣了，同時也懷疑瓦列出軌，於是她在他的電腦裡安裝了偵查軟體，監看丈夫每天晚上究竟在網路上做些什麼。

二〇一二年十月的一天早上，趁著瓦列還在睡覺，曼根溜進客廳想要看看她安裝的偵查軟體挖掘出了什麼祕密。她坐在書桌前，登入了筆記型電腦，心臟一邊狂跳一邊看著得到的結果。她很快發現，瓦列並沒有對她不忠……但這只是個微不足道的安慰。

她所發現的事實比外遇要糟太多了。

隨著捲動螢幕上的照片和祕密電子郵件，曼根不敢相信自己雙眼所見。她實在太過震驚，當下唯一能夠想到的就是拔腿逃出家裡，永遠都不要再回來。她跑到對街的公園裡，打了通電話給住在拉斯維加斯的父親，父親要她先回去把電腦拿出來，然後趕快去機場，他會幫她準備好機票。就在與醒來的丈夫激烈爭執之後，曼根什麼都沒有帶就離開了，只有手中緊緊抱著十八個月大的女兒。在驚慌失措出逃時，她連女兒的玩具和推車都沒有拿，可以說是把所有家當都丟下了。

曼根在檢查電腦時究竟看到了什麼？那個恐怖萬分，讓她的一生就此改變的發現是什麼？

先不提其他的，她看到了一些非常可怕的照片，裡面有著好幾具腳與身體分離的屍體，還有一個已經死掉的全裸女人滿身是血，被串在鐵籤上火烤。看起來，她的丈夫是個非常重口味的食人魔，瓦列一直沉迷於造訪像是「暗黑癖好網」這樣的網站，這是個充滿了邪惡與暴力性幻想的巢穴，也是一個線上聚會空間，讓大家分享有關綁架、強暴、切割人體、吃人肉的照片和相關計畫的地方。而瓦列是這些「幻想」聚會的常客。

曼根的恐懼不僅來自於這些照片，還看到一系列瓦列在網站上與別人聊天的內容，也發現了他使用的一個祕密電郵帳號。曼根鉅細靡遺地讀了瓦列與其他人討論如何綁架、強暴、虐待、殺害——以及吃掉活生生的女人。

而最令她驚恐的是，瓦列在一封電郵裡面寫道，他一想到可以如何折磨、殺害並吃掉太太，就覺得口水直流。

曼根後來在法庭上作證這個極盡暴力的計畫：「我的雙腳會被綁起來，喉嚨會被劃破，然後他們會興高采烈地看著血從我身上噴出來，因為我還年輕，萬一到時我開始哭喊——他說，如果她哭喊，就當作沒聽見，不用手下留情。吉爾（也就是瓦列的暱稱）只說，沒關係，我們可以掐住她的脖子讓她發不出聲音。」

以下還有更多曼根的證詞，內容與其他可能的受害者有關：

「蘿娜和金會分別在彼此面前被強暴，這樣才能讓她們的恐懼更加倍，安德雅則是會被活活燒死。他談到要設計一種裝置，好讓這些女孩們能夠被串在鐵籤上更久的時間，然後還說要每隔三十分鐘輪流把她們放下來，這樣她們可以活更久，就可以虐待更長的時間。他們還談到要如何把她們串在鐵籤上，後來決定要著手製造那個裝置，因為覺得到時候這些女孩會活著，並且從頭到尾清楚感覺到深深的恐懼，根據他們的說法，這才是最有意思的地方，另外也談到要如何將鐵籤穿過她們的子宮。一次又一次，他不斷重複地說著女孩們所承受的痛苦就是他最享受的地方，他想要讓這種快感盡可能維持愈久愈好，他還說，對此他全然沒有任何悔意。」

這些內容讀起來實在讓人很難受。現在，想想如果這個男人是你的另一半、是你孩子的父親，而且很不巧地，還剛好是位紐約市警，擁有強大的後盾和槍械保護。是的，吉爾博托是曼哈頓二十六分局的警察。

再想像一下：這些聊天內容談的都是你認識的人。我們來看看瓦列與麥可·凡·海斯（瓦列稱他為「海麥」）兩人之間，針對曼根的前同事艾莉莎的對話。

瓦列描述他會如何「在她的公寓門口綁架她，然後把手腳綁起來，塞進大型行李箱裡」。他計畫要和海麥一起強暴艾莉莎，還補充說會「把她身上的衣服都留著」，好讓海麥「可以享受拆禮物的樂趣」。經過考慮之後，凡·海斯提出他想要把艾莉莎吊起來，瓦列則回答：「你決定就好，她是你的。我一點都不在意她會不會覺得痛或是難受，反正我晚上一樣可以睡得像寶寶一樣甜。」

曼根來到拉斯維加斯後，就向聯邦調查局舉報了這件事。這條線索轉而交給了人在紐約駐地辦公室的特別探員安東尼·佛托，而我們南區檢察官辦公室的哈達薩·維克斯曼（Hadassa Waxman）接下了這件案子。在之後的幾年之間，哈達薩和佛托兩人，與檢察官庫吉涅拉（Brooke Cucinella）、傑克森（Randall Jackson）以及其他人，都會持續待在這個充滿了變態性幻想、妄想，以及潛在共謀綁架殺人的世界中打轉。

一開始，我們必須先決定是否要進行調查。目前沒有人被攻擊，沒有人被威脅，沒有人被綁架或被吃掉。暗黑癖好網是個供人上去描述自身幻想情節的網站，硬要說的話也可以這麼看，這個網站只是讓那些擁有異端喜好與慾望的人有一個可以去的地方罷了。當然，這些人並非全都是罪犯，至少在憲法第一修正案具有效力的地方不是。

之後有人將這起案件的為難之處做了這樣的解釋：「有些幻想就純粹只是幻想而已，有些幻想卻會成真。」這對我們進行接下來的調查至關重要：這些幻想是否成真了？

這裡有三個非常重要的考量。首先，瓦列幻想的對象並非虛構人物，或是難以企及的名流人士。這些強暴與謀殺言論都是針對特定的女性，她們是他實際認識的人，而且因為他是警察，可以違法從紐約市警的資料庫系統中查出她們的住所何在。第二，他的「幻想」跟盜刷信用卡或盜用公款相比，情節實在嚴重太多。他談論的是令人髮指的罪行，依照聯邦法律足以判處他死刑。第三，瓦列並不是那種整天窩在老家地下室的反社會孤僻分子。他是個配槍執勤的現任紐約市警官，而且反覆不斷與他人進行有關要殺害並食用某幾位特定人士的對話。

於是我們啟動了此案的調查。

聯邦調查局快速出動，試圖找出這個幻想是否有成真的跡象。在很短的時間之內，他們就認為確實如此。瓦列定期與其他幾個人保持聯繫，看起來是在一起計畫這樁毛骨悚然的暴力行動，而且他也採取了實際的作為：

- 他在網路上進行了好幾次像是「如何用氯仿迷昏女孩」與「如何把人塞進烤箱裡」這類的搜尋。
- 他花費了好幾個小時規劃綁架金柏麗．莎爾的方式，她是他大學時期認識的人。瓦列還在電腦裡製作了一份檔案，取了個沒有什麼想像力但一目瞭然的標題：「綁架並煮食金柏麗之大綱」。
- 他去了馬里蘭探訪他的目標人物金柏麗。
- 他被發現跟蹤妻子在其任教學校所結識的女性友人。
- 他在網站上分享他認識的女性照片及特定的細節資訊（包括年齡、體重、身高、個資）。
- 他違反警察法規濫用紐約警察局的資料庫，搜尋並取得潛在被害人的資料，而且自己也稱這些對象為「被害人」。
- 他跟好幾個在線上聊天的人表示他是認真的。
- 他和另一名男子交涉以四千美元的價格綁架艾莉莎．費瑞西亞，後來價格漲到五千美元。

● 他詳細閱讀了烹調人肉的食譜。（沒錯，網路上真的有教你如何烹煮人肉的食譜，而且不是每一份都建議你搭配蠶豆和義大利奇揚地紅酒。）

此外，瓦列不喜歡保持沉默，他經常和另外三個人談起他的計畫：穆迪・布魯（Moody Blue）、麥可・凡・海斯和阿里・康恩（Aly Khan）。

換作是你，面對這些證據會怎麼做？如果我們當天就提起共謀的指控，哪一方會站得住腳？是檢方？還是被告？

我們沒有採取逮捕行動，而是決定密切監視瓦列，同時繼續尋找更多證據。我們相信他已經越線跨入了犯罪的領域，但是若能有更多證據會更好，一向如此。無論你是否認為瓦列跨越了那條界線，他絕對已經準備好了，而且不但有意願這麼做，更有這個能力。我們認為是時候派臥底探員來推他一把了。就算不是由聯邦調查局的臥底探員來擔任催化劑的角色，其他人（比方說他在網路上的夥伴）也非常有可能會這麼做，並且製造出失控又難以掌握的狀況。

按照慣例，聯邦調查局都會在這類進行中的案件安插臥底，因為我們希望是由自己來引發事件，這樣就可以控制整個狀況，避免造成真正的傷害。策略是找一位臥底探員測試瓦列究竟準備好要做到什麼程度，接下來我們會派出誘餌，也就是一位能讓他和同夥看得上眼的潛在被害人。我們也想要搜集竊聽證據，所以可能會請曼根穿戴上竊聽器去和丈夫接觸。有了對瓦列的全面監聽與監視，我們可以保護大眾的安全，也讓案子鐵證如山，證明這毫無疑問是犯罪行為。

但我們沒有等到這個機會。

有時候，目標也有自己的計畫。紐約警察局的政風處告訴我們，瓦列突如其來向局裡請了十天休假，這讓跟監變得十分困難。同時，他開始出現憂鬱的徵狀，憂鬱的瓦列是危險的瓦列。我們非常擔心他會去哪裡、會做些什麼事，得快速做出決定，現在該起訴他了嗎？

在決定要扣下扳機並提出指控的連續狀態下，時機很有可能言之過早，但你總是得不斷在「害怕猜錯方向」，以及「等太久而造成傷害」之間做出平衡。每一個司法機構都必須清楚自己的使命為何，也必須做出決斷該如何行動，以及何時行動，就算資訊尚有缺漏且不完整亦是如此。

我們決定以共謀綁架的罪名將他逮捕。由於調查被迫提早結束，來不及安裝竊聽裝置，也沒有等到實際的罪行發生，我們沒有他到商店裡購買綁架所需材料的證據，也沒抓到他購買氯仿。我們有他談論要切割女人和把人吊起來的紀錄，但是沒有找到刀子和繩索，然而我們還是逮捕了他。

你可以想像，一個紐約市警局的「食人魔」警察，這種怪物對八卦小報來說是多麼難以抗拒的話題。連續好幾天，新聞媒體的大肆報導中都有吉爾博托·瓦列的大頭照，老實說，他看起來比較像是隻泰迪熊，而不像知名小說人物——漢尼拔．萊克特博士。

瓦列由相當能幹的聯邦政府公設律師代表辯護，案子也上了法庭進行審判。在審判中，陪審團看起來非常受到案件的吸引，也對主要證據的邪惡程度感到作嘔。陪審團深入討論了大約十六小時，就將瓦列定罪了，這對我們來說是合情合理的事，也是正確的決定。

但故事還沒有結束。這場審判的法官建議辨方提出標準的無罪判決聲請，這是所有被告在每一場聯邦審判中最後都會做的事，極少見有法官會同意，而且通常立刻就會遭到否決。我們覺得很奇怪，幾個月過去了，判決遲遲沒有下來，在過了十五個月之後（這段期間瓦列持續在監禁之中），法官撤銷了陪審團共謀綁架有罪的裁決。所有人聽到後都非常驚訝：我們很驚訝，凱瑟琳．曼根很驚訝，陪審團的成員也很驚訝。後來其中一位陪審員說：「判決遭到法官撤銷的時候，我覺得自己被背叛了。」

這位法官的觀點是，瓦列的幻想並沒有演化成真實的罪案。整件事情之中有太多令人難以分辨真假虛實的討論，卻沒有什麼實際的行動，整件事情經歷的時間太長，能區分現實與幻想之間的差異又太少，所以他的判定是，沒有任何一位明智理性的法官會認為瓦列的共謀綁架罪名成立。除了這個理由之外，法官也提出了一個又一個案例，有太多案例顯示，儘管嫌疑人擬定好了綁架計畫，但日子一天一天過去，卻始終沒有任何事情發生。所以法官將瓦列釋放了。當時我們對此事反應相當激烈，所以就提起上訴，結果還是輸了。

當然，瓦列丟了紐約警局的工作。不過他可沒閒著，被釋放後寫了一本回憶錄、簽了合約要寫一本關於食人者的小說，還在一部紀錄片中被以充滿同情心的角度，進行了篇幅頗長的採訪。

對瓦列的案子我想了很多。我在腦子裡將所有可能的狀況都模擬了一遍，儘管法官還是決定判定瓦列無罪開釋，我依然很確定我們做了正確的事。事實上我相信，當時如果沒有起訴，才是不負責任的做法。我不知道有多少檢察官在看到眼前那些事實時，能夠不起訴。我們自己在區分那些變態對話中有多少真實的犯案意圖時，內心也承受了因極大的拉扯所產生的痛苦。

一方面，我是否認為是釋放瓦列是司法的一大失誤呢？事實上，我不認為如此。我並不同意這位法官的看法，我們的起訴是公正有理的，如果再來一次我還是會這麼做。但是我相信這些看法，同時也很高興大家願意針對「什麼是幻想，什麼是現實」進行複雜的辯論。究竟該起訴還是不該起訴，這個問題很難回答，特別是當你被迫不得不採取行動時，就如同我們當時一樣。

當然，我們不能只憑一個人的念頭就起訴他。但如果將現實狀況納入考量，光是保持理智不停地在心裡複誦「不要起訴思想犯罪」這句箴言，並無法解決任何問題。

事實就是如此，暗黑癖好網的訂閱者有好幾千人，我們不能通通把他們抓起來。很多人可能只是單純在幻想，但也很有可能少數人未來會真的付諸行動——或是早已付諸行動了。更令人擔心的是那些目前還處在幻想階段，但未來某一天真的將幻想付諸實現的人。我們該如何監管他們呢？

對於一個公正的司法犯罪系統來說，被告並不需要證明自己犯了罪。被告並沒有被要求提出證據表示他未來會或不會做出什麼事，但當潛在危險提高時，那些負責維護大眾安全的人就得更積極、迅速地採取合理的行動。

正如我之前曾經提過，我們主要專注的要點有三：瓦列幻想的對象是現實中真正存在的人，並非虛構；他所幻想要做的事情是處以死刑的重罪，而不是輕微的違法行為；他是配槍警務人員，不是對人無害的繭居族。在我們有機會進行竊聽或是安排誘捕行動之前，是不是應該要先將這些相關因素納入考量來決定是否起訴呢？

這是個很有趣的問題，而如果我們更改了其中的細節，答案是否就會不同？

如果一位普通的公民在網站上和別人聊天，說他要從公司盜取公款。我們會不會只依照手上現有的資訊就行動呢？大概不會。在（根據你自己的看法）判斷犯罪情節純粹只是想像，或者真的是要預謀犯案而盡快進行起訴時，要做到什麼程度才能算是公平公正呢？你應該在這樣的行為到達什麼程度時，出手干涉呢？並不是每一次的謀殺幻想都會造成他人死亡，也不是每一次有人死亡都是因為變態的幻想所致。我們要如何知道界限何在呢？

值得爭論的一點是，如果你會因為想像絞殺某人而產生性興奮，那麼很可能你真的去絞殺某人時會更加興奮。有一個人相信這樣的說法，那就是凱瑟琳·曼根。她後來傳了個訊息給瓦列：「我覺得有一部分的你想要我回去，但另外一部分的你想要殺了我。我不知道哪一個你才是真的你，恐怕我根本不認識真實的你。」她的看法對整件事有多少重要性呢？

我們還是做了決定，以手上現有的證據起訴了瓦列，而最後他被無罪釋放了。

邪惡並不是罪，但或許它讓起訴這個決定更容易些。

但是，故事到此仍然還沒有結束。

你可能會想知道跟瓦列在網站上聊天（並被控同謀）的另外三個人後來怎麼了。他們也只是純粹在幻想而已嗎？

其中一人，阿里·康恩，消失在巴基斯坦沒有任何消息。

另外一個是名叫戴爾·波林哲的護理師，也就是網路化名的穆迪·布魯，他之後試圖性侵未成年少女未遂，這次可不是幻想了，他被判刑九年，在英國的監獄中服刑。

第三個是麥可·凡·海斯，也是三人組之中唯一的美國人。在瓦列剛被高調逮捕時他的狀況也岌岌可危，但之後他又再度回歸，在網路上繼續談論令人作嘔的綁架、強姦和謀殺話題。於是他給了我們機會進行來不及對瓦列做的所有事，我們對他進行竊聽，調查了更多封電子郵件，還派出一位臥底，負責在暗黑癖好網與我們的目標繼續聊天。

我們也因此開始監視新的三人組，他們的聊天內容和行為舉止，都和之前的瓦列非常相似。除了凡・海斯之外，另外兩個人分別是梅爾茲（Richard Meltz），一位前任警長，以及艾許（Christopher Asch），之前是紐約史岱沃森中學的圖書館員，但因為不適當觸碰小男孩而遭到開除。我們現在針對凡・海斯、梅爾茲和艾許火力全開地進行調查。

就如我們原本計畫要對瓦列所做的，在最後階段找一位聯邦調查局臥底探員當誘餌好引他們上鉤，讓她成為他們的「被害人」。聯邦調查局派出了一位年輕、高䠷的金髮女探員來扮演這個角色，根據那位負責和三人組聊天的臥底探員的轉述，她很「火辣」而且「屁股很翹」。接著我們安排了好幾次的會面，臥底探員與艾許約好在三月十三日討論如何綁架這位被害人，這次艾許帶來的就不只是幻想了。

他帶了一只白色的包包，裡面裝了紐約的地圖、在賓州舉辦的槍枝展覽會名單、一份名為「建築材料」的清單，上面列出各種綁架所需的工具，還有性虐待器具相關的讀物。袋子裡還有皮鞭、夾鉗、皮束環、老虎鉗、手銬、注射筒，以及多慮平（一種抗憂鬱藥物，通常用來使人入眠）。四月十四日，在梅爾茲的指示之下，艾許購買了一把電擊槍，隔天三人便跑去對「被害人」進行跟監行動。艾許這次也隨身帶了個包包，裡面裝的是漂白水、擦拭用酒精、乙烯基、皮手套和乳膠手套、封箱膠帶、繩子、老虎鉗、牙醫用撐開器、擴張器，以及前面提到的那把電擊槍。

他還帶了烤肉叉。

現在我們手上掌握的不只是空談，而是犯案用的工具。我們在那位法官無罪開釋瓦列之前，就逮捕並以共謀綁架罪起訴了這三個人。這些人後來的遭遇如何呢？梅爾茲認罪，被判處了十年的刑期。凡．海斯和艾許兩人則是在審判時被判有罪。這一次，也有人在法官嘉德芬（Paul Gardephe）面前大力維護同樣的幻想與思想犯罪論調，卻令他非常反感，拒絕撤銷定罪判決。這位法官是這麼說的：「控告瓦列共謀罪的論據主要來自於謊言和明顯可見的幻想，而凡．海斯、艾許、梅爾茲三人的共謀卻是有確實的證據。」接著法官也列舉了兩者之間的幾項差別。在第二個案子中，這三個人實際上有出來碰面聚會，而在瓦列的案子裡，並沒有這樣的狀況。他也陸續提出瓦列案子中的幻想成分，用以作為區別。

艾許被判入獄十五年，凡．海斯則是七年。

每一個遭到起訴的人要被定罪，都必須仰賴特定的證據，這是固若基石的原則。法律中並沒有連坐罪這回事，而且也不應該有。但是在這件案子裡，證據顯示有問題的並非只有瓦列，還有被指控與他最密切談論此事的凡．海斯，所以我們鎖定的不太可能是錯誤的對象。

時機決定一切。如果有機會，瓦列會不會就像凡．海斯一樣，採取進一步的行動呢？我們永遠都不會知道。至少，我絕對希望不會。

放手

如果檢察官行事完全依照法律和憲法的規範，我們會生活地獄之中。斟酌、判斷力、智慧，以及堅定也一樣非常重要。法律機構並不是一切爭執終止的地方，反而是開端。自我約束之中有其智慧與正義，如果沒有身體力行，謹慎斟酌也只不過是個空泛的概念。職責給予的並不只是權力的運用，還要考量到公平與比例原則。這對所有領導人來說皆是如此，因為任何一個將生殺大權發揮到極致的領導人，都是獨裁者。

最困難的決定，就是放手。但有時候這就是司法正義所必須的舉措。比起勇往直前，放手需要更多的力量。讓我們來看幾個例子。

首先是那些情節低微的小罪。

我的好朋友安．米爾格姆（Anne Milgram）是前紐澤西州檢察總長，她年輕時曾是曼哈頓的地方檢察官。在當時，要搭紐約市地鐵需要使用金屬代幣，有時這些代幣會卡在閘門的投幣口裡。偶爾會有些騙子想要佔這個設計瑕疵的便宜，貪點小錢，有兩個方法可以這麼做（都很噁心）：你可以用吸管，或者更省事一點，直接用嘴巴把硬幣從投幣孔裡吸出來。而安對於起訴這類案子的法律分析是這樣的：「如果你願意這麼做，那麼這錢就是你賺來的。」這個說法很有邏輯，但按照規定你還是得去起訴這些案子。

一定會有人極力支持對所有低階犯罪都提起控訴，他們也有其立論根據。其中最有名的學院派想法就是與社區治安相關的「破窗理論」，這個理論的重點就是，如果所有被認為輕微的小罪都能起訴，長期累積下來，就能對社會秩序以及社區安全帶來貢獻。這一點我明白，在某些時候和某些地方，這個理論確實很有道理，但是我們也有可能做得太超過。

就在捷運卡取代了代幣之後，還是持續有人翻越收票閘門逃票，不過曼哈頓地檢署在二〇一八年宣布，他們不會再起訴這類案件。就我看來這是個相當好的決定，而且不太可能因為這個決定而使得翻閘門逃票的犯罪率陡然攀升。

我還是個菜鳥檢察官時，有位同事當時正要起訴一個逃獄的犯人，我不記得那個犯人的名字了，在這裡我們姑且叫他哈利吧。以下是一些基本事實：哈利在經過合法的逮捕與正常的訴訟程序後遭到定罪，被關進了聯邦矯正機構裡。有一天，他從監獄裡逃走了，他的逃獄是蓄意而為，而且最後也被抓到了。哈利的精神狀況完全正常，沒有獲准休假，也不是因為任何意外的狀況而離開了他被關押的監獄。哈利完全沒有合法的辯護理由。這個案子就是如此一翻兩瞪眼。一般來說，逃獄是很嚴重的罪行，而且也應該如此，所以我的同事因為職責所在，必須起訴他。

現在讓我們來看看更全面的事實：哈利逃走的那所監獄是位在奧提斯維爾的聯邦矯正機構。奧提斯維爾並不是惡魔島監獄或辛辛監獄，它只是一所中等安全戒備的監獄。這所監獄裡的店家是一間熟食店，旁邊還有一個最低戒備的營區，而這裡就是哈利被關押的地方。有時候，這裡的警備確實非常鬆散。

這個一翻兩瞪眼的案子送到我同事辦公桌上時，便有著無可辯駁的證據，哈利確實逃獄了。但他並不是真的想要逃走，至少不是打算永遠都不回來。可憐的哈利，他被監禁在奧提斯維爾已經有一段時間了，偷偷從監獄裡跑出來是為了要滿足人類最古老的需求——他跑出來是為了性，而且是跟自己的老婆上床。他只偷跑出來幾個小時，當晚就試著溜回監獄裡去。沒錯，在回家享受了一段自由時光之後（我們也希望他成功履行了夫妻間的義務），他就自己回來了。沒想到他趁著夜色的掩護偷偷溜進營區時，被守衛抓個正著。

這裡的法律分析很簡單，一切不證自明。法條寫得很清楚，證據也無可反駁，起訴他就對了。我猜想，對這個事實的爭論點會是這樣的：如果你從收銀機裡偷了二十塊錢，就算後來把錢還回去，你還是一樣犯了罪。基本上，這就是我們決定是否要起訴哈利時所依循的原則。

但你猜後來怎麼了？大陪審團不買帳，他們有自己的智慧，拒絕起訴這個案子。而我現在確實認為他們做得真好，雖然當年的我並不認同。

若你想要遏阻越獄，這裡有個有效論點。我自己在身為檢察官時處理過許多更為嚴重的越獄案件，但現在回想起來，這種案子其實可以透過像是關禁閉的處罰方式來進行懲戒，或是讓違法離開監獄的受刑人暫時無法享受某些權利也行，並不需要在這位受刑人身上多加一條越獄重罪，畢竟他只是在完全沒有人發現的狀況下偷跑出監獄，然後又自己回來了。這個人不是矮子古茲曼（譯註：El Chapo；墨西哥毒梟，全名為華金・古茲曼・洛耶哈（Joaquín Guzmán Loera）綽號「矮子古茲曼」，曾自戒備森嚴之監獄成功越獄兩次，其中一次甚至長達十三年才再度被捕。目前關押於美國科羅拉多州監獄中）或電影《刺激一九九五》裡的角色，在牢房底下挖了一條隧道準備要逃亡。有時候對檢察官來說，放人一馬也是種公平正義。

一碰上違法事件就起訴到底並不是伸張正義的做法，就算我們談的是日常生活中觸犯「規定」的違法行為也一樣如此。就像大家耳熟能詳的一句話所說，不需要把所有違法行為都升級成為聯邦案件，而我們所有人都隨時謹守這個原則。根據情況，我們總是會寬恕善意的謊言，也經常在口頭警告之後就把人給放了。在生活中給予他人太多寬容和慈悲，可能會讓人失去對規定與紀律的尊重，法律也是一樣，但是，對任何一件被抓到的違法行為都進行賈維式（譯註：Javert 為法國作家雨果知名作品《悲慘世界》中的一位警探，執著於追求司法正義而毫無憐憫與同情之心）的嚴格懲罰，也同樣有害。

要如何處理一般日常中的輕度違法事件呢？基於政策，有幾種類別的案子是我們不會起訴的。舉例來說，雖然聯邦法律認定單純持有毒品就算犯法，但實際上我們從來不曾起訴過這類犯行，因為認為這類案件不值得花時間和精力去起訴，也不值得為了非暴力的輕度違法行為而讓法院忙不過來。

可能的情況是，我們根據竊聽資訊準備逮捕五個犯罪情節重大的毒品走私犯，而在進行逮捕時卻發現有第六個人在場，這個人並沒有參與毒品的走私，但身上持有幾克自己要吸的海洛因。儘管依照法律我們絕對有權限可以起訴這個倒楣的第六人，但實務上幾乎一定會放他走，也不會通報地方檢察官。為什麼？因為他的罪名只不過是持有毒品，而要起訴人，我們得考慮檢察機關的資源問題，但在這種時候必須謹慎斟酌，因為這也是個非常重大的判斷。

另外一個例子是，偶爾我們在處理案子時會碰上全世界最低劣的那種人：人口販子。這種案子起訴的主要對象是那些暴力犯罪分子，他們威脅、迫害並奴役他人從事性產業，我們不會起訴那些賣淫的娼妓，而是將他們視為被害人。即便賣淫是地方檢察官經常會進行起訴的罪行，我們也不會通報。值得一提的是，在某些情況中，反而是那些去光顧妓院的人，也就是俗稱的「嫖客」會遭到聯邦法院的起訴。同樣地，我們也定下了政策決定既不起訴也不向地方檢察官通報這些人。

二〇〇八年，在我接掌紐約南區檢察官辦公室之前，當時的紐約州長史匹哲（Eliot Spitzer）被抓到安排了好幾個女人從紐約州各個不同地區，前來與他進行性交易，引起軒然大波。紐約南區檢察官辦公室起訴了這個名為「帝王貴賓俱樂部」賣淫集團的經營者，也開始調查史匹哲是否動用了選舉經費或公共基金來支付他的嫖妓費用。但是沒有找到任何證據。當時的問題在於該如何處理史匹哲，因為技術上他確實是犯下了與賣淫相關的罪行。

但就如同我所說的，我們長期以來都有不起訴嫖客的政策。我們是否應該為了對象是在任州長而打破這個原則呢？美國聯邦檢察官賈西亞（Michael Garcia）最後決定我們不應該這麼做，所以發了公開聲明為此做出解釋：

「基於司法部針對賣淫相關罪行所制定的政策，以及檢察署長期以來的操作方式，同時也考量到史匹哲先生願意為自己的行為負責（包括辭職下台），我們的結論是，公眾利益並不會因我們對此事提起刑事告訴而有任何增進。」

有部分人並不喜歡這個決定，他們希望把史匹哲關起來。當時我還不是聯邦檢察官，對該案的相關事實並不是非常清楚，但從當時的情況來看，對此案放手應該是公平且正確的決定。

放棄起訴某些案子的原因通常都是「缺乏資源」。將執法人力用於輕度罪行上的成本確實相當高，再加上不起訴也有著合法的依據，但是這個人力資源的論點也可能欠缺了道德倫理上的考量。「謹慎行事」是防止將人或事過度犯罪化的堡壘，這麼做代表你知道那些通過法規的立法人士多半懶得想太多，所以一味將處罰刑責提高（而謹慎行事在這個情況下，也是一個不完美的補救方式）。所以，就某個角度來說，基於資源分配的考量來做決定，能讓更多的個人判斷不會那麼明顯受到外界的質疑，也避開了對道德觀的爭論。決定不追究逃票的人並不光只是因為資源的關係，同時也是因為考量到懲罰所會造成的種族歧視，以及對某些特定族群的不公。

反過來看，上述這些還有另外一面。有時候執法單位必須仰賴法律規定來避免過度「斟酌」，並藉此傳達出他們除了遵守法規之外無計可施的印象，即便你還是可以採用斟酌的做法，但按照法律的規定，你必須施以格外嚴厲的舉措。這個一切以法律規定為準的心法，可能會掩蓋個人的判斷、根據價值觀所做的決定，或是其他政策面角度的考量。在過去一、兩年間，美國政府拆散了許多穿越南方邊境進入美國尋求庇護的家庭，而這些難民絕大多數來自中美洲，也因此點燃了輿論的熊熊大火。我們不斷聽見這個熟悉的標語：依法行事。這些難民只不過是跨越國界，卻成了嚴重的犯罪行為，國會這時卻開始大力擁護這個過度解釋、依法從嚴處置的舉措，讓它變成神聖不可違逆的命令，必須嚴格執行，無一例外。

他們說他們沒有選擇，按照法律必須起訴每一個違法入境的人，並從父母身邊把他們的小孩帶走，儘管根據新聞報導，只有少數幾位國會成員支持這種拆散移民家庭的做法。在這個狀況裡，依法行事變成了非常奇怪的現象：政府以「斟酌」的方式來「禁止斟酌」。對於這樣的狀況，我認為放棄法律權利才是行使法律道德的方式。請各位明白，法律其實提供了很大的空間給予人們進行道德考量和人道行動（或是因顧及道德和人道考量而不採取任何行動）。

即便在紐約南區檢察官辦公室這個沒有所謂邊界的單位，移民法問題長期以來也一直是備受爭議的焦點。

我剛接掌南區檢察官辦公室時，我們只起訴那些曾經被遣返又再次非法入境的人，而且無論他們是否犯下其他新的罪行，還是只以非法入境進行起訴。後來，辦公室修改了這個做法：我們只會花時間和精力去起訴那些之前曾經犯下嚴重罪行，現在又再次非法入境的人。但這並不是來自華盛頓特區或國會的決定，南區檢察官辦公室之所以有這樣的權宜做法，是因為這麼做既公平又合理。我們如何將這個做法正當化呢？就是「資源有限」。

這些被告通常被判的刑期都很短，但因為沒有合法的移民身分所以無法保釋，只好在等待宣判的期間內將他們收押在看守所中（這得耗費龐大的政府經費），然後在服滿刑期後才能將他們遣返出境。所以，不起訴他們就表示我們可以一逮到人就直接遣送回去。

做出以大局為考量的權宜決定（放走毒蟲、性工作者、逃票的人）是一回事。你也可以先針對某些類型的犯罪，進行原則性的探討、評估優缺點、考量成本和風險，然後再根據這些原則做出判斷。比起廣泛的犯罪，愈是複雜、困難並牽涉到個人案件的決定，儘管於法有據同時也證據充足，但有時候正確的決定反而是放手。

順帶一提，放手並不表示這些違法行為不會受到懲罰。就是為了達成這個目的，我們才要按照刑法的規定，並以尊重的態度克制自己對某人進行起訴並將之定罪、在他人身上烙下罪犯的印記。刑事訴訟是我們所擁有最直接也最嚴厲的司法工具。對許多案子來說，其實還有一些比較不沉重的方式來懲罰違法的人，其中包括了罰款和職場管控。我也曾經是位檢察官，可以不害羞地說，**刑事訴訟無法解決所有社會、政治，甚至公共安全的問題**。它就是辦不到。

你會不會只因為官司不可能打贏而選擇不起訴呢？這是個非常困難而且重大的問題。司法部的檢控指南中白紙黑字寫著，若定罪的機率比無罪開釋高，就應該要進行起訴。坦白說，這是個令人質疑的一網打盡政策。這種做法並不一定公正。明明知道這個人犯了罪卻苦無有力的證據，我不認為在這種狀況下放手是公平正義的做法。我們應該要將是否起訴的決定與成功定罪的可能性區分開來。它們是不同的問題，再說，考量特定狀況也是很重要的事，只把心思集中在打贏官司（或是維持面子）會危害到應有的使命、影響決策的方式，並有損程序上的公平。

而當你決定要進行起訴，必須將打贏官司的可能性與提起控訴的公正性分開來。你必須考慮的問題是究竟是否要提起告訴，以及提起公訴的正確性有多高。

你需要用兩個角度來進行分析：相信被告有罪，以及成功定罪的可能性。聯邦檢察官必須根據實際的法律和已知的事實，全然相信被告有罪。在這個階段中，我說的並非是可被證明的事實或是可被接受的證據。我說的是根據你所知的真實狀況，甚至是在還無法取得能在陪審團面前提出的證據之前，你是否堅定地相信就是這個人做的？雖然這並不充分，卻是必須的。

也就是說，即便你手上有個穩贏不輸的官司，但如果對被告是否確實有罪這件事感到疑慮不安，那麼你就不應該起訴。就是這樣。反過來看，如果這件案子本來勝券在握，現在卻因為四位重要的證人全部消失無蹤而變得岌岌可危，你還是應該要起訴。有些人認為，檢察官決定起訴與否應該完全取決於他能否在法庭中證明被告有罪，我不認為這種說法完全正確。如果有五十個證人告訴我某人犯了罪，結果這五十個人全部都在一場地震中身亡，只要我有機會將被告定罪，就應該要進行起訴。類似的狀況真實發生在我擔任第一線檢察官時，首次進行的刑事審判案件中。

那個案子要起訴的是一位被控持有武器的重罪犯。按照聯邦法律規定，重罪犯不能持有槍械，但在審判期間，那位親眼看見被告手持槍械的主要證人落跑了，而且他本身有海洛因毒癮。我們到處都找不到他。另一個證人華妮塔，是名智商大約只有七十的女性，而且在罪案發生當時也吸食了古柯鹼和海洛因。我們勝訴的機會看起來非常低，從其他證據來看，我知道這位被告確實有罪，但我退縮了，因為不想在法庭上滑鐵盧而躊躇不前。

我們因為太過擔心否能成功（或許更該說是害怕失敗），就在要挑選陪審團成員的幾分鐘之前，我和同事打了通電話給刑事部門的主任。那大概是我從宣誓就任檢察官以來第一次和他說話，所以非常緊張。我們說希望他同意讓我們撤銷這次告訴，依照目前這個狀態上庭一定會讓我們很難堪，除了在眾人面前丟臉之外，也會有損檢方的名譽。

考夫曼（Alan Kaufman）並不是個會在起訴這件事情上特別刁難人的檢察官，也不是個對起訴很積極的人。真要說的話，第一線的檢察官都認為他有點太容易接受被告的辯護之詞，而基於我們深刻的憂慮，希望他能夠同意撤銷此案。

這位主任直指核心地問了兩個問題，到現在我依然清楚記得。第一個問題是，你相信被告有罪嗎？我說百分之百，絕對有罪。我只是沒了關鍵證人，但是被告有罪是毋庸置疑的事。他問的第二個問題是，你們認為無罪開釋是無可避免的定局，還是仍有機會在法庭上將他定罪？我停下來思考了一下。我們有情況證據能連結被告擁有槍械與彈藥，比方說，在裝著子彈的背包裡同時也找到了被告的駕照。所以我回答了「是」，我們是有可能將他定罪，但看起來可能性非常低。聽到我的回答之後，考夫曼並沒有讓我們撤銷這個案子。我們只得進入法院審判的程序，並由我把案子送上了法庭。完全如我們所預期，華妮塔的證詞備受考驗，陪審團退庭討論的時間感覺像是永恆一般漫長，最後他們決定，兩項起訴的罪名一項無罪，一項有罪——非法持有子彈罪。被告被判刑十八個月，這對我來說是個非常具有開創性的重要經驗。

每當有壞事發生，大家都希望有人為此負責。有時候檢察官正好是能夠滿足這個需求的角色，可能是因為法律和事實相符，或是找到證據且法律可以接受，也可能因為法制系統允許檢察官這麼做。在這樣的情況下，檢察官提起告訴的這個決定完全可以接受大家的公評。這個案子是公開進行審訊，控訴的罪狀也清楚明白地讓大家看見，眾人可以自行評估這件案子是否有理、是否公正。這樣的案子禁得起眾人的批評，可能會有人覺得太過嚴厲，也有人會認為太過輕易。整個過程都是公開透明的，辯護律師、法官、陪審團，都能夠表達他們對這件案子的看法。然而，若是檢察官在審慎評估了法律與其限制之後，在相同的情況下決定不起訴，要評價這個決定的難度就更高了。

我們在本書更前面的章節裡就曾提過放手的複雜度，但是需要再更深入探討這一點。在此請容我再次重述曾經說過的話，因為這些話真的非常重要，而且，要是無法完全遵循這個原則，正義就絕對不可能伸張：

當耗盡心力所進行的調查無法找到足夠證明犯罪的證據、當結果是有個壞蛋踩在犯罪這條線的邊緣，卻沒有真的犯行、當所有人都覺得這件事應該就是目標人物所做的，但還是無法擺脫某些疑慮、當愚蠢的法律或沒有經驗的法庭無罪開釋了一個大家都痛恨並且希望他接受懲罰的被告，唯一的選擇就是放手。放手會讓人發自內心感到深切的不滿，但如果我們被所有人的期望、個人所投入的精力時間、過程中所耗費的成本這種種因素牽動，因而做出了起訴的決定，這才是錯誤。

當然，人都是不可靠的，不但會判斷錯誤，也有懦弱和墮落的一面。要如何知道放手的決定是否正確呢？可能有位年輕黑人被射殺了，或者有隻吊臂從空中掉落砸死了一個人，又或者有個女人失去了一生的積蓄，又或者是整個國家的經濟就在一場金融危機中崩潰了。這時候手銬在哪裡？審判在哪裡？正義在哪裡？這些都是很應該問的問題——不只是應該問，更是關鍵的問題——但是通常非常難以回答，我們很難證明其中有問題的部分。信心滿滿的評論家並沒有看到任何證據或證人的可信度問題，沒有站在陪審團面前過，也沒有將案子與之前的判例做過比較。

但這也不是說，我們就得全然信任所有選擇不起訴的檢察官。事實上，在這本書裡，我也很明確地批評了其他一些檢察單位，他們決定不起訴的某些案件後來也由我們接手，就算我自己非常清楚，外人真的很難對他們的決定評斷對錯。

近期，這類的批評充滿了政治立場的偏見。疾呼「把某某人抓去關」的聲浪中所能看見的政黨傾向，遠高過眾人對證據與法律的公正考量。有好幾百萬人認為希拉蕊・柯林頓應該要被起訴，也有好幾百萬人覺得唐納・川普應該被起訴，然後痛斥那些「不負責任」的檢察官沒有（或不願意）在此事上盡力。在這麼多自以為是評斷政治人物危害社會的觀點之中，要判斷哪些是客觀的看法，實在很不容易。而在這種情況下，檢察官若試著想要辯駁任何決定，都是徒然且危險的做法。

對聯邦調查局或司法部來說，他們很難說服大眾不起訴希拉蕊・柯林頓的理由其實非常單純，尤其是對那些本來就不喜歡她，而且覺得事情一定不單純的民眾而言。如果特別檢察官穆勒和其他人沒有對川普總統進行起訴，或是拒絕將矛頭指向他，他們同樣也很難清楚對大家說明，其實這個決定的理由非常單純。要評估不做某件事的決定究竟是好是壞，要比評估做了某件事的決定是好是壞困難許多。邏輯上本就如此，要證明沒有發生的事情非常困難。

我們可以要求檢察官對他們為何決定放手做詳盡的解釋，尤其是在大眾都感到目標人物很明顯有著重大嫌疑之際，這樣一來民眾才能夠對這些公正的決定感到滿意。但如果檢察官公開說太多為何不起訴的原因，很可能會陷入極大的麻煩之中。這就是為什麼前聯邦調查局長柯米（Jim Comey）公開以貶損的口吻大談希拉蕊・柯林頓一事，會被總檢察長訓斥、遭到眾人抨擊，同時也被某人開除的原因，至於某人是誰就看你相信哪一方的說法了。

當你做了不起訴的決定，就很難向大眾清楚透明地解釋為什麼你沒有開這一槍。畢竟，當事人也享有公平對待和免於遭受司法控訴的權利。閉上你的嘴巴什麼都不要多說，這是你對司法系統及司法部門規章應盡的責任，也是對那個你決定不起訴的無辜對象所應盡的責任。我很欣賞那股想把話說清楚的衝動，但多言絕對是個窘境，相信我。決定轉身放手，並不是我們對此等行為的認同，但是在我們所擁有的法制系統中，最好的做法就是講的愈少愈好。

「決定不採取任何行動」的正確性，永遠都無法跟「決定採取行動」以相同的準確度和邏輯來評斷，試想，你要如何正確評斷為什麼某人不接受這份工作，或是拒絕了某人的求婚呢？

如果你對一件備受矚目的案子做了不起訴的決定，該如何對外界提出具有公平正義依據的說法呢？許多心態公正的民眾想要確保有大陪審團的報告，以及解釋為何不起訴的理由說明，無論這件案子起訴的是政治人物、槍殺手無寸鐵青少年的警察，或是在金融危機時涉入違法交易的銀行執行長。在沒有人被起訴的情況下，大家聲嘶力竭地吵著必須要有一個交代，這是完全可以理解的事。

社會大眾當然想要知道究竟是怎麼回事。他們看到了犯罪事件的證據和受害人，所以有很多問題想問。然而檢察官也是人，有時提起刑事控訴並非適當的作為，又或者是證據不足以提起告訴，但這並不代表檢察官認同這樣的行為，也不表示他們在這些人額頭上蓋了清白無罪的戳章。如果你關心的是透明度、如何不讓犯罪行為被洗白，那麼這就絕對是個兩難的困境。但有些困境是無法解決的，就像你沒有辦法算盡圓周率，大概也沒有辦法解決這個難題。

正如我們在希拉蕊的電郵門事件調查中所看見的方向偏離，如果試著去正當化你的作為（或不作為），可能反而會導致糟糕的結果。如果你在公開場合中對某件案子做了評論（比方說希拉蕊的電郵門事件），很可能會有人問你為什麼從來不在公開場合中談論其他案子（像是川普的通俄門事件）。我明白為什麼大眾想要聽檢方的說法，也了解為什麼檢察官會想要做出回應。

保持沉默所帶來的不滿、沮喪和憤怒可能會讓大多數人對這個決定失去信心。沒錯，檢察官必須對大眾有所交代，但同時檢察官也對正義負有責任。有時候這兩件事會相互衝突，而檢察官的工作之一就是，在大眾覺得被背叛的時候扛起責難。對那些經過我們長時間調查最後卻沒有起訴的人，我有很多話想說，但我不會說。事情就是這樣。

在二〇〇八年的金融危機之後，全世界都高聲嚷著要把那些銀行家抓起來。「他們崩解了經濟、摧毀了退休基金，造成了國家的衰退。把他們全部抓去關起來！」這種反應完全可以理解（而且對我來說也不陌生，我同樣為這個狀況感到喪氣）。很多人失去了房子、存款、工作和生計，更有許多人到現在還沒有從那一團混亂中恢復過來。所以我也明白，再怎麼解釋或說明為何沒有任何人遭到起訴，都無法令人滿意。四周充滿著憤怒與懷疑，無論我去哪裡都能感受到這一點。

我經常被人問起這個話題，而且也理應如此。民眾本就應該對執法人員施壓，才能確保他們盡力找出該負責的人和機構，但是，二〇〇八年所發生的事情，絕大多數不是區區幾個人造成的結果，也沒有明確的證據證明他們意圖劫掠他人的積蓄。針對這場在大蕭條之後最慘烈的經濟衰退所做出的深入分析認為，是許多因素加在一起才釀成了這杯猛烈的汽油彈雞尾酒。對檢察官來說，這種案子最為晦暗不明，尤其是定罪的希望完全仰賴於是否有辦法證明某人的心理狀態為何。金融機構的大老當然是想盡辦法開脫罪名，將責任和過錯推給公司上下的所有人，以及他們所仰賴的第三方專家。

重點來了：有時候大家都忘了，在檢察官或探員的身分之外，我們同樣也是美國公民和未來要領退休金的人。我們同樣親眼看到自己的財富消散、帳戶空空如也，也是貪心與輕率行為的受害者。我們不只有專業上的動機，更有深層的私人動機（姑且不論適當與否），想要找出任何在法律允許範圍內該為此事負起責任的人。雖然我只是許多擁有相關管轄權單位之一的領導人，但很確定我所說的是所有人的心聲：如果能夠找到可以成功被起訴的人，我們每一個人都非常樂意這麼做。

有些行為只要看一眼就知道是犯罪，但在進行深入的分析之後卻沒有任何足以證明犯罪的事證。這並不是說那些位居高位的人沒有從事犯罪行為。他們很可能真的犯了罪，但是在現有的法治系統中，你不能在無法證明某人懷有特定意圖並從事特定犯罪行為的情況下，就對他提起控訴。證明意圖的標準非常高，如同之前所說，我們連要搞清楚自己腦子裡在想什麼都很困難了，更遑論要在合理的懷疑之外，去證明其他人腦子裡曾經閃現過什麼違法亂紀的壞主意。

許多不良的操作導致了金融危機，其中一項與次級房貸有關。簡要地說，就是銀行將不同的房貸組合在一起變成一種金融債券，裡面通常包含了履約風險高且價值非常低的房貸，然後將這些東拼西湊起來的債券賣給其他金融機構。現在回頭來看，有些銀行賣出去的東西看起來就是垃圾（賣家隻字不提這些垃圾分文不值）。值得一提的是，買家本身也是精打細算的同業，都有可以諮詢的專家和律師，他們會知道自己所購買的債券體質不佳。許多銀行自己保留了不少下來，因此在市場受到重創的時候，他們也幾乎被拖垮。

許多金融機構找到方法來保護自己免於負起刑責。其中一種就是把責任賴給那些提供第三方認可的獨立會計師和律師，一想這些專業的會計師和律師竟然會認可這種形同詐欺的操作手法，實在讓人心寒，或應該說讓人火大，但不得不再說一次，刑事檢察官的工作就是去證明這些特定人士的意圖。

我一向都是這樣想的：如果讓我隨機審核一百個人的報稅資料，一定會發現其中有幾個人申報了不實的稅額扣抵。為了要證明這是犯罪行為，需要有更多合理的證據，證明這個人是處心積慮要矇騙國稅局。通常這些人會提出一個非常好用的辯護理由：「我把所有的報稅資料都交給專業的會計師處理，是他跟我說可以申報這些扣抵項目。我是在專業的建議之下才這麼做的。」你可能會覺得這簡直太卑鄙了，明顯是在卸責，但如果我沒辦法證明這位納稅人和他的會計師共謀犯罪，我就沒有辦法起訴。

還有，想想看你是否真的希望這位納稅人被起訴——這個問題很有爭議性，因為我們討論的是金融危機。按照某些人的標準，他們希望我們把那些銀行總裁通通關進大牢裡，那麼同樣的標準如果用在一般人身上，去稽查他們的退稅金額或小本經營的生意，將會有好幾百萬人在檢方無法證明犯罪意圖的狀況下，就被關進牢裡。你會覺得這些行為實在可議、魯莽、貪婪、輕率而且殘酷，但我們就是沒有足夠的資料能夠成案。當然，我只是用這個極度簡化的例子來說明另一個牽涉範圍更廣也更複雜的狀況，但基本上原則是一樣的。

有權有錢的人很難被定罪，而且他們的免責也更容易對其他人造成傷害，你會有這樣的感覺並沒有錯。但若我們為了單一事件就更改最基本的查證標準，那麼所有人都得承擔起一視同仁執行法律與嚴格遵循相關程序所帶來的後果。如果只是因為某種類型的詐騙案讓大家忍無可忍，所以我們就裁定往後不需要證明犯罪的相關事證和意圖，如果法律的界線不夠小心明確，我們所冒的風險就是讓自己生活在一個更加鐵腕的法治系統中，在這個系統裡的檢察官將會擁有比現在還要大的權力，而在這個系統裡的人民，只要有微不足道的間接證據就會被關進大牢，檢察官完全不需要直接的證據來證明他們有犯罪的念頭。這就值得你好好思考一番了。

這裡還有另外一個假設性的狀況，大致可以與金融危機中的可惡行為相提並論：假如某天你在打掃家裡的閣樓，發現一張已經快要散掉的舊椅子。你不記得這張椅子是哪裡來的，也不覺得它值多少錢，不過剛好這個星期天要在家裡的院子辦場二手拍賣會，於是就把這張椅子當成稀有的古董賣，開了一萬美元的價格。有人真的上了當，為這張你壓根不認為是古董的椅子付了天價來購買。大部分人都會說這是詐騙，那麼我們是不是應該立刻逮捕你呢？

好了，現在我們再增加一些事實：假設買下這張椅子的是個精打細算的古董收購商，就和買下那些垃圾債券組合的人一樣。我們再進一步假設，買下椅子的這個人當時是跟一位認識的古董專家在一起，而對方認為這的確是張古董椅，而且價值兩萬美元！所以你標示的一萬美元價格，對買主來說變成一場穩賺不賠的買賣。假設這就是那位買主和他的專家朋友的證詞，我們再進一步假設，就算他們知道賣家根本就覺得椅子一文不值，還是會用一萬美元買下來，並說出相同的證詞。現在，你這樣還算不算是犯罪呢？

如果你覺得是，祝你好運，希望你有辦法在陪審團前證明這一點，也祝你運氣好到能讓十二位陪審員一致同意買家上當受騙，或是因這筆交易受到傷害。這是個極度簡化的案例，但是在操作上大致跟那些垃圾房貸構成的債券差不多。

在現實世界中法治之所以很重要是有原因的，眾人的自由隨時可能受到威脅，我們沒有餘裕只要一生氣就起訴他人。**我們只能夠在事實和法律都支持起訴的狀態下，才能這麼做。**

這兩個假設狀況都是非常粗略的類比。也許等到哪天可以向大眾公開所有與金融危機調查有關的案件資料（那可是非常非常多的資料），大家就比較能夠理解和評斷為何檢方會做出這樣的決定。

法律能做的有限，因此要不就是法律需要改變，要不就是需要檢驗其他造成金融崩壞的因素，並決定該如何規範或改變這些狀況。沒有人喜歡看到做了壞事的人在傷害無辜的人之後還可以逍遙法外。

各界都有許多論點和批評，而我尊重也感謝這次的挫敗，但是無法尊重那些講話酸溜溜的鍵盤檢察官，對著全美好幾百位在第一線的檢察官和調查員，嗆聲他們沒有把大玩金錢遊戲的壞傢伙繩之以法。有些人甚至暗示他們是因為害怕或是出於個人的政治動機才會綁手綁腳。我非常樂意接受有公信力的法界人士批評，但認為檢方因個人利益、政治立場或恐懼才不起訴，這種評論實在是個笑話，至少在紐約南區檢察官辦公室是如此。

至於政治立場的考量，我甚至壓根沒有想到這會是個考量。數百位竭力投入工作的調查員和檢察官有民主黨員、共和黨員和無黨派人士，更有許多人完全不關心政治，也都受到了金融危機的波及。他們每個人都有不同的政治立場和理念，此外，放銀行或華爾街一馬，完全不會有任何個人或政治上的好處。

從政治角度來看，提出嚴格管控華爾街的措施，很明顯就是能夠在選舉中爭取到更大的贏面。一般大眾對於那些非常積極起訴的檢察官事後會有什麼樣的下場，其實都誤會了。私人企業並不排斥他們，反而是亟欲招募。因為這些檢察官全力攻擊的企業，反而正是最希望能夠延攬他們的公司，因為公司認為他們有天分、成功而且有膽識。所以說，這裡的動機結構和那些憤世嫉俗的人想的剛好相反：最積極起訴的檢察官並沒有招人厭憎，而是獲得青睞。如果你徹底扳倒了一家避險基金公司、銀行，或是私人控股公司，並不會變成鬼見愁，你會是個超級巨星。

我手下最戰績彪炳的檢察官，最後都能獲得條件最好的律師工作，反倒是那些最小心翼翼的檢察官（不太敢對貪贓枉法的企業窮追不捨的人），找工作時總是四處碰壁，因為他們沒有做出任何足以表現個人特色的事。無論是好是壞，市場總是偏好積極進取的人，而不是退縮怕事的人。所以，無論是從個人、專業及道德動機出發，我們檢察官也都希望讓那些造成金融危機的人負起責任。

說檢察官因為害怕而不起訴也是個很愚蠢的看法。光是在我的終身職任期之內，就起訴了包括賓拉登的女婿、凶殘的索馬利亞海盜、聖戰士青年黨成員、蓋達組織成員、受雇殺手、俄羅斯間諜、跛腳幫及血幫這兩個全美最暴力的幫派成員（他們殺害證人並恐嚇執法人員）。還有全世界最惡名昭彰的軍火販維克多．布特（Viktor Bout），以及各式各樣的黑幫分子。

而在白領犯罪部分，我們在絲毫沒有畏懼或偏頗之下，起訴了像是億萬富翁拉賈拉特南、民主黨紐約州議會發言人和共和黨紐約州參議院臨時議長，並且在高等法院修改法條，上訴法庭撤銷原判決之後，讓他們退休下台。我們也起訴了甘比諾家族和吉諾維斯犯罪家族，面對執法同仁也絕不手軟，我們起訴過紐約市警、萊克島監獄的瀆職戒護官、聯邦調查局探員，還有緝毒署的探員，只要他們犯了法，我們就會讓他們出來面對。

有些檢察官因為在調查位高權重的人士，而為南區檢察官辦公室和我個人招來意外的反擊。由於維克多・布特的關係，我被俄羅斯拒絕入境，當我們起訴了伊朗裔的黃金走私犯札拉布，土耳其總統艾爾段（Erdogan）公開指責我，並親自向副總統拜登陳情，希望能開除我。而起訴印度外交官員柯布拉加德（Devyani Khobragade），也讓我有一段時間被出生國印度列在禁止入境的黑名單上。

紐約南區檢察官辦公室的所有員工，無論男女都為了所做的重要工作而忍受著來自大眾的批評、在法庭內外對個人的攻擊、威嚇，以及死亡威脅。所以，無論是我還是其他我所認識的人，都不會害怕起訴那些西裝筆挺的有錢人。

文化

在我們討論關於「起訴」這個主題之際，不妨暫停一下，先來思考一個我擔任聯邦檢察官時常感到困擾的問題：公司機關該如何避免遭到相關單位的監察、執法單位的猛烈指控，並逃過上法院進行花費甚鉅的官司訴訟？

坊間有成千上萬本書會告訴你，文化在這裡扮演了重要的角色。根據多年來親眼見到眾多或失敗或成功的經驗，我自己也對這個說法深表認同。二〇一三年時，ＳＡＣ資本顧問公司（以下簡稱ＳＡＣ）是一家管理超過一百五十億美金資產的避險基金公司，同年七月，紐約南區檢察官辦公室起訴了四支在ＳＡＣ旗下的避險基金進行內線交易。在我們的起訴書中，對這些內線交易是這樣描述的：「金額龐大、涉案者眾，規模也超越了目前已知的所有避險基金產業犯罪紀錄。」

在那個時候，我們已經以內線交易的罪名起訴了八位ＳＡＣ的員工，其中包括了諾亞・費里曼、麥克・史坦伯格，以及馬修・馬爾托馬。有六人認罪，而另外兩人——馬爾托馬及史坦伯格則是在審判後被判決有罪。馬爾托馬和他在ＳＡＣ專攻醫療保健機構的投顧經理，非法賺進兩億七千六百萬美金，這是史上單一投資組合收入金額最高的內線交易。

這樁內線交易的規模之大，是我們決定起訴這家避險基金的核心理由。除此之外還有別的理由，該公司的企業文化明顯就是無視各種警訊和違規行為，他們視規範為無物，鼓吹貪婪，所謂的法令遵循計畫根本就是做給外人看的廉價裝飾。

起訴書中有個很清楚的例子：二〇〇九年，ＳＡＣ雇用了一位名叫理察・李的員工，他的工作就是管理十二億五千萬美金的「特殊狀況」基金，通常是公司要進行結構重整、合併或收購時才會動用到這筆基金。在決定雇用李之前，一位他之前在其他公司的同事就警告ＳＡＣ，李是前公司「內線交易團隊」的一員。ＳＡＣ的法務部門因此決定不聘雇李，但ＳＡＣ的主管卻駁回了這個決定。儘管李的紀錄不良，ＳＡＣ還是在二〇〇九年四月雇用他來擔任投資組合經理。

萬萬沒想到，讓眾人驚到連下巴都闔不起來的是，李才一進公司就開始非法收集上市公司的內部資訊。從二〇〇九年到二〇一三年，除了曾短暫休息一小段時間之外，他一直都在布局進行內線交易的勾當。身為投資基金組合經理人，李運用非公開的公司資訊來進行資產擔保債券的交易，其中包括了雅虎和網康公司（3Com Company）。從他過去的工作紀錄來看，這種行為就像白天過後必然是黑夜一樣，打從一開始就可以預見了。

商業公司的領導人太少談論誠實與正直的重要性，談的主要是權力和利益、市場佔有率和基準線。這些都很好也都很重要，也非常有必要，但公司內部和其他機構的監察人員卻因此被打入冷宮。公司內部都有合規主管、律師、會計師和稽核人員，但是他們因為不受公司高層重視，而顯得人微言輕。從商業公司的角度來看，這些人最常被認為是「麻煩人物」。

想像一下，假使我們擁有完整的刑事法規和管制架構，但卻少了憲法，情況會是如何？每一個機構，無論是一個國家或一間公司，都需要一個可以長久遵循的基本原則規章。

想讓大家願意向上呈報、發出警告並尋求建議，需要的不只是公司發幾封電子郵件來提醒員工，這牽涉到的是了解現實生活中的人會受到哪些動機驅使，這些人有弱點、有恐懼、有偏見，而任何一個普通人的失誤與自負，都可能讓我們一時不察做出錯事。

有趣的是，每個成功的商業領導人都了解這一點，沒有人會認為用千篇一律老掉牙的提醒，就能夠激發創意、提高生產力，或是強化道德意識。但不知道為什麼，只要我們一談到道德和遵守規範，那些長期以來備受推崇、大家耳熟能詳的領導力課程都不怎麼關心，眼裡更在乎的是短期獲利。

這裡有個讓人感到坐立難安的真相：在那些規模龐大的詐欺和隱匿陰影之下，暗藏著許多促成這些壞事發生的推手，這些人無論是在施行犯罪或隱匿罪行等方面，都起了推波助瀾的作用。你想想安隆、世界通訊、馬多夫、Theranos，再想想賓州大學（譯註：指二〇一一年揭發的賓州大學橄欖球隊助理教練桑達斯基，長年性侵兒童之駭人案件）、哈維・溫斯坦（Harvey Weinstein），以及比爾・寇斯比（Bill Cosby）。想想籃球界和單車界的吸毒醜聞，想想奧林匹克運動員以及羅馬天主教堂的性侵醜聞。大家都害怕自己會被開除或是排擠，又或者是從此失去有價值的人脈。為什麼？因為許多公司機構的文化就是如此。這些恐懼都是非常真實的事。

一聽到要以簡單的方法提倡誠實與正直，有些人平常運作正常的大腦就會開始轉不太過來，希望立刻有個神奇的公式可以解決問題，殊不知只需要一點基本常識就行了。

有次我去紐約證券交易所演講，聽眾是一群優秀的律師，擔任各大上市公司董事會高層的代表。在我演講完之後，一位律師舉手發問：「巴拉拉先生，一位公司董事用來關注道德與合規問題的時間應該要佔多少百分比？」這真是個非常模糊而且完全搞錯方向的問題，這種事當然沒有數學公式可遵循。

我給的回答大致是這樣的：「唔，如果這家公司的聲譽很好，沒有做什麼見不得人的事，多年來也不曾勞煩執法單位採取任何行動，公司聘用及升遷的都是好人，那麼或許你不需要花太多時間。但如果你們公司幹了壞勾當的謠言滿天飛，同時有四個不同的執法單位正在進行調查，短短幾個月內就有兩位高層長官被上銬帶走，那麼你就應該要花非常多的時間來關注這個問題。」我話一說完就引來哄堂大笑。不知道為什麼，常識性問題總是會讓大家忍不住笑出來。

聰明的律師和商人絕對不會在其他工作相關的狀況下問出這種蠢問題。執行長應該花多少百分比的時間來關注同業間的競爭？多少百分比來關注創新？心態正確的企業家知道這些事情都很重要，而時間的分配完全要視情況而定。這裡沒有什麼神奇的公式。你應該花多少時間來教養小孩？這應該要視每一個小孩的狀況而定，不是嗎？

然而，為了獲取最大的好處或利益，許多公司不僅不介意踩在犯罪的界線上，甚至可以說是想盡辦法也不為過。在這樣的文化之下，員工一定會失算，壞事也一定會找上門來。遊走法律邊緣並訓練員工跟著這麼做，是很危險的事。

讓我們來思考一下這個思想實驗：假設有人真的很想喝一杯，但是也真的不想因為酒駕被抓或被定罪。如果你是個非常聰明的人，也決定要在喝酒之後開車，我想你可以想辦法讓酒測值不要超標。只要你是個天才而且知道自己的身體質量指數、喝下肚的酒精比例，以及吃下肚的食物有多少、經過了多長的時間，你就可以做出完美的調整，讓自己每一次都剛好不會超過血液中酒精濃度的標準。

但如果這就是你採用的方式和做法，你覺得自己要在多久之後才會被警察攔下來？多久之後你會開始超過法定標準？多久之後你會在高速公路上撞死人、多久之後那些跟你一起喝酒的人也有樣學樣，然後也在高速公路撞死人呢？

好幾次我對一群商學院學生談到這個實驗之後，都有人問我：「巴拉拉先生，你一直在談要大家注意不要越線，而且太靠近這條線是很危險的事。所以，你建議大家應該要跟這條線保持多遠的距離才好？」這個問法就好像這是個地理上的問題。我回答：「噢，大概三點五呎應該就夠了。」

我總是會因為這種試圖將道德量化的狀況感到洩氣。在回答這類問題之前，我會先說明自己不同意這個問題的前提，因為前提錯得離譜，如果你只把心思放在如何遊走於法律邊緣，結果就是你最終逃不過執法人員的糾纏，而更慘的就是，刑事檢察官會緊咬不放。甚至更危險的，你可能會向公司的其他人傳達出一種訊息，讓他們認為遊走法律邊緣是個好主意。這麼做確實可能逃得了一時，但逃不了一輩子。極簡式的文化相當致命。

我永遠不會忘記曾經在倫敦的法律研討會中聽到的話。一位財星五十大公司的全球道德與合規部門主管這麼說：「我在取得法律學位之前，就先在大學裡取得心理學的學位。我在從事的這份工作中發現，自己要做的事情是激勵員工做得更好，並修正他們原本的行為。我仰賴心理學學位的程度遠遠超過了法律學位。」

這個洞見中有著極深的智慧。

大家常常單純地認為，合規這個功能只要能夠符合管理者的期望就好，我要告訴各位一個天大的消息：管理者與他們所制定的規定都是不完美的。但是我們每一次都會在研討會中聽見、在隨處可見的訓練教材中看見的戒律是：做A，因為這是管理者期望你做的事；做B，因為這麼做比較有可能說服管理者你已經盡了自己應盡的責任。

這就像是教學生如何應付考試。

你忘了何謂教育的核心價值了。如果你只是在教學生如何應付考試，就不會向學生解釋，重要的是教育的價值、是好奇心、是智慧；你只是在教學生必須要答對問題才能夠拿到好成績。對我來說，這是種失敗的教育。

價值，是一整片森林，而不是其中的一棵樹。

有一次我遇到一位避險基金的總顧問，我問他是如何歡迎初來乍到公司的新人。他非常驕傲地說，他會個別跟每一位新人單獨聊聊，讓他們能夠熟識他，來找他討論問題也不會覺得尷尬。他會跟他們詳細說明公司的規定和要求，也會仔細解釋證券法在近期有哪些修正。

非常好。但我不禁要想，他是如何開始和新人的談話？他是不是一開口就先傳達了一個簡單卻有力的訊息？比方說：「對於我們公司，你需要了解的是我們不做偷雞摸狗的事，不偷不搶，也絕不說謊。只要你做了這些事，我們就會請你走路，就這麼簡單。我們對這種不入流的事絕對零容忍。」這個訊息，我認為絕對會比接下來他要講的那些繁瑣規定，更讓新人長久記在心中。

但是，我不知道向新人傳遞這類簡單明瞭訊息的主管會有多少。

擔任公司內務部門的督察職務不是件容易的事。他們就像是警察局政風處的人員，在如何處理公司文化的問題上，也有一些慘痛的教訓。沒有人喜歡內務部門的人。

雷・凱利（Ray Kelly）是前紐約警察總長，他對待紐約警局政風處處長的態度是授予極大的職權、正當性與尊重。他的繼任者也是如此，但我個人是從警察總長凱利身上直接體驗到這件事。凱利並不完美，沒有任何文化或領導人是完美的，而紐約市警局也有非常多的問題，但在我記憶中印象最深刻的卻是這件事。

二〇一一年，我們正好有機會可以逮捕八位在紐約州犯下重罪的菁英人士。當時紐約市警局與紐約聯邦調查局正處於長期的摩擦之中，部分原因是雙方的管轄權重疊，而且在恐怖主義的調查上也一直相互較勁想爭奪主導權，再加上凱利的強硬性格所導致。現在我們的狀況是，聯邦調查局準備要逮捕一群現任及退休的員警。這對紐約市警察局來說會是一記難堪的耳光。我猜是為了不要在傷口上撒鹽，當時的聯邦調查局局長跟我說，他們不想召開記者會宣布起訴員警的消息。我沒有想太多，就同意了。

後來我再想了想，覺得頗為困擾。這些員警被起訴的是重罪，牽涉到共謀供應總價值超過一百萬美元的M16來福槍、手槍等其他贓物，並從中收受回扣。對我來說，不召開記者會是很糟糕的雙重標準。無論是州參議員、黑幫老大或是華爾街的執行長，我們一律都會召開記者會，但是碰到執法同僚觸犯貪瀆重罪，卻不開了？

這感覺起來非常不對。不過話說回來，我也不想自己一個人站在記者會的講台上面對所有人，這種做法也等於是傳遞了一個很糟糕的訊息。當時的情況看起來聯邦調查局擺明了是不會出席，那就只剩下雷・凱利了。我要求與他緊急會面，這場早餐會議就訂在星期一，而逮捕行動則是預定在隔天。星期一早上八點半，我們在W飯店二樓餐廳包廂裡見了面，總長出現的時候跟往常一樣氣勢懾人，彷彿隨時可以把骨瘦如柴的服務生一把折成兩半。凱利自己在過去這一周也不好過，除了南區檢察官辦公室的案子之外，市警局也與另外一件正在調查的罰單醜聞有牽扯。就在我們享用完各自的早餐之後，凱利說會在中午前讓我知道他明天是否會出席，幾個小時之後來電，說他會跟我一起出席記者會。到最後，聯邦調查局也決定他們要出席。

所以隔天，警察機關的主管，也就是紐約市警局的「執行長」凱利跟我一起站在台上，陪同的還有紐約警局政風處的處長，凱利在記者會中並沒有暴走。他以充滿說服力、令人動容卻又堅定有力的方式侃侃而談，為什麼警察機關無法容忍像這樣的貪瀆行為。他並沒有試圖掩蓋這些罪行，尤其當機關領導人想這麼做的時候，大家都看得出來。

文化是由人所建立的。

有位商學院學生曾在課堂上跟我說，他去年夏天前往十家華爾街的公司應徵，裡面只有一家公司問的問題，顯示出他們很在意學生是否正直誠實，也很在意自家公司在這方面的信譽。在一個大家都受到賺錢這個最大動機驅使的環境裡，公司在評估員工表現以及給予獎勵時，更應該以正直誠信作為評判的標準。

想像一下，在檢察官辦公室裡，如果我們決定升遷時只看誰的出庭表現最好，完全不考慮道德操守如何。然後再想像一下，我手下有兩位檢察官，一位的出庭技巧比較純熟，也比較懂如何讓起訴成案，但是有一兩次，他並沒有對我們據實以告。之所以沒有出事，是因為這個人還只是初階檢察官，上頭有個判斷能力比他優秀的主管，所以才得以避免壞事發生。或許這個人可以逐漸被訓練好，但目前他在道德判斷上還是有點小問題。

另一位檢察官則是在處理案子的技巧上或撰寫報告時都沒有那麼出色，但她總是展現出無可挑剔的道德標準、公正性與判斷力，就算讓她獨立作業也完全不需要擔心會出問題。

你會希望我晉升哪一位檢察官呢？哪一位的風險較小？哪一位對檢察署長期的名聲比較好？更重要的是，哪一位檢察官會更謹慎斟酌並伸張正義呢？我總是要求自己盡力晉升像第二位檢察官這樣的人。

還有另外一個問題。我們到處都能看到引人走上歧路、充滿破壞力的激勵方法，鼓勵大家去做不道德的事。舉例來說，承銷人員所賺取的佣金，是以所批准的房貸件數來計算，而不是仔細審查過的房貸件數。想想這是不是在引人犯罪呢？為什麼不把個人道德與正直誠信也納入獎勵機制中，讓它們成為具有價值的動機呢？

再來看看近期令人震驚的富國銀行（Wells Fargo）事件，銀行職員在現有客戶沒有同意或不知情的狀況下，用他們的名義開設了三百五十萬個假帳號。為什麼？其中一個原因當然是他們不在乎誠實正直這回事，另一點則是，他們被公司逼得只能出此下策。員工必須承受來自高層的壓力，達到完全不符合現實狀況的銷售目標和數量，因為這樣才能領到薪水，所以他們想出來的解決方法就是開設幽靈帳號，用這個方法來取悅上司和公司。

文化能夠定義一切，不只是商業機構，而是所有機構皆然。文化形塑了大學院校、醫療院所、影藝產業、檢調單位和運動組織，就連白宮也是。有些文化很健康，有些稍微有點問題，還有一些根本已經病入膏肓。這些情況都需要由領導高層導正出了問題的機構文化，但是有太多領導人厭惡碰觸這類問題。就像有些人不喜歡去看醫生，但有時候就只有醫生能夠讓你恢復健康，對人的身體來說是如此，對於機構長期的健全來說也是。

這麼多年來我發現，對任何企業公司來說，反覆耳提面命並強化誠實正直的重要性與需求，絕對不會徒勞無功。事實上，簡單的事情禁得起一再地重複。

無論是管理美國聯邦檢察署，或是經營一家規模龐大的公司、投資銀行或大學，所有人（從收發室到董事會）都需要了解並打從心底感受到，這間機構和其主事者，真心在意每一位員工的誠實與正直。要保護機構不遭受任何控訴，這是最好的方式。

司法寶萊塢

當你選擇了以公開指控他人為業，就必須要做好武裝，讓自己不會輕易崩潰。所有指控都會帶來一個後果，那就是，被控訴一方的支持者會對你做出憤怒的反擊。其中一些行為是可預期的，畢竟狂熱的擁護者是很常見的事，但是有時候你還是會忍不住想質疑，這樣的反擊是不是已經從狂熱的辯護變成了妨害司法，尤其是當目標人物位高權重時。

一種很典型同時也讓人忿忿不平的手法是，質疑檢察官的動機，極力宣稱檢方帶有偏見，並藉此攻擊他們的公信力，因為只要成功降低檢察官的可信度，大眾就會對這件案子產生懷疑。「獵巫」這個詞聽起來是不是很耳熟呢？在尼克森的水門案那段日子裡，這被稱為是「不否認的否認」，他們從來沒有公開表示自己是無辜的，而是一味猛烈攻擊檢察官。有時候還很沒品地用種族議題來作為攻擊的主調。在我擔任終身職期間，紐約南區檢察官辦公室就多次被指謫，端看被起訴的是誰，說我們反黑人、反拉丁人、反瑞士人、反中國人、反俄國人、反義大利人等等，對了，還有反印度人。我們也被指控反華爾街、反民主黨、反共和黨、反政治人物，甚至是反撲克牌賭客。隨著時間過去，我們起訴過形形色色的被告或組織之後，大家應該清楚知道我們其實只是「反犯罪」而已。

要對醜陋的輕蔑詆毀免疫，最好的方法就是保持低調，讓這些批評從你身邊流過。儘管有些批評實在是蠢到爆，你還是會覺得被刺傷，批評總是教人難以承受，特別是那些充滿偏見的不實言論。我在成為聯邦檢察官之前臉皮可能就不算太薄，但我並沒有特別注意到就是了。亞里斯多德曾說：「要避免別人批評，最好什麼都不說、什麼都不做、什麼都不是。」相當睿智的話語，但他並不是生活在我們這個社群媒體的年代。

關鍵就是要學會哪些批評你得放在心裡，才能讓自己變得更好，哪些批評只需要一笑置之。重點並不是對批評不屑一顧，而是要能夠分辨覺察它們的不同。

被指控的一方通常會抓住一個微不足道的小地方就開始大肆抨擊。身為一名印度裔的檢察官，我對此的感受更是特別深刻。在這種情況中大喊「獵巫」，比平常更棘手而且更傷人，這類說法指控我會依照人種決定起訴與否，而且還會指使手下的探員、檢察官去調查跟我有相同種族背景的人。不誇張，真的就是這樣。我猜這是因為當時沒有其他印度裔的美國聯邦檢察官，再加上也沒有幾個印度裔美國人的被告，因此每當我們辦公室起訴來自南亞的人時，就會有人認為這是難得一見的奇景。

二〇〇九年，就在我們以內線交易的罪名逮捕了避險基金執行長、億萬富翁的拉賈拉特南（以及其他幾個白人，容我補充一下）之後沒幾天，《華爾街日報》登載了一篇很奇特的報導，開頭是這樣寫的：「這彷彿就像一齣寶萊塢的法庭大戲：斯里蘭卡裔避險基金領袖人物，遭到同為南亞移民、出生於印度的曼哈頓聯邦檢察官起訴。」這裡說的檢察官就是我。

想像一下，如果有家主流新聞媒體在一年前針對另一件轟動大案，刊出了類似的報導：「這彷彿就像一齣百老匯的歌舞劇：有史以來最大咖的龐氏騙局主腦伯尼・馬多夫，身為猶太人的他，遭到同為猶太人的聯邦檢察官達辛（Lev Dassin）起訴。這簡直就是電影《屋頂上的提琴手》的翻版。」

大家不難想像這樣的文章會惹來多少抗議。你覺得寫這篇報導的記者，手上的飯碗還可以捧多久？

哇，《華爾街日報》舉出的巧合還真是讓我嚇到不知該如何是好了。我的天啊，我們有一個出身南亞的被告，還有一個同樣出身南亞的檢察官！真是要命喔！你知道這種事在哪裡才會見怪不怪嗎？印度。

這一切純粹是偶然，少數幾個被起訴且定罪的內線交易被告，都是出身於南亞的人。但是大家都忘了，最初是由我的下屬賈西亞檢察官（拉丁裔）對拉賈拉特南展開了調查和竊聽；大家都忘了這些人全部罪證確鑿，也忘了避險基金公司裡，受過高等教育的印度裔專業人士比例本就出奇得高。結果就是，很多人真的相信我因為對自己的種族感到自卑，所以特別喜歡起訴印度裔美國人，輿論開始非議我。（這些印度裔美國人包括拉賈拉特南、阿尼爾・庫瑪〔Anil Kumar〕、撒米爾・巴萊依〔Samir Barai〕、馬修・馬爾托馬。）

我當時常被問到這個「爭議性的做法」，每次都讓我很不開心。後來，只要署裡的檢察官到我辦公室來，在根據可靠的線人、竊聽或其他調查方法所取得的資訊，公布下一輪可能的被告會有哪些人時，我都會故意搞笑地屏息以待，聽到名單裡面沒有印度人之後，再假裝大鬆一口氣。

某次在逮捕下一輪的內線交易犯的前一晚，有位檢察官突然轉身跟我說：「普里特，你知道其中一名被告是印度裔美國人吧？」（先再次重申，被告是哪裡人並不重要，我們一向不是看種族辦案的。）我聽到這話之後很驚訝，因為從名單我一定看得出有沒有印度人。我說：「是誰？」這位檢察官說：「山姆．巴萊依。」我說：「山姆不是印度人的名字。」這位檢察官補充說明：「是沒錯，但他走跳江湖用的就是這名字。」

我試著用開玩笑的方式來面對。不過有段時間，有位記者對這件事實在加油添醋過了頭，同事們還真的開始計算起這段時間內，究竟有多少個內線交易被告是南亞人。結果只佔了全部的一小部分而已，雖然我猜對大多數人來說已經是很多了。每次有人提出這種離譜的理論，我都會試著用玩笑來化解，像是有一次就說：「跟大家說一下，我並不是每天早上醒來第一件事，就是打開窗戶對著天空握拳說：『請讓我逮到一個印度人吧！』」

另外還有一次，有人請我在高級飯店一場由《印度海外報》所舉辦的年度晚宴上，介紹一位講者。出席這場晚宴的通常都是有頭有臉的印度裔美國人，其中也包括金融界名人。在雞尾酒會時，有人直接跑來問我為什麼南區檢察官辦公室起訴了這麼多南亞人，我忍住了。後來準備致詞時，我環視了宴會廳一圈，自問該如何在大庭廣眾下，讓這個無稽之談變得好笑呢？

我沒有多想便走上了講台，用下面這段話開場：「很高興今晚能夠來到這裡。我是紐約南區檢察官辦公室的聯邦檢察官普里特．巴拉拉，看到台下的各位來賓，我發現這裡有許多印度裔美國人犯。所以我有些很重要的話要跟你們說。」我停了一下，然後緩慢地說：「你們有權利保持沉默。」人群裡傳出了笑聲，我繼續說：「你們所說的任何話會被作為呈堂證供。」笑聲更大了。「你們有權聘請律師。如果你無法負擔律師的費用——雖然我覺得在座的各位不太可能負擔不起，我們會提供律師給你們。」等我講完了米蘭達警告之後，台下絕大多數的觀眾都笑了出來。

不過，有些人似乎是鐵了心要讓這個故事永垂不朽，並視此為其個人終身職志。迪奈緒．狄索沙（Dinesh D'Souza）是個以走極端路線、專門羞辱他人並且完全拿不出證據的評論而出名的作家兼評論家，二〇一四年我的辦公室起訴他違反選舉財務法，他也認罪了。狄索沙明知故犯，將其他人的捐款以自己的名義捐給一位參議員候選人。儘管他承認自己違法（他的律師也在法庭報告的結論中表示，無法為他的委託人提出任何辯護之詞），狄索沙仍然將被起訴這件事描繪成是出於我個人的問題，我就是喜歡起訴印度人和印度裔美國人。

狄索沙並不只稱我為「執政者的走狗」或「歐巴馬政府的工具」，也對我的專業、家人、外表，以及身為印度裔雇員的刻板印象，極盡汙辱之能事：「就是因為普里特．巴拉拉沒有明顯的印度口音，才有機會被雇用，就像那些幫你修電腦的技工一樣。」他在推特上這樣寫道。

我被開除時他也沾沾自喜大肆誇耀，把我塑造成一個仇視自己同類的人。二〇一八年川普總統赦免他之後，狄索沙還是繼續在推特上搧風點火：「命運是你躲不掉的債@普里特·巴拉拉，他想靠毀滅印度裔美國人同胞來讓自己的事業更上一層樓，所以他被開除而我獲得赦免。」真是個格調很高的傢伙。

這個關於人種的不實指控，並沒有逐漸落幕，後來又發生了一次更為嚴重也更難以消弭的危機。二〇一三年，我擔任檢察官終身職已經好幾年了，國務院這時以簽證詐欺罪名逮捕了一位中階的印度外交官員柯布拉加德，同時她也對支付家中的印度幫傭薪水金額說謊。她在偽證罪及其他法律罰則之下，同意支付家中印度幫傭九塊七五美金的時薪，但證據顯示，她支付的時薪不到一塊美金，違反了美國許多維護勞工薪資公平的法律。在國務院明確的指示下，紐約南區檢察官辦公室同意對此案提起告訴。

這並不是什麼世紀大案，但卻是嚴重的違法行為，同時也是駐美外交團隊日益嚴重的問題。這就是為什麼國務院要審理和調查此案的原因，以及要求我辦公室的檢察官同意提起刑事訴訟。

在逮捕的過程中，柯布拉加德因為外交人員的身分而享有許多禮遇，但在南區檢察官辦公室每次的例行檢查中，都必須接受法警對她進行脫衣檢查。這個做法其實不需要也不應該，因為我們並沒有要對她進行審前羈押。

這次的逮捕演變成了國際事件。當時正是印度的大選年，執政的國會黨對上了宣揚民族主義的印度人民黨（BJP），很有可能一敗塗地，情況岌岌可危。而印度人民黨，也就是後來當選總理的穆迪（Narendra Modi）所屬的政黨，他們機靈地抓住了這個據稱西方國家汙辱印度主權的把柄猛攻，對國會黨造成了極大的危機。

柯布拉加德的父親也有野心要在印度政治圈向上爬，於是發起了絕食抗議，雖然沒有證據顯示他在這個戲劇性的抗議活動中有比平常少吃一口飯。但是許多人加入了這場抗議，印度人在新德里的美國大使館外威脅要進行破壞，還提出要撤銷美國外交人員的特權和禮遇。後來，印度政府（我們在全世界最大的民主同盟夥伴）在盛怒之下，採取了最有敵意的舉動，將美國大使館外的安全圍籬撤走。我為承辦這個案子感到驕傲，也為我們維護法治的行動感到驕傲，於是我大聲疾呼，捍衛我們的職責。

但因為我是美國聯邦檢察官，又剛好出生在印度，一大堆酸言酸語直衝著我來。根本沒人在乎這案子一開始是由執法官員進行調查，我個人是在進行逮捕前一天才知道有這件事。印度政府和媒體都認定這件案子是由我——一個印度裔美國人，為了各種惡毒的理由所主導進行。

印度的脫口秀主持人說我厭惡自己身為印度人，並以此為理由來追捕其他跟我生於同一個國家的人。我和同僚都覺得這種說法實在很奇怪，因為這件案子裡的被害人也是印度人啊！一位印度官員在電視上問道：「這個該死的普里特．巴拉拉到底是哪根蔥？」另外一個電視節目則說我是全印度人最痛恨的對象。

要不是我爸媽會讀到這些批評，其實我也不會這麼困擾，這些言論讓他們非常難過。後來有天晚上，我女兒不小心聽到客廳裡的對話，她問我：「爹地，湯姆叔叔是什麼意思？」因為南亞的新聞記者就是這麼稱呼我的。這實在讓人非常不愉快。隨著指控愈來愈荒謬，後來變得根本是場鬧劇。印度評論家很生氣，認為我明明就是在印度出生，行事作風卻完全是個「美國人」，而且還處處維護美國的利益。但事實是，我的確是美國人，而且職稱裡也有「美國」兩個字。

最後，我在外國媒體上看到了一篇別出心裁的攻擊，它是這樣寫的：「我厚顏無恥地背叛了自己的祖國，起訴這件案子，原因只有一個，那就是為了服務我的『白人主人』。」

我的白人主人？我想，應該是指當時的非裔司法部長霍爾德（Eric Holder）和總統歐巴馬吧。

我為什麼要舊事重提呢？因為檢察官和調查人員遭受起訴對象的攻擊，是這個行業無可避免的一部分。這跟牛頓的定理不一樣，每次提起訴訟，所產生的並不是完全相等的反作用力，這些反作用力可能非常尖銳也非常不公平。你得去處理這些攻擊，但通常你可以安心，因為不用太久一切都會在法庭上獲得解決。但在某些情況裡，目標人物可能極有權勢，所做的可能就不只是擾動一池春水或叫囂怒罵而已。這種時候，正確的做法會因為外人的干預或是更糟糕的手段而遭到犧牲。

當刑事司法找上了一國總統親近的人時，會發生什麼事？這位國家總司令會運用多大的權力使出侵門踏戶、令人厭惡的手段，來干預那些天真到認為自己職權獨立，並且相信法律凌駕於所有人之上的人呢？這個說起話來聲量比檢察官要大得多的人，能夠對司法調查產生多少實際的影響呢？

來看看一件我們起訴的案子所直接引發的國際事件吧，這比之前提到的那件還要更匪夷所思：

二〇一六年三月，一個名叫瑞薩．札拉布（Reza Zarrab）的男子帶著他的家人從土耳其到美國的迪士尼世界度假。札拉布是個伊朗的黃金交易商，擁有伊朗與土耳其的雙重國籍，與土耳其總統艾爾段和其他政商界高層人士的關係非常好，其中包括了土耳其經濟部長恰拉揚（Zafer Caglayan）和霍克銀行的前總經理阿斯蘭（Suleyman Aslan）；霍克銀行是土耳其最大的國營銀行。

札拉布所不知道的是，他已經在保密狀態下，遭到南區檢察官辦公室的大陪審團以違反美國對伊朗禁運令的共謀罪起訴了。這個案子主要是由麥克．洛克哈（Michael Lockard）這位身材高大、沉默寡言又嚴肅認真的檢察官進行調查。

麥克對札拉布和其他七位被告提起控訴，罪名是洗錢與共謀違反美國對伊朗的禁運令，他們對美國官員說謊，透過範圍龐大、高達數十億美金的交易騙局來進行洗錢，此外他們還開設假公司、偽造文書，並賄賂多位土耳其政府官員，目的是要以黃金來交換石油。札拉布的首腦角色讓他在土耳其獲得了極高的社會地位和可觀的財富，據報，他光是在二〇一二年安排進行的交易總額就將近一百億美金。他傲慢到對妻子許下承諾，會把火星買下來送給她。

我對此案幾乎一無所知，我們經常會在對案子保密的狀態下起訴人，這樣目標人物才不會有所警覺，也才有可能如此掉以輕心地跑到美國度假。我很快就得知了關於這件案子和札拉布這個人的許多細節。而土耳其對於他被逮捕一事的反應則是令人難以置信，與當時逮捕柯布拉加德之後印度的反應完全相反。在印度，我因為一件本身所知甚少，而且完全按照規定起訴的案子遭到詆毀，但在土耳其，我則是因為一件同樣所知甚少，而且也完全按照規定起訴的案子，瞬間被吹捧成英雄。我再次於一夜之間成為眾所矚目的焦點，這一點都不誇張。

幾個小時之內，我的官方推特帳號就被擠爆了：追蹤者從八千人竄升到二十五萬人，來追蹤的幾乎都是歡欣鼓舞的土耳其人。我的名字出現在起訴書上，所以在土耳其的電視網上被大肆播放，我的照片也是。土耳其民眾給予我讚美、感謝和土耳其烤肉串。一位非常大方的推友還說他要給我：「土耳其拉克酒、烤肉串、土耳其軟糖、土耳其地毯。」而我則是回覆他：「噢，我很愛土耳其烤肉串，但是不能收下這些禮物，因為我只是在盡我的職責。」整整好幾個月的時間，駐美的土耳其記者都跟著我到處跑。有人為我寫歌、寫詩，也有人公開示愛，網路上甚至還流行起這樣的主題標籤：「#我們愛普里特巴拉拉」。

為什麼會有這些喝采掌聲？因為早在二〇一三年，土耳其的檢察官就已經準備好要起訴札拉布了。罪名是他主導了一連串的貪腐計畫，包括詐欺、走私黃金，以及賄賂土耳其政府的最高層，並用黃金向伊朗購買石油，藉此逃避美國的禁運令，提升本國的出口貿易。你可以看得出來我們兩方的起訴罪名中有不少相同之處。

這件案子在土耳其的結果如何呢？札拉布全身而退。他沒有被定罪，但是也沒有被無罪開釋，因為從頭到尾根本沒有進行審判。札拉布手上握有一張免坐牢金卡，也就是土耳其的總統艾爾段。起訴札拉布就等於表示艾爾段政府、多位內閣成員與他們的兒子，甚至艾爾段自己的兒子，全部都會獲罪。札拉布、環境部長的兒子、經濟部長的兒子、內政部長的兒子，這一群人全都在那一年的十二月遭到逮捕拘留。

一開始艾爾段只是惱怒而已。他公開抨擊這個案子，向檢察官開砲，也譴責警察人員。他稱此次調查為「司法政變」，並透過媒體指控深具影響力、如今流亡美國的穆斯林教士葛蘭（Fethullah Gulen），宣稱是葛蘭策劃了這次的調查來推翻他的政權。艾爾段藉此轉移土耳其民眾注意的焦點，持續將自己塑造成是個遭到陰謀陷害的箭靶。到了最後，他甚至動用了總統的權力。

首先，他撤換檢察官，降調了數千名警官，並重新指派新法官。就在札拉布與其他內閣成員的兒子們入獄被關押了七十天之後，他從監獄中將他們釋放，也不允許新聞記者調查政府的行動。他的怒火大爆發。

他接著開除了許多警察官員，包括伊斯坦堡的警察總長。他撤銷檢察官的律師資格並逮捕他們，然後下令調查這些進行貪腐調查的檢察官。他調查並逮捕警官、法官、新聞記者，禁止媒體報導。他指派新的檢察官上任，而他們把這些曝人醜態的案子一勞永逸地全部結案了。

他並沒有就此停手。接下來提出新法案立法，讓法務部長能夠掌握更大的司法裁量權，包括展開（或停止）對委員會成員進行調查。接著他又著手擴張總統的權力，讓自己能夠在最高委員會中提名法官與檢察官，也就是能夠隨心所欲對全國的法官進行任命與免職。

在土耳其，對札拉布的指控已經被撤銷了，許多想要重啟此案的人也同樣被撤職了。土耳其有一半的人對於艾爾段任用親信憤怒不已；對他妨礙司法憤怒不已，對整件事的不公不義憤怒不已。這是數千萬土耳其人心中嚥不下的一口氣。札拉布好像永遠不用付出代價，直到麥克·洛克哈祕密進行的違反制裁禁令案被公諸於世。對在二〇一三年經歷過司法不公的土耳其人民來說，這就是罪有應得的報應，札拉布必須上法庭接受審判。

然而，這並不代表艾爾段會靜靜地袖手旁觀，怎麼想都知道絕不可能。這位北約組織同盟國的總統還是試圖要影響我們的起訴。他公開說謊，說我是葛蘭的信徒，我可是在起訴書解封之後，才從媒體上第一次聽到這個名字；他也控訴我在二〇一六年協助推動那場意圖推翻他的「政變」，但我這輩子從沒去過土耳其，雖然是一直很希望有機會拜訪這個美麗的國家。

他做的還不只這樣。根據媒體的報導，在歐巴馬政府執政的最後一周，艾爾段親自與副總統拜登見了面。這位外國總統以為他可以跑到華盛頓特區來攻擊一位美國聯邦檢察官，以為他可以介入美國的刑事訴訟過程中為所欲為。他提出了兩個會面的主要訴求：強力要求開除我，還有釋放札拉布。根據報導，他在會面的九十分鐘裡，有一半的時間都在跟副總統拜登討論札拉布的訴訟，就連他的妻子也跟副總統的夫人談起這件事。土耳其當時的法務部長也拜會了當時的美國檢察總長林區（Loretta Lynch），親自開口要她釋放札拉布。艾爾段甚至打電話給歐巴馬總統討論這件事。我那時當然沒有被開除，札拉布也沒有被釋放。

在牢裡蹲了幾個月之後，札拉布終於肯從實招來了，他不但認罪，也作證指認其他的共同被告，並在我被開除之後的一場庭審中，暗示艾爾段也是這起貪腐罪行中的一員。

從札拉布一案，以及相關人士表現出的瘋狂舉止之中，我們可以學到什麼呢？我想應該有很多值得學習的東西，但在這裡特別要指出兩個課題。

第一個課題是：正義非常脆弱。被告對檢察官的攻擊只是過程中的標準配備罷了。如果你怕熱，那就不要進廚房。不過這種情況也是有極限的，如果超過就會變得危險。當一位國家元首——無論是土耳其總統、俄羅斯總統或美國總統加入這場攻訐之中，大肆謾罵、貶低追求正義之士，這就會對司法造成危害，同時極有可能摧毀眾人對司法僅剩的信念。而從言語上的威嚇進行到實際動手濫用職權，其實只有一步之遙。

自從二〇一三年艾爾段撤銷了這些忠心盟友的起訴之後，土耳其就愈來愈朝獨裁統治的方向沉淪，媒體被噤聲，自由也受到限縮。毫無疑問，經過多次有人試圖發動政變後，他的偏執和鞏固自我的傾向也更加明顯。注意，他踏上這條獨裁道路的一個關鍵點就是，決定用個人的力量干預一件經過適當程序進行起訴的刑事案件。沒有人能保證同樣的事情不會發生在美國。

第二個課題是：民眾渴望司法正義，以及看到司法正義獲得伸張。我在土耳其之所以難以置信地受到萬人擁戴，正是來自於大家對司法正義的渴望。大家都希望沒有人能凌駕於法律之上，權勢和特權無法讓你不受到法律的制裁；貪腐的行為一定會遭受打擊，而且一定會有夠勇敢的人挺身與之對抗。這件事展現出全世界受到文明教化的人，都渴望擁有一個誠實與法治的政府，這個政府裡的成員沒有人能凌駕法律之上，而且也一定會遵守自己就職時所立下的誓詞。讓位高權重卻貪贓枉法的人受到法律的制裁，會使民眾對所有案子的司法正義懷抱信心，無論案子是大是小。

除此之外還有一件事：民眾可能會把檢察官想得太偉大。他們只是執法人員，不是救世主。現在，我已經能夠客觀地看這些事情，經常會一邊回想一邊浮現微笑，檢察官有時候只不過是個載體，而大眾會將自身的希望和怨恨一股腦投射其上。我在印度是個惡人，在土耳其則是個英雄，而不管是哪一個稱號，我都擔不起。

3

Judgment

審判

開場

你完成了調查程序，歷經千辛萬苦，現在終於可以正式起訴某個犯下搶劫、傷害、詐欺或是謀殺的人。現在，我們就要進入司法公開（並進行制裁）的階段了。案子從現在開始會有很多人共同參與，突然之間，不再只有遺世獨立的執法人員存在於這個場域，現在，許多其他的角色也一起站上了舞台——法官、辯護律師、陪審員。等在前面的是一場受到司法和眾人仔細審視的審判。

審判是個對控訴做出判決的階段，是要對問題做出最終的解決。這其中的可能性並非無限，基本上只有四種結果：被告承認遭起訴的罪狀（認罪）、起訴的罪狀遭到駁回（告訴撤銷）、勝訴（判決有罪），以及敗訴（判決無罪）。我想，還有可能會出現混合以上四種結果的判決，或是被告變成逃犯，逃過應有的懲罰，但基本上都不出上述的四種結果。值得注意的是，在我們的法治體系中並沒有「無辜」這項判決。

在審判這個階段中，會出現許多利害關係人。檢察官、被告、法院、大眾。其中一位參與者有時會被大家給忽略，那就是被害人。並不是所有的犯罪或惡行都能找出明確的被害人，但如果有，那麼一個很重要的問題就是，他們應該受到什麼樣的對待？檢察官和法庭應該對他們投注多少程度的關切、保護和同情呢？我們要如何確保一位可信度極高，卻遭人懷疑且無力反擊的被害人，能夠在法庭裡獲得她所應得的一切呢？接下來你將會透過一件案子的各個面向，看到一個焦慮不安、名叫蘇安（Sue Ann）的女人，如何在法庭中歷經千辛萬苦，爭取她所應得的結果。就某個角度來說，她可以算是眾多被人遺忘的無名小卒被害人的縮影，他們在司法系統中只得到了次等的對待。

任何需要做出最終判決的場合，都必須有一位主持大局的人物。在球類運動中是裁判或仲裁員；在商業爭議中是調停人；又或者在手足間發生口角衝突時，則是他們的家長。這些狀況中沒有人會被起訴，最終的判決是以權力為根據，而不是無關緊要的外人依照公平的規則做出判定。

在刑事審判中，主持大局的人是法官，這是個舉足輕重的重要角色。法官是審判進行時的中心軸承，可以帶動事情的方向、加速或阻撓真相與正義的顯現。法官的風格、個性與喜好會大大影響即將在法庭上演的那場攻防戰。一位漫不經心或是冷酷無情的法官，很容易就會讓司法的天平傾向一方。正因為如此，大家一碰到要上庭時第一個問題就是：「法官是誰？」別聽人說法官是誰不重要，那根本是胡說八道。在全美國你絕對找不到任何一個有理智的律師（無論檢方還是辯方律師），會跟你說法官是誰不重要。任何不把法官個人特質和喜好納入考量的律師，基本上就是失職。

法官和檢察官一樣，都必須遵從法律的規範。法官面對的不是客戶，而是廣大的民眾；除了做出公正的判決之外，沒有人能命令他們做其他任何事。但是，無論有沒有穿上法袍，法官也跟我們其他人一樣有其不足之處。絕大多數的法官都是公正且有原則的人，他們認真工作，睿智聰穎，但是並不完美，也不可能永遠都正確。他們有心情好的時候，也有心情不好的時候；他們有明智的洞察，同樣也有看不見的盲點。

有人認同辯方，也有人認同檢方，而大部分的律師都能根據被指派的法官是誰，來預測接下來的這場審判會很輕鬆愉快，或是非常痛苦難熬。

我在這裡要寫的並不是法官該如何判決的專業論文，而是要從法官這份工作的本質中，篩選出我的一些觀察、他們在司法上所扮演的角色，以及該如何與他們互動，尤其是那些比較難相處的法官。

如果除了上法庭之外別無他法，如果提出的指控不被受理，按照憲法的規定，我們必須要使出一個能讓事情盡快落幕的手段，那就是刑事審判。

檢察官說某人有罪。但這還不夠，現在要不就是被告承認自己有罪，要不就是檢察官證明被告有罪——而且要排除合理的懷疑——在十二位對你來說完全是陌生人，而且彼此之間也完全不認識的陪審員面前，證明你起訴有理。

調查與起訴階段要做的是向你自己證明被告有罪，而審判要做的就是在別人面前證明你所相信的事。最重要的一點是，審判是一場關於溝通、了解其他人想法、如何搭配邏輯通暢且說服力強大的故事來呈現證據的巡迴賽。

順帶一提，刑事審判之所以能成為公平、有效率的真相判定程序，分別是它提供了一種辯論的模式，同時也讓我們能在法庭之外尋找真相。這些要素提供了我們在大庭廣眾之下進行辯論所缺乏的一樣東西。審判程序的合理性與剛正不阿，再加上法律專業領域的裁決人，才能夠產生出比我們現在經常看到的權力口水戰更公正（且更加令人滿意和能接受）的結果。

獲得公正的審判

有一年，我提名了暴力犯罪小組組長蘿莉．柯倫鮑姆（Laurie Korenbaum）參與角逐史丁森獎（Stimson Medal）。這份榮耀是由紐約市律師公會所授與，獎項以紐約南區檢察官辦公室的傳奇人物——美國聯邦檢察官亨利．史丁森為名。在超過一個世紀之前，他曾在南區檢察官辦公室服務，在更早之前，還曾擔任過美國國務卿及戰爭部部長。史丁森獎是聯邦助理檢察官能夠獲得的最高榮譽。蘿莉對金融詐欺、網路犯罪或公職人員貪瀆向來沒有興趣，她的終身職志是追緝暴力犯罪、幫派犯罪，更特別熱衷於破解殺人命案。她在獲頒史丁森獎時的致詞，將焦點放在了暴力犯罪的受害者身上。以下是她所說的話：

我的工作是破解和起訴殺人案件，這份工作充滿樂趣之餘，更是意義重大，這完全是為了被害人及其家屬，希望至少能還給他們一些正義、幫助他們復原，儘管只是杯水車薪。雖然在我所起訴的謀殺案中，確實有許多被害人自己本身也是罪犯，但有很多時候並非如此。有時候只是一位十四歲的少女，不巧碰上有毒梟派殺手來暗殺對手而受到牽連；

有時候被害人是毒販年輕的妻子，同時還是兩個年幼孩子的母親，她們只是跟丈夫同睡一張床上，碰上了丈夫的仇家衝進臥室裡掃射。有時候被害人是三歲大、穿著超級英雄睡衣的小男孩，在自己的床上親眼看見媽媽被人殺害，凶手認為他的年紀已經大到可以指認自己，所以乾脆斬草除根。

就算被害人本身也是個罪犯，他被殺害之後同樣也留下了愛他的人，那些能夠見到他不為人知的另一面的親友。這些親友同樣也是受害人，而我們的工作就是要還給他們一個公道。

我們是檢察官，不是法官。我們找出被害人，並盡力為他們爭取司法正義。這才是我做這份工作所獲得的真正獎勵，我愛這份工作，也希望自己能夠把它做好，讓某些人的人生能有一點點不同。

這正是檢察官永遠的使命。

蘇安的年紀大約三十出頭，和室友一起住在位於布朗克斯區的公寓裡。她是自雇者而且收入頗豐，但是把賺來的現金全都放在家裡，這可不是什麼聰明的做法。某個周間早晨，她被一陣狂暴的敲門聲吵醒，兩個戴著面罩的男人衝進門來，其中一人手上拿著武器。他們用封箱膠帶把蘇安綁起來，殘暴地用槍托毆打她，害她發生嚴重痙攣並昏了過去。兩人徹底搜遍了整間公寓，直到發現了一萬一千美元的現金，於是就把錢拿走了，在離開之前，其中一個男人還趁機性侵了她。

這場攻擊讓蘇安在加護病房裡住了十天，之後又在病床上整整躺了六天。她的傷勢包括了鼻骨骨折、肋骨骨折、嘴唇裂傷、頸部受傷，以及臉部挫傷。

雖然這兩名凶嫌都把臉遮了起來，但蘇安很確定她認得出其中一人的聲音，是她室友的前男友羅爾（Lamont Rolle），綽號巴姆。這看起來好像是個很容易偵破的案子，因為被害人能夠指認出至少其中一名行凶者，但事實上案子並沒有這麼單純。除此之外，我們沒有指紋、沒有監視錄影畫面，也沒有DNA證據可以證明巴姆曾經到過犯罪現場。

此外，唯一的目擊證人就是被害人自己。而身為目擊證人的受害人，這麼說好了，本身也有一些問題。蘇安的工作是妓女，被搶走了一萬一千美元是她出賣身體所賺取的錢。她還患有氣喘、焦慮症、躁鬱症，同時也有毒癮，有長長一大串的前科，全都是因為吸毒和賣淫而被捕。更糟的是，她當時正在假釋期間。

像蘇安這樣的人很容易成為目標。他們經常是罪犯下手與施暴的對象，而且通常也都不是很好的證人，對於指認傷害自己的歹徒往往沒有太大幫助，很少能在法庭中獲得正義的伸張。如果有什麼事情是做了不需要負責任的，像巴姆這種下三濫心裡一定會想，那就是毆打並搶劫一個沒有人保護的個體戶妓女。他一定認為，就算蘇安有膽站出來，她也不可能做出可靠、能讓人信服並感到同情的指控——他差一點就猜對了。蘇安一開始錯認了另一個人為巴姆的同夥，這個男人符合描述，而且在案發之後沒多久，在離現場幾條街之外被警察逮個正著，結果他有鐵證如山的不在場證明，逼得布朗克斯地檢署只能撤銷對此人所提起的控訴。這次的誤認，再加上他們評估蘇安是個非常難搞且不穩定的證人，地檢署決定撤銷對巴姆的起訴。

儘管在布朗克斯踢到了鐵板，紐約市警局布朗克斯區強盜組的警探尚恩．巴特勒（Sean Butler）卻不願意就此放棄。他認為這是一件難度很高但意義深遠的案子，所以他把案子帶到我辦公室來，最後這案子的卷宗落在了肯恩．納瓦德（Kan Nawaday）這位專辦退休軍人幫派案的檢察官，以及負責販毒案的菜鳥助理檢察官塔提雅娜．馬丁斯（Tatiana Martins）的辦公桌上。（她後來成為偵辦公職人員貪瀆案的主任檢察官。）

這並不是典型的聯邦罪案，我們聯邦檢察官的管轄權非常有限，再加上這案子之前已經被地檢署撤銷過了。但我的同僚們是群大無畏的人，而且非常欣賞巴特勒警探誠懇、堅持的態度，所以他們重啟調查。

塔提雅娜後來見到的蘇安是個暴躁、憤怒而且身心傷痕累累的女人。生活從來沒有善待過她，她是個一塌糊塗的證人：不聽人說話、沒辦法保持冷靜，而且完全無法專注。再加上她非常、非常、非常地憤怒，當然這是完全可以理解的狀況。如果最後南區檢察官辦公室真的要起訴巴姆，那麼就會是由塔提雅娜帶著蘇安站上法庭的證人席，到時候她一定會碰上很多麻煩。

首先，肯恩和塔提雅娜需要更多的確證，得找到巴姆身在犯罪現場的證明。他們利用巴姆的電信商提供的資訊，透過衛星三角定位法找出他的位置。巴姆手機移動的軌跡，大致符合他在案發前從自己家前往蘇安的公寓，然後又從她的公寓回到自己家的路徑。問題是，衛星定位軌跡的精確度只有在幾個街區之內，這是非常好的確證，卻不是能夠定罪的「鐵證」。這真的是個難度很高而且證人不好搞的案子，但是他們因為這個證據而申請到了逮捕令。

巴姆在二〇一四年一月九日遭到拘捕。我們扣押了他的手機，並且立刻申請搜索令對手機內容進行調查，從手機裡面找出來的東西很有趣，有幾張照片裡滿是大疊可疑的鈔票，還有些照片裡拍下了幾十張不同面額的鈔票亂撒在他的床上。大數據顯示這些照片是在搶劫發生之後所拍下的，這給了塔提雅娜一個異想天開的主意：蘇安會不會也為自己的錢拍了照？如果她真的有拍，那麼就可以拿來做比對，成功的話這就會是如山的鐵證了。

當然，這是個半開玩笑的辦法，塔提雅娜還是問蘇安，在錢被搶走之前，她是否曾為這些錢拍過照。

再次證明，這種看起來沒有用的問題在司法中有其神聖的地位。蘇安說她還真的有拍！為什麼要拍呢？從她的回答之中，你可以看出這個女人的個性：蘇安沒有經紀人，依靠網路來自我行銷。不久前，有個陌生男人主動說可以幫她拉生意，他舌燦蓮花地說，只要兩人聯手，他可以讓她賺到更多錢。蘇安其實也是個自尊心很強的人，她對自己說，我就是自己最好的皮條客。她想要證明給這個氣焰高張的性交易經紀人看，用她自己的話說是這樣的：「我才不需要靠皮條客，我靠自己就能賺錢。」所以，運氣就是這麼好，在被搶劫之前不久，蘇安把她最近賺到的大把鈔票攤在床單上拍了照，然後把照片傳給這個傢伙看，為的是要向他展現自己是個財務獨立的女性。

她手上還有這些照片，幾位檢察官不敢相信自己的運氣竟然這麼好。他們花了好幾個小時著了魔似的放大巴姆拍的鈔票照片，拿來跟蘇安的照片比對，迫切希望能找到相符的鈔票。塔提雅娜把每一張沒有被遮住的鈔票上的序號和各種記號都仔細研究了一番。蘇安那疊鈔票中有張百元大鈔的左上角處，有人用手寫了「MAY」這個字，但是她在巴姆的鈔票中卻找不到有相同標記的。她一直看到眼睛都視線模糊了才罷休，儘管這麼努力，還是找不到相符的鈔票。

我們快轉到庭審的前一晚，那是在挑選陪審團成員前一天的周五，團隊正在整理所有上庭的資料。突然之間有人想起了一件事：在逮捕巴姆的時候，他們不只扣押了他的手機，也扣押了皮夾。他的皮夾裡有些什麼呢？裡面有十一張百元大鈔。

在當下那個時間點，這個皮夾正安穩地躺在美國菸酒槍炮及爆裂物管理局總部裡一個上了鎖的保險櫃中，作為本案的證據保管著，而管理局總部就在金融區附近。大家面面相覷，巴姆是在案發後隔了好一段時間才被逮捕的，那些搶來的鈔票還留在他皮夾裡的機率並不高，儘管如此，探員蓋爾塔．梅伊（Keltar Mui）還是立刻飛奔去把皮夾領回來。他們把皮夾裡的一千一百七十七美元鈔票全數攤開放在肯恩的辦公室桌上。

塔提雅娜因為看那些鈔票記號和序號太久了，印象早就牢牢刻在腦子裡了。在蘇安的照片檔案被叫出來之前，她就已經覺得心臟快要從喉嚨跳出來了——她看到巴姆皮夾裡有一張百元大鈔的左上角寫著「ＭＡＹ」這個字。她也認出那張鈔票的序號是L12440340A。她大叫：「快打開那些照片檔！」

他們馬上確認無誤，事實就擺在那裡，跟富蘭克林臉上的鼻子一樣明顯。巴姆皮夾裡的那張鈔票上有著相同的序號和「ＭＡＹ」這個記號，就跟蘇安被搶劫之前所拍的照片一模一樣，另外還有三張鈔票也相符。實在是老天保佑，誰能想到搶案都發生了兩個月，巴姆還帶著四張搶來的百元大鈔在街上晃蕩。真的是中了頭獎！

於此同時，庭審即將在周一開庭。第一個問題是：他們是否應該讓辯方知道這個毀滅性的證據？辯方律師手上已經有所有的照片，我們也在一開始就讓他們知道我們想要用巴姆皮夾裡的錢來當證據，並請他們前來檢查這些證據。我們也提供了皮夾裡現金的照片，所有相關的證據辯方也都有，我們不需要為了道義或其他任何理由，幫他們做自己該做的功課。

另外還有一個不得不考量的點。把鈔票比對相符的證據一股腦全餵給辯方律師，很可能會促使他們認罪，這麼做就不需要進行庭審，也不需要讓蘇安出庭作證了。但是，有件事卻讓我的同事們認為不該這麼做，蘇安跟其他有著相同遭遇的受害人不同，她非常希望能夠出庭作證，一點都不害怕。她非常生氣，甚至可以說是怒火中燒。儘管她也知道辯方曾經惡形惡狀地暗示過，他們會攻擊她的人格、可信度以及生活方式，她仍然想要出庭作證。她想要親口說出發生在自己身上的事，讓大家知道真相，也想要在法庭上獲得司法正義。她想要那個欺負她、傷害她、搶劫她的男人和她面對面對質。當布朗克斯地檢署撤銷控訴時，她簡直無法相信這個男人差一點就這樣逃過制裁了。

塔提雅娜和肯恩也認為這個案子應該要進行審判。為什麼？因為這是蘇安應得的權利。如同塔提雅娜所說：「蘇安是個染有毒癮、患有癲癇的妓女，她這一輩子都在受人剝削。沒有人相信她說的話，也沒有人理她，她想要在法庭上獲得屬於她的司法正義，我們也希望她能夠得到。我們希望她能夠獲得她想要的判決，而且我們也想要讓她知道，在美國，像她這樣的人也一樣能夠獲得司法正義。」

所以他們就讓案子上法庭進行審判了。

在開場陳述中，塔提雅娜以極具諷刺效果的方式來敘述這個案子。而在辯方的開場陳述中，聯邦辯護律師珍妮佛・布朗（Jennifer Brown）完全沒有回應關於鈔票比對相符的問題。相反地，就如同檢察官說，辯方律師保證會要求蘇安做證，藉此對她進行「蕩婦羞辱」，讓她二度成為被害人。

辯方律師將焦點放在蘇安的生活方式上，包括她來往的對象和生活的環境。所有問題都集中在蘇安之前的犯罪紀錄、職業以及吸毒的狀況，在在都顯示辯方的策略就是要以二度傷害蘇安來打贏這場官司。布朗小姐在一次交叉詢問時，問了蘇安非常多關於她的工作與客戶方面的問題：「所以你對自己的工作很在行，對嗎？你的客人很多，對嗎？你為了要有好表現，無論客人說什麼都會盡力滿足，對嗎？他們想聽什麼你就會說什麼，對嗎？有些男人喜歡聽別人說他們有多厲害，對嗎？」

其實辯方對蘇安所採取的詰問方式，就跟巴姆的心態完全相同，這麼說一點都不誇張：怎麼可能會有人相信她是受害人呢？肯恩對陪審團這麼說：「她對被告來說是個輕而易舉的獵物。大家都知道她是個妓女，誰會相信她？她是個很容易得手的目標，要從她手上把錢搶走實在太容易了。」

儘管辯方攻擊被害人的人格，對她輕蔑地嘲弄、傲慢地詆毀中傷，但最後陪審團會相信誰呢？他們相信蘇安。

由於她的生活背景和過去的紀錄，這個帶有偏見的法治系統曾經自動將她歸類到「不可信」的類別中。因此當判決出爐宣判被告有罪時，蘇安雙膝跪倒在地，哭了起來。她在向檢察官團隊道謝時說：「從來沒有人認真看待過我。」

肯恩和塔提雅娜在紐約南區檢察官辦公室經手過非常多重大案件。塔提雅娜就曾在第一審時，將紐約州參議院的共和黨領袖史凱洛斯定罪，之後又在第二審時將紐約州議會議長蕭華定罪。但塔提雅娜跟我說，在這麼多次的勝訴中，贏得起訴巴姆的案子，可以說是最讓他們感到心滿意足的一次，因為這次的勝訴為被害人的人生帶來了很大的不同。

我本來對此案幾乎毫無所悉，因為這並不是一般美國聯邦檢察官會處理的案子，而在接觸到案子的細節之後，我的感想是，這件案子所具有的意義，就和我們所處理的其他案子一樣。不只是對被害人意義重大，也對打官司的團隊意義重大，對法律之前人人平等這個說法更是意義深遠。此外我也覺得，少了像是塔提雅娜、肯恩和巴特勒警探這些願意起身奮戰的公務員，司法正義絕不可能實現。

在我們這一行，痛苦和戲劇化的情節是家常便飯，潛藏的風險就是我們在面對一個個承受痛苦傷害的人時，會漸漸無感，對方變成是職業化的一種標準配備，而不是有血有肉的真人。本來是要進行協助的專業人士，會對這些人所遭受的痛苦變得習以為常且麻木不仁。我想這就像你得要是個很特別的腫瘤醫師，才會對第一千位診斷出罹癌的病人，懷抱著與你第一次診斷罹癌的病人相同的同情與牽掛。隨著時間過去，我想對有些人來說，那種在對方病榻前展現的關懷之情，會變成是件在事後才想起來應該要做，或讓人感到麻煩的事。即便是最優秀的醫師都可能只專注在疾病這個抽象的概念上，而不是活生生存在於眼前那位受到病痛折磨的人身上。

奧立佛．薩克斯這位知名的神經外科醫師，在所著的《錯把太太當帽子的男人》一書序文中曾說自己「對疾病與人同感興趣」。他提到了希波克拉底（Hippocrates）為醫學帶來了一個有所限制的工具：病歷。在臨床上，病歷描述的是疾病的進展過程，薩克斯認為有病史可以參考確實很好，但缺點是，因為「病史告訴我們的不是一個人和他的歷史；病史毫不涉及患者本身，從中我們看不到這個人面對疾病的奮鬥與求生經歷」。他進一步闡述，我們不應該將疾病與本身各有不同的真人病患分開看待，這些人才是疾病宿居的主體：

在狹隘的病歷中，並無「主體」。現代的病史，提到患病的主體時，只是一筆帶過，例如，「第二十一對染色體白化症女性」。但簡單一句話，可以用在人身上，也可以拿來形容老鼠。要恢復以人作為中心主體——承受痛苦、折磨與疾病抗爭的那個人——我們必須加深病歷的深度，使其成為一篇敘事或故事；只有這樣，我們才能看到「病人」又看到「病症」，看到一個真實的人、一名病患與疾病的關係，以及與肉體的關係。

同樣的情況也會發生在檢察官身上，檢察官也必須對罪行和人同感興趣。當然許多罪行並沒有可以明確界定出來的被害人，但是當被害人確實存在，處理這件案子時的動能與方式就應該要有所不同。即便是最優秀的檢察官也會因為要為案子舉證而心力耗竭，擁有高超法律與調查技巧的檢察官，很可能會忽略了自己的工作應該要更溫柔地照顧到被害人的感受。當檢察官或執法人員夜半時分仍在梳理通話紀錄、檢視監視畫面、撰寫起訴書草稿，或透過繁瑣的程序申請搜索令和竊聽資料時，有血有肉的罪案被害人很可能早已被他們拋到腦後了。而這種疏忽潛藏著非常大的隱憂。

當然持平而論，保持某種程度的抽離還是必要的。如果一位已經有多年經驗的腫瘤科醫師或負責偵辦殺人案的警探，每次做完診斷或看到冷血謀殺都還會大崩潰，我們會認為此人的能力不足，不適合這份工作。醫師與警察在面對鮮血和死亡時，都要能控制住自己不崩潰大哭或是昏厥在地。

於此同時，若以專業之名刻意保持太過疏遠的距離，也會有損案件整體，並使決策過程變得不公正。如果你不努力把被害人放在心上——那個承受著痛苦、折磨，努力抗爭著的人，那麼風險就是，你會危害到被害人在法庭上獲得司法正義的機會。你必須真心想為被害人奮戰，因為案子裡實在有太多一眼就能看穿的不足之處，讓你有藉口可以放棄起訴。

因為，讓我們面對現實吧。若不能對被害人抱持著堅定的態度，尤其是那些弱勢、無能、神智混亂，甚或是不值得同情的被害人，那麼顧慮是否敗訴的心情，很可能會壓過你想要為他們取得司法正義的衝勁。罪案的被害人就跟一般人一樣，身上也背負著許多過往的包袱，很可能不討人喜歡、難搞、愚蠢、不老實、頑固、誇張、情緒化、反覆無常、報復心重，或是讓人摸不著頭緒。他們也可能不肯配合，或是太想有所表現。他們會犯錯，就像蘇安曾錯認巴姆的共犯。這些都會影響你為案子所做的決策，也會左右案子是否得以順利起訴，就像布朗克斯地檢署當時面臨的狀況。

某些人是否比其他人更難獲得司法正義？當然是。儘管這樣說很糟糕，我們也都希望事情不是這樣，但罪案的被害人也有階級的高低。別人會問問題，也會做評量。當一個無名小卒對一個位高權重的人提起控訴，會有人相信她嗎？當一個一窮二白的小子對一個生活優渥的人提起控訴，會有人相信他嗎？就算檢察官相信證人，但陪審團呢？我會這麼說並非毫無來由。有時候被害人本身有太多問題，以至於檢察官不太願意接受這個挑戰，又或者是不願意相信這樣的被害人，導致勢必要有更多的確證，檢察官才會正式提起控訴。

也就是說，基於許多因素，很多檢察官都會顧慮敗訴的風險，但有一個弱勢又不完美的被害人兼證人，則會再多添一份和平常不同的恐懼感。然而正是在這個時候，我們更需要照顧這位被害人，這位不太可能獲得司法正義、弱小無依、成為其他較強勢的人手下獵物的被害人。或許這位被害人想要、需要，也比其他更「正常」的人，更應該得到司法正義。很有可能，對這一類被害人所給予的同情和特別照顧會帶給你熱情和動力，讓你再更努力一點、再挖掘更多證據，為被害人平反冤屈。很有可能這種投入會改變你對案子的分析，即使在過程中碰上了阻礙，也能激勵你繼續奮力向前。

現在在美國，多數人對於女性控訴遭到有權勢男性性虐待或性侵犯的聲音聽而不聞，這樣的爭議愈來愈甚囂塵上。這類案子都很難評估，但是不難發現有項事實一點都不假，有權勢、有名望的男人無論做了什麼都有辦法逃過制裁，因為他們可以讓受害人滿心畏懼並閉上嘴巴。有數不清的女性曾經遭到騷擾、虐待、侵害或是更糟的對待，但是，即便她們帶著可靠的證據站出來指控，也只有極少數的案子最後真的能獲得司法正義。

檢察官可能會考量的是，究竟該相信誰（是他，還是她），以及是否該接下這個令人望而生畏的案子，去對抗一個財力無上限、扳不倒的巨人。此外就是，萬一陪審團最後沒有定罪，對高知名度的被告和檢察官辦公室雙方，都會造成永難抹滅的名譽傷害。

所以，傾向盡力避開敗訴風險的執法人員，對那些變數較多的案子，很可能就不願意進行起訴，特別是如果他們吃過類似的虧。司法正義（即便是帶著最大良善意圖的司法正義），只要是由不完美且膽小的人類來下判斷，就不可能單純由法律或事實本身來定生死。

所以，心態非常重要。

問題就在於：你有多想讓案子成立？願意投入多少努力，承擔多大的風險？為了維護你相信的被害人，願意忍受多少外界的批評？

二〇一七年在美國發起的#metoo運動，最後扳倒了許多曾經叱吒風雲的大人物，並揭開了他們不為人知的另一面。但這個運動還發揮了另外一個效果，明顯改變了檢察官的考量方式，改變了在「敗訴的風險」與「為受害人伸張正義」之間的巧妙平衡。

一開始的時候，儘管有可靠的證據，曼哈頓地檢署並沒有以性侵害罪名起訴哈維・溫斯坦，這件事人盡皆知。當時的證據是警察在一次突襲行動中所錄下的影片，溫斯頓明白地承認他在被害人不願意的狀況下觸碰對方的身體。直到後來開始了#metoo運動，多位女性的證詞都描述了他的獸行，溫斯坦就從職業生涯高峰重重跌入谷底，他被炒魷魚了。類似的暴力與騷擾故事不斷被爆出來，總數超過八十件，而其他有權有勢的男人也因為此事在事業上受到牽連。在一片激烈的撻伐聲浪中，曼哈頓地檢署重起溫斯頓案的調查，並在二〇一八年，根據三位不同女性的遭遇，正式起訴他犯下強姦與性侵害的重罪。有什麼東西不一樣嗎？有什麼新證據出現嗎？有可能，但最有可能真正改變的是，檢察官那股「追究到底」的意志。在全美各地爆發的怒火，使得優先順序有了改變、風險評估有了改變、注意焦點也有了改變，而這也是一場遲來的正義。所以，想要伸張正義的意志非常重要。

有時候我們會忘了被害人、會懷疑他們，甚至會評斷他們。但最終，法治系統存在的目的是要服務他們，讓他們能在符合法律的狀態下，在法庭中獲得司法正義。無論受害人是個在床上睡覺的無辜小孩、一個身有疾患且生活並不平靜的女人，又或者是一位遭到大人物性侵害的年輕女子。

法官

有次我在宴會中與一位知名的電影導演聊天。他一開始並不知道我是誰，經過別人介紹之後才知道我是一位檢察官。半是殷勤半是好奇地，這位導演問我：「你們法律界最近有什麼新聞嗎？」不知怎地，我們就開始聊起法官。他想知道的是：「刑事案件的主審法官是怎麼選出來的？」

我說我們有個木製的抽籤轉盤，裡面有許多姓名卡片，會由一位地方法官先轉動把手將卡片混勻，然後再抽一張出來。被抽中的就是負責當次刑事審判的法官了。這件事對我來說沒有什麼特別，但是導演卻一臉雀躍：「真的有這樣一個轉盤存在？」我看得出他正在腦子裡想像那個畫面。

「真的有。」我回答。

他微笑著陷入沉思。或許他被這件事的離奇和落伍程度給吸引了，也可能為這件事的戲劇性大感震撼。他說可以想像有個電視節目或電影以「轉盤」命名，而各種故事在轉盤轉動之際被命運之手給抽出來。

就我所知，從來沒有任何故事從我們的轉盤裡掉出來過，我也沒有以一個外人的角度來看這件事，直到看見這位電影製作人對此事的戲劇潛力感到目眩神迷。

他的發現很重要。法官是不能互換的。套句經濟學家會用的說法，他們是不可取代的。主審法官是誰，會對審判產生一定的影響，有時是舉足輕重的影響——尤其是在量刑方面。法官的做法、風度與決定，對於審判結果公正與否，以及對參與其中的眾人對程序公平與否的信賴程度，所產生的影響可說是難以盡數。

但還是讓我們先回到轉盤上。紐約南區檢察官辦公室其實不只有一個轉盤，而是有三個，被安放在珍珠街五百號那棟現代化法院的五樓。這三座轉盤分別被標示為A、B、C，用來對應各種長度不一的訴訟官司，不是每位法官的名字都在裡面。這些歷史悠久的轉盤呈八角形，並以深色木材打造而成，裡面都有個緊密封緘的信封裝著法官們的姓名卡片，每次要拿出卡片時，都必須要使用拆信刀打開。當地檢署遞交起訴書後，執勤的地方法官就開始緩慢地轉動起這個轉盤，這是個非常獨特的時刻，因為往後有許多事情都將取決於此。我們並不是迷信的人，但有時還是會派一位「幸運星」檢察官去參加這個用轉盤挑選法官的程序。

這個實體轉盤其實完全沒有必要，現在要用電子方式隨機選出法官是件非常簡單的事。事實上，在同一個單位（也就是南區檢察官辦公室）提起民事訴訟時，法官的選派就是用電腦隨機挑選的程式來進行。這種做法早已行之有年，但這些實體司法轉盤依然存在於刑事訴訟案的審理中。根據規定，那些需要指派法官的案件（也就是被大陪審團駁回的起訴案），必須要在公開場合進行法官的選派。那為什麼要用輪盤呢？這有點像是個特殊的象徵儀式，象徵著逝去年代的古風長留，也更強化了我們需要一個神聖的抽籤機制，來彰顯司法一視同仁的形象，而這在刑事案件中尤其重要，因為被告的人身自由全繫於此。

法官是披上了法袍的祭司，是上帝的代言人，當你的命運掌握在法官的手上，他們手上握著的法槌就有如一枝魔杖。但最基本應該知道的事情是，法官無論男女，他們都只是人，可能只是比大多數人擁有一份更好的職業。法官的心情會有好壞起伏，有自己的觀點、脾氣和弱點。他們也只不過是人。

另外一個與人性相關的部分則是，知道法官是誰，你就能預期接下來這場官司究竟是輕鬆愉快還是痛苦難熬，會知道哪一場審判需要你熬夜到凌晨兩點鐘，或是哪一位法官會讓你在眾人面前感到渺小無能。你可以頗為準確地預測這場審判需要花多少時間。如果法官的性格是左右審判結果的因素之一，那麼就實務上來說，這代表了什麼呢？

你可能不是從事訴訟工作的法律人，但是這一生中一定遇過類似法官這個角色的人。如果你曾經歷過交通事故仲裁、離婚等等，那麼可能碰過真正的法官。而如果你曾經被逮捕、被人控告或是控告別人，那麼對法官這個陰沉的形象一定也不陌生。

但到處都有法官。學校裡決定如何處罰學生的老師、決定如何處置員工問題的老闆、決定誰能獲得升遷的長官、調停手足間爭執的父母，還有各種運動比賽中的裁判，這些人全都是法官，你也一定和某種類型的法官交手過。我們所有人都被人評判過，而我們自己也都在評判他人。

想想看，你對這些日常生活中的法官人物所具備的中立性、評斷力和智慧抱持著什麼樣的看法。你對他們的決定的看法，很有可能是以你認為他們公正與否這個角度出發（人們傾向認為，做出對自己不利評判的人是個不公正的人，這是個很自然的偏見）。

同樣重要的是，面對這些生活中隨時有可能出現的法官人物時，你的策略是什麼？回嘴？開戰？辯護？投降？

律師在法庭上引導法官的技巧好壞，通常要看這位律師對常識與人性的理解有多深入，而不是法律專業知識有多高深，這就跟我們在其他的人生狀況裡一樣。法官的角色是要在不帶偏見、不參雜個人好惡，並且不出手操縱的狀況下，讓真相得以現形，同時也給予辯方和檢方兩造相同的尊嚴與尊重。絕大多數時候在法庭中確實如此。不過有時候，也有可能需要靠這個程序中的其他角色如檢察官、辯護律師，來讓法官重新回歸到這些價值上。這就是最後我們達成司法正義的方式。

我何其有幸，工作的轄區中擁有全美國最體貼、最有智慧，也最具道德觀的一群法官。當年我在美國參議院工作時，職責包括要在紐約州內物色、調查並培育適合擔任聯邦法官的法界人選。我十分重視法官的品質，也盡力確保我們有盡到監督之責。紐約南區檢察官辦公室長期以來都被暱稱為「法庭之母」（Mother Court），這也彰顯出了它本身的優秀表現。而對這個歷史悠久的法院來說，這樣的聲譽可說絕對是實至名歸，但並不代表裡面所有人都是完美的。

有時候法官會傾向採取保護自己的做法，更勝於追尋司法正義，這令人驚訝是因為，通常大家不會覺得法庭上的法官也是個一般人。法官們也希望自己能在事業上成功，無論對他們來說成功的定義什麼。那些認為自己的判決在上訴時遭到推翻，將是事業上一大挫敗的法官來說，他們會想辦法避免這樣的情況發生。

我們曾經手一件備受關注的國家安全案件。進入審判之初，辯方提出排除一項非法證據的申請，而主審法官接受了這個申請，這項證據是一段被告在國外遭到逮捕後對聯邦探員所說的話，這段話可以證明被告有罪。這是個很好的證據，但跟案子裡多到數不清的其他有力證據比起來，重要性其實沒有那麼高。更棘手的是，這位法官在陳述判決觀點時提到，她認為處理該案的兩位主要聯邦探員有所謂的「可信度疑慮」，她不相信他們沒有對被告說出威脅性言論。我和團隊都認為，這種針對探員個人所提出的說法根本毫無根據，而且是百害而無一利，這兩位探員的事業也會受到很大的損傷。這位法官的判決啟動了相關單位對兩位探員進行倫理調查，讓他們很難繼續在接下來的庭審中作證。這位法官親手把一顆炸彈交到後續庭審的辯護律師手上，讓他可以在交叉詰問時完全不怕沒有材料可以攻擊這些探員。

我們並不需要那份被法官排除的證據，它沒有那麼重要。但這個可信度判決的論調令人非常不悅，而且很難嚥下這口氣。這位法官大可在不打臉聯邦探員的情況下做出判決，而兩位探員剛好都是我熟識的人，過去擔任第一線檢察官時曾與他們共事過，我相信兩位都不會因為個人的好惡而對被告進行威脅。我們氣炸了，我氣炸了。

這個排除證據的決定也就是我們所謂的上訴證明，是法官刻意佈下的一著。主審法官所提出的可信度疑慮通常會受到極大的尊重，再加上上訴的庭審法官非常排斥去質疑其他法官已經做出的判決。我們強烈懷疑這位法官之所以這麼做，不只是因為排除證據具有合理的法源依據，同時也是想要進一步確保事情不會對自己造成影響，她是在經過精密的算計後才會使出可信度疑慮這一招，連她自己都不是完全相信這個判決的真實性。

我實在難以忍受這個狀況，所以做了一件非比尋常的事，而且無論是以前或之後都沒有做過的事。我發出公開聲明表示我們考慮要上訴，這個做法果然引起了這位法官的關注。

她立刻召集所有與案子相關的人士在隔天進行緊急會議。當天下午，我和團隊圍在辦公室角落的咖啡桌旁商議因應策略。這件案子的兩位庭審檢察官是我共事過最優秀也最聰明的，安揚．撒哈尼（Anjan Sahni）和布蘭登．麥奎爾（Brendan McGuire）都曾被我拔擢為顧問職。我們與理查．札博及波伊德．強森一起討論他們在這場會議中該以什麼樣的角度切入，討論的結果是，安揚和布蘭登應該提出，整件事最令人困擾的地方就是對聯邦探員不公平的可信度疑慮，而如果這個說法受到法官反擊，那就清楚表明，如果這個部分可以被撤銷，我們就不會選擇上訴一途。我們希望她收回這個極具傷害力的判決的要求，很有可能因此激怒她。對絕大多數法官來說，這絕對是個無法接受的做法，因為這等於是當面煽了他們一耳光。

那麼她有被激怒嗎？沒有。我們一開口表明不會上訴，這位法官立刻就同意重新修正她的判決和看法，將可信度疑慮的部分刪除，並在二十四小時之內就完成了這件事。然後，另一位法官發現，其中一位探員有可能會因為受到我們如此大力地維護，而在交叉詰問時被質疑他是否偏袒檢方，也就是說，這件事終究還是造成了傷害。

我們是怎麼想的呢？一方面，就案子本身、事實以及探員這些角度來看，我們並沒有做錯，而且很高興法官收回了她的成命。而在另一方面，從她點頭答應撤銷判決的速度之快就可以看出，她當初做出這個會讓人終身揹上汙名的決定時，是多麼地將個人目的視為優先考量。你應該會覺得，既然法官明明知道，還是做出了這個會對資深探員造成傷害的判決結論，那麼她本人應該是對自己的判斷深信不疑，而且認為有其必要才會這麼做，不太可能會輕易撤銷。那你就錯了。

全美各地都有很多法官會試水溫：「如果我這樣判，對方會不會提起上訴呢？」這時他們會先進行一次事前的沙盤推演，當然這不一定是件壞事，通常是為了要盡力以協商的方式來滿足所有人的期望，但無可否認的是，這麼做免不了會參雜地位崇高的專業人士出於直覺的自保動機。當然，這也不絕對是壞事。

在這件案子裡，用緊掐著探員可信度疑慮的判決來交換檢方不提起上訴，感覺起來很沒有原則，不是嗎？是的，確實如此。但事情就是這樣，而我們必須去面對和處理這樣的狀況。我們非常嚴肅地看待信用這件事，如果有人要做出中傷他人的言論，最好是經過深思熟慮之後才這麼做；但既然判決可以這麼輕易地被撤銷，就表示她對自己最初的看法也不是那麼有把握。

我並不是要告訴大家這樣的極端狀況是常態，但確實會發生，我也很肯定在紐約南區檢察官辦公室以外的其他法院，這同樣會發生。

重點是：法官並不一定是個完全沒有利益關係的角色，只針對事實引用法條、只負責落槌敲定有罪或無罪。法官並不一定總是那麼清高。所有人都有自己達成目的的手法和策略，法官也是如此，也會跟人討價還價做交易。當檢察官知道某位法官非常在乎自己的判決遭到駁回，就有籌碼可以談判。這裡要學習的課題是保持覺察，就如同你在每天的日常生活中會碰到的那些法官角色，你得覺察到哪些地方是他們會被觸動的「點」，以及可以做些什麼事情來緩解潛在的利益糾葛、個人見解或偏見。

盡你所能讓司法正義發揮到極致，並促成它的實現，我想這需要持續不斷的自我警惕，也需要持續不斷地成長和進化。庭審法官因為身在一個非常特殊的組織架構中，而無法在這方面有健全的發展。

在我的經驗中，法官都是非常聰明、充滿好奇心的人，同時也很嚴格，並且非常重視細節。他們是經過精良訓練的律師，不懈於追求卓越的表現，非常了解案子可能會因為你如何解讀一個句子或是一個逗點，就出現截然不同的大逆轉。但是，我認為身為法官這件事本身就有個「特點」，會阻礙這些身穿法袍的大人們像其他專業人士一般與時俱進。法官自然也會隨著經驗增加而愈發高明，在法律方面的相關知識也會有更多增長，但該學習、訓練的並不只有這些而已。

從旁觀看其他人如何做同樣一份工作，也是種非常關鍵的教育學習，比如庭審律師在法庭上會觀察其他庭審律師如何答辯，藉此了解什麼方式可行，什麼方式不可行。他們可以模仿對方說話的語調、時機的掌握，或是所採取的策略。在擔任聯邦檢察官時，我非常鼓勵年輕檢察官只要有機會，就多去觀看其他同事在法庭上的表現，也要多觀察表現優異的辯方律師。你可以從做中學，還可以藉由觀察來學習並改善自己的表現。我們知道運動員會向其他運動員學習，無論是在比賽之中，還是透過觀看對手的精采回顧片段，拳擊手、四分衛、棒球投手等也都會做同樣的事。他們藉由觀察其他好手的動作而讓自己更上層樓。就連對商業界領袖、新聞從業人員和演員來說，亦是如此。

但庭審法官就不太一樣了。

許多法官很早就建立起頗有聲望的職業地位了，往往在法學院畢業之後便長年擔任某位法官的書記官，因此對於該如何扮演法官的角色略有概念。可是當他們正式穿上法袍之後，這樣的學習就完結了，他們成了自己法庭中的國王，但同時也是囚犯。他們不會再出現在其他法官面前，也沒有機會再看到其他人怎麼處理複雜的反對意見、難搞的證人、藐視庭上的律師，或是困惑不已的陪審員。從宣誓就任的那一刻起，他們的觀察經驗就幾乎終止了。這當然是始料未及之事。國王和皇后絕大多數不會花時間去關注其他城堡裡的國王和皇后，但我想，他們最終會失去接受「繼續教育」（continuing education）的機會，難以虛心求教其他更好的處理方式。因為他們看不到自身所犯的錯誤，並始終在自己如孤島般的法庭裡遺世獨立地運作著，那些帶有壞習慣或不與他人合作的法官，通常都很難有所改變，而這會破壞大家對於司法的認知（與執行）。

這些庭審法官常單獨主持審判，而且根本不需要花時間去介意在自己的法庭高牆外所發生的任何事。他們可以在法庭中做出自我中心的獨特判決。有些法官會要求你絕對不能離開自己的發言席位、不能喝瓶裝水，或是你一定要先向法官請求准許，才能問證人問題，甚至還有規定你不能向法官道謝（我是認真的）。有時候要記住哪些事情會惹火哪些法官實在很困難。（不過，上訴法庭的法官和高等法院的法官一樣，是以小組討論的方式進行審判，所以他們可以觀察到其他同僚，長時間下來也能向彼此學習。）

我並不是要誇大這個問題。法官的工作之一是撰寫法律評論，所有法官除了自己寫的之外，都讀過無數其他法官的評論，所以這也是個繼續教育的過程。但是，他們也得持續學習法庭中的行為表現。

法官是法庭的主人和指揮官。在被告首次出庭時，他們就已經為此次審判定下了走向，所有人都以法官馬首是瞻。這絕對是真的，因為法官坐在比其他座位更高的法官席上，身披黑色長袍，手裡還握著一個木製的小槌子。當法官走進來和離開的時候，所有人都要起立，這樣的舞台設計就是為了要彰顯其尊榮及與眾不同。至於每一位法官如何運用這權威性十足的威望，就因人而異了。

有些法官並不喜歡擁有這種可以決定審判程序的特殊權利，讓我來舉個例子。許多法官在審判開始前，會先真誠地向律師和檢察官問好：「早安，檢察官小姐。早安，辯方律師先生。」口氣非常愉快，也非常尊重人，接著法官會說：「我看到被告出席了。」這代表法官正式認可被告得以為自己辯護並全程參與審判的憲法權利，之所以要這麼做，是為了讓法庭的速記員能夠將之寫入紀錄之中。這似乎是件微不足道的小事，但對被告的尊嚴來說，卻是非常重要的事。被告是大家齊聚在法庭的理由，是唯一一個可能失去自由、受到審判、人生和生命岌岌可危的人。

在我轄區中的前主任法官蘿莉塔·普瑞斯卡（Loretta A. Preska），和某些法官卻習慣不同的做法，而且做得更好。普瑞斯卡總是表現得無懈可擊、井然有序，富有權威感卻又不讓人覺得盛氣凌人。我出席過非常多次由她主持的法庭，審理過程總是十分正式卻和善。她跟所有人一樣，也會在開始時帶著微笑問候：「早安，檢察官小姐。早安，辯方律師先生。」接著她會轉向被告，微笑著說：「早安，被告先生。」她以對待一個人的方式來對待被告，這個人理應獲得尊重並擁有尊嚴。大家常會忘記這一點，檢察官會忘記，法官也會忘記。但為了要讓法治系統獲得所有人的信賴，為了要讓大家都相信每一個人都能獲得公平的審判，不只需要好的判決，更需要大家在行為上，表現出對他人的尊重。

這只是個輕鬆的閒話家常而已。雖然可能有比這更重要的事，但我常常會想，如果被告本人在法庭中連主審法官一句簡單的問候都得不到，那麼他對於自己在這個法治系統中的地位，以及對司法程序的公正性，會做何感想呢？他是否覺得根本沒人在乎他？還能信任這個程序嗎？輕視被告只會讓彼此之間更加疏離，更別說其實沒有這個必要。即便是像這樣小小的貶抑行為，也會破壞眾人對司法的信心。

在法庭中很多時候我們只看得見身分，只會頌揚法官，貶低被告。但無論是手銬或法袍，都無法改變這兩種身分都是「人」的這個事實。

法官也可能會在審判中太過投入，給出太多帶有個人色彩的評論，表現得像是個新聞主播而不是仲裁者。

二〇一八年夏末，全美國都緊盯著一場聯邦審判，對象是曾擔總統川普競選團隊負責人的曼納福特（Paul Manafort）。這件案子廣受矚目的原因很多，其中之一是被告與現任總統關係密切，但更主要的原因是審理該案的法官相當有話題性。這算是身為法官的權利，就像電影導演有權利在自己的電影中也尬上一角，可是一般來說，這種自我膨脹都會是個錯誤（名導奧森．威爾斯是個例外，他就在自己最了不起的電影作品《大國民》中演出）。

主審曼納福特案的法官是T. S.艾利斯三世（T. S. Ellis III），七十八歲，由雷根總統任命，他擁有普林斯頓、哈佛及牛津大學三校的學位，而且有著出了名的壞脾氣。《紐約時報》在審判進行時觀察到，艾利斯法官「習慣性地打斷訊問，對證據呈堂進行諸多限制，並告誡律師要『加速進行』，但還有更多娛樂法庭旁觀者的事情，從他的年紀、妻子、他在海軍服役的過往、連電子郵件帳號都沒有、法官的午餐菜單上有什麼，到刻意讓法庭中一台機器發出噪音，好讓法庭會議的內容不會被其他人聽見，這種種都讓大家樂不可支」。

某些人認為，法官不應該「自顧自在地法庭內唱獨角戲」。但凡說話風趣的人都喜歡把自己的天賦發揮得淋漓盡致，尤其喜歡牢牢吸引住觀眾的視線，法官也不例外。

該如何處理一個想要成為眾人目光焦點，並在審判程序中無理亂入的法官呢？

艾利斯法官也還是有點自覺的，他曾說：「在我的羅馬裡，我就是凱薩大帝。」同時很識趣且謙虛地指出：「當然這是個很小的羅馬。」如同其他法官，他像個巨人般縱橫在這個小世界裡，法官的圈子裡瀰漫著一股這樣的風氣，他們習慣說「這是我的法庭」。如何分配法庭給法官，在系統中有套長幼有序的決定順序，資淺的法官只能飢渴地排隊，等著被分派到更好的法庭。想要被紐約南區法院的終身職法官分派到轄區內的高等法庭，這其中的競爭角力跟商務人士想在大公司求得一間寬敞的辦公室沒有不同，舒適生活和地位對所有人來說都是很重要的事，連法官也不例外。

在曼納福特的審判正式開始之前，艾利斯法官就已經擺出了一副怒不可遏的態度。曼納福特的支持者興奮地揪出艾利斯法官某次激烈的演說，將之解讀成他很快就會把案子撤銷。艾利斯在演說中質疑特別委員會的權限有多大，他從法官席上宛如詩人般的吟誦：「我們不希望在這個國家發生的事情，就是看到有人擁有不受限制的權力。所以你們不可能說服我，獨立檢察官擁有無上限的權利去做他們想做的任何事。」對此，特別委員會沒有表示任何意見。法官發洩完之後，卻否認辯方有提出撤銷起訴的申請，於是案子就進入了審判階段。

艾利斯和那些支持者你來我往脣槍舌戰。他們看不起他。他大發脾氣、大聲嚷嚷，這些都不是好的示範，法官得隱身幕後才能把工作做好。當法官因為一件案子而聲名大噪，這通常都不是個好預兆，一個有名的例子是主審O. J.辛普森案的日裔法官伊藤（Lance Ito）。優秀的法官絕不會出來搶風頭，因為這麼做容易讓人覺得法官是某一方的支持者，但是跟檢察官和律師不同，法官永遠都不能夠擁護任何一方。

艾利斯法官特別喜歡找檢察官的碴。其中包括提醒檢察官要回答「是的」，而不是

「是啊」或「嗯」——好吧，這要求也沒什麼不對。不過，他在開庭時最常來來回回跟檢察官爭論的是……對方的臉部表情。他在審判開始的第一周就告訴所有檢察官，要他們「好好控制自己的臉部表情」。

艾利斯法官：「你說話的時候要看著我。」

安德斯檢察官：「不好意思，庭上，我是看著你的。」

艾利斯：「沒有，你沒有看著我，你是往下看。」

安德斯：「因為我不希望我的臉部表情惹麻煩。我不希望再次因為臉部表情而被您吼叫，我沒有做錯任何事，只是在進行我案子的審理。」

當中最莫名其妙的，應該就數艾利斯法官一度指稱安德斯檢察官，竟然在法庭上落淚。

艾利斯：「我明白你很沮喪。知道嗎，你眼睛裡現在正含著淚。」

安德斯：「我的眼睛裡並沒有含著淚，庭上。」

艾利斯：「你明明看起來就是淚眼汪汪。聽好了，我希望你用力專注在你需要證明的事情上，也就是證明被告有犯罪。我不懂你問了這麼多問題到底跟這有什麼關係。」

安德斯曾將伯南諾犯罪家族的老大文森・巴西亞諾關進大牢，並因為接到死亡威脅而受到警方一段時間的嚴密保護。性格內斂的他都不知道是第幾次站上法庭這個競技場了，可不是那麼容易就眼眶泛淚的人。

然而同一時間，艾利斯法官又展現了一點自覺，讓人很難對他生氣。他對檢察官說：「法官都應該要很有耐心。他們讓我當法官實在是個錯誤。」

這種譁眾取寵的行為，有時候會被陪審員認為是很暖心的舉動，新聞記者也這樣認為——這是法官在努力打破千篇一律的審判過程、刺激枯燥無味的氣氛，讓事情能夠有所進展、讓難熬的一天能夠稍微好過一些。旁觀者看到辯方律師與證人在法庭上相互攻詰就覺得開心，而律師和檢察官都很討厭這種情況，這只會增加阻礙和壓力，讓發展變得難以預測。從事法律工作的人和金融市場很像，他們熱愛穩定，痛恨不確定性。法官會如何斷定是否採納某項證據呢？是看他的心情嗎？他會不會忘記昨天說過的話，推翻自己贊同的判決？

最後發生了一件影響重大的事。檢方請來一位專家證人出庭作證，他在第一天便獲得法官允許，可以待在庭內旁聽。一般來說，法官不會允許這樣的情況，以防證人的證詞受到影響。等輪到這位證人正式上場時，檢方便要求法官給予這位證人相對應的豁免權。豈料，艾利斯知道這位證人竟然沒有在一開始時就被排除在庭外，他氣炸了。

檢方提醒他，是他在開庭的第一天允許證人待著的，他們可以去「查閱當天的法庭紀錄」。結果代表政府的檢方因此遭受到嚴厲的譴責，而且是當著陪審團的面前。

這件事情發生後，檢方向法庭提出申請，要求法官向陪審團解釋為什麼檢方並沒有做錯任何事，並表明法官的舉動造成外界對穆勒團隊的檢察官有了「負面的印象」。「八月八日時法院當著陪審團的面，嚴厲斥責代表政府的檢方……這是個錯誤。雖然審判過程中難免會有錯誤出現，但這次的錯誤卻是因法院對檢方的偏見所造成。」

而艾利斯在重新審閱法庭紀錄並經過深刻反省之後，也同意這個說法。他表示出後悔之意，對陪審團說：「請大家不要理會我的任何批評。」

出於愧疚，艾利斯法官也當庭對所有人說出應該是他最真心的話：「就算穿上了法袍，我也依然只是個人。」剛愎自負的法官也可以很有人性。

經過了這次嚴峻的考驗和艾利斯法官的無理發飆，檢方決定採取強硬的態度捍衛自己的立場，並在法官犯錯的時候讓他清楚知道，同時好好地審理這件案子。由於這次的專家證人事件，他們得到了一份修正過的法庭紀錄、一次罕見的道歉，以及更為罕見的法官公開認錯。

保羅．曼納福特最後有八項罪名成立。遭到法院定罪後沒多久，他就在第二場審判開始之前，俯首承認了其他的罪名。檢方完成了他們的工作。就算是法官行為不當、記錯事情、表現失職，但只要法律從業人員低頭繼續默默做他們的工作、認真遵守規則，還是可以在最後獲得公平與正確的結果。這就是我們司法系統的力量。

有時候，如果時機正確，就算是處在與法官緊繃對峙的狀況中，用一種充滿人性（與幽默）的方式為自己挺身而出，還是有可能軟化法官的態度，並讓你朝達成目標更近一步。

以下是兩個發生在我任職南區檢察官辦公室之前的例子。

凱文．達菲（Kevin Duffy）法官在三十九歲、令人驚訝萬分的年輕年紀就被任命為法官，而數十年間他成長了不少——應該說是從呆板無聊進化成脾氣最暴躁的法官。他在法庭中對待檢察官的方式，就像是一隻貓在戲弄嚇得半死的老鼠。某天，一位聯邦檢察官正在訊問證人，並改變方針問了一連串不同的問題，而法官認為這些問題違背了他所做出的其中一項判決，於是暴怒。他當著整個法庭的人說：「要是你再繼續這樣，我就切掉你的命根子！」整個法庭鴉雀無聲。這是個非常古怪的威脅，尤其眼前這位檢察官是名女性。這位聯邦檢察官抬頭看著法官，然後回答：「庭上，你沒辦法切掉你找不到的東西。」一瞬間，緊繃的情勢就化解了，法官也笑了。從此之後，她就成了達菲法官最喜歡的檢察官。

另外一個故事是這樣的：安德魯．麥卡錫（Andrew McCarthy）是個固執己見的檢察官（後來他成為《國家評論》雜誌一位言詞尖刻的作家），有次在審判過程中，突如其來地想和法官克納普（Whitman Knapp）談個交換條件。當時陪審團並不在場。克納普法官被他激怒了：「麥卡錫先生，基本上你這樣是要搞死自己。」

「不，」安迪立刻糾正，「庭上，我這樣做是要搞死你。」

克納普法官噗哧一聲笑了出來。

以上這些例子的重點就是，大家都會笑。謝天謝地，儘管在某些場合中爆出笑聲和玩笑可能會顯得荒謬、輕浮且不恰當，比方像是正在進行情節重大審判的法庭、人命關天的手術室，或是在執行軍事任務的當下。但我希望事情不絕對是如此。為什麼？因為所有壓力都需要有個出口才不會炸鍋。

法庭具有一種戲劇性特質。大家容易把審判過程當成戲劇看待，檢察官也會認為自己是這部戲的導演兼主演。這裡還有另外一個刻意而為的角色扮演，而且也可說有其必要性，在絕大多數公開法庭中，法官都會展現出一股凜然正氣。優秀的法官很自然會感覺到一種不能做自己的壓力，不能太隨興、太放鬆，因為審判中的每一個程序都不容小覷。他們身披法袍坐在高處俯視著眾人，隨時準備好要敲下手中那枝法槌。你會忘記他們也只是人，有時候我覺得連他們都忘了自己也只是人。

當年我還是個年輕的檢察官時，曾輪調到紐約南區的白原市檢察官辦公室工作，那裡有位非常愛裝腔作勢的地方法官福克斯（Mark D. Fox）。他會大聲對所有檢察官咆哮，堅持以法庭牆上時鐘的時間為準，而這個時鐘經常都會故意調快個幾分鐘。也就是說，就算你到法庭的時間剛剛好，在他的法庭還是算遲到。

就在我進白原市檢察官辦公室後的第二年，有一場販毒案的庭審已經排定要在三月的某個周一進行。在那之前的周五傍晚，我寫好了開場陳述，覺得自己需要休息一下。所以決定帶懷有七個半月身孕的妲雅去一間位在聯合廣場的餐廳吃晚餐，離我們家並不遠。

吃完飯之後，大約十一點半左右，我們走路回家，在十四街與第五大道交叉口的大通銀行ATM旁停了下來，再過兩條街就到家了。突然間兩個蒙面男子從後面衝上來抓住我們——那時我們已經走到離家裡大門幾碼的距離而已——然後將我們推下水泥階梯。他們看到我在ATM提款，於是亮出刀子威脅我把錢交出來。我們滾了幾階才停住，我因此腦震盪，髮際線位置的頭骨骨折，而妲雅當晚也出現宮縮陣痛，還好我們都沒有大礙，美麗的女兒也在六周後健康地出生。

當時我有一個禮拜沒辦法去上班。有天妲雅拿了一大疊信件給我，裡面有一封我在這場意外裡收到最有感情的慰問信箋。那是一張寫在個人專用信紙上的便箋，內容非常溫暖親切，這是福克斯法官親筆寫的，我認識的眾多法官中，沒有其他人寫如此私人和感心的話給我。有很長一段時間我天天把這張便箋放在公事包裡，當作一個溫馨且善意的提醒。我也把這當作是眾多重要的人生提醒之一：我們都只不過是人，法官也是。

有次我對一位法官非常不爽，他負責主審一件難度很高的白領犯罪案件。我覺得我們在審判時受到不公平的對待，他有許多判定都是錯的，而且還有干預審判結果之嫌。我們當時正在考慮，如果最後陪審團無法達成一致判決或因為無法達成法定票數而發回重審，我們就要撤換法官。在被氣昏頭的狀況下，我在一個同事間私下的聚餐場合，開了一個非常惡劣的笑話，內容是關於法官之間的競爭。我絕對無意讓這些話流出去，而且原本的用意是為大家出出氣，畢竟工作非常辛苦又碰上重重阻礙，結果我說的話竟然上了報！當時我嚇壞了，立刻寫了道歉信給那位法官，同時也向其他法官尋求建議和忠告，希望能彌補這個錯誤。

我去見了一位在紐約南區檢察官辦公室中最受尊敬的法官，某天下午我們在她的辦公室裡談這件事，她思考良久，也非常坦白。她對我完全沒有批評之意，但是很清楚地告訴我，我犯了一個非常大而且非常傷人的錯。她還說了讓我永遠謹記在心的話。她說，雖然法官被人視為是法庭中的權威象徵，但是只要出了法庭，他們相對是非常弱勢的一群人。他們在面對公開批評時，經常無力回擊，無論這些批評有多麼不公平。我拜訪的這位法官自己就多次受到報紙社論砲轟，當時也才剛受到嚴厲的輿論批判。但基於傳統和道德，聯邦法官出了法庭之後只能噤口不言。

我問她：「你都怎麼處理這樣的狀況呢？」

這位法官微笑，她說：「普里特，我會打電話給幾個親近的好朋友，大家坐在我家的沙發上，一起喝光一大瓶白酒。隔天我繼續去上班，跟平常沒有兩樣。」

有些法官讓我肅然起敬，有些則是令我失望不已，辦事讓我肅然起敬的法官遠比令我失望的多很多。大家對法官要求很多。我們要求他們做出公正的判決，而即便最後的結果再公正不過，也沒有人會知道他們是誰。我們要求他們評判其他人、決定他人的命運、掌控他人的自由、粉碎他人的人生。我們要求他們不能有情緒、要擺出一張撲克臉、做出最完美的行為典範、以沉默來忍受外界所有的批評，而且每一次都要做對。

他們也只是人，雖然我們比較希望他們像個超人。

審判

在大眾的公開討論與政治辯論之中存在著一大危機，粗糙、惡毒，而且荒腔走板。真相成為個人利益與極端民族主義的受害者，同樣受害的還有禮儀與尊重。禮儀本身，甚至是我們需不需要禮儀這回事，受到了眾人熱烈的爭辯。於此同時，政治族群也比過去任何一個時代更加隔離封閉。與過去相比，現在的人只尋求有共鳴的聲音、聽來舒服的看法，同時拒絕任何人的挑戰、爭辯，以及對自己有礙的事實。大家一味堅持自己的立場，對眼前的證據視而不見，能夠保持開放心態改變自己想法的人少之又少，而且這樣的人也會被他人視為軟弱又不忠誠。現在已經很少人會聽從克倫威爾的告誡：「要知道你有可能是錯的。」一旦發生爭論，大家多半喜歡採用辱罵、嘲諷、詆毀對方人格的方式，更勝於用邏輯和理性分析來服人。

這麼說或許很難讓人相信，但刑事審判可以教我們一些東西。為什麼？因為刑事審判是關於說服、真相，甚至是禮儀的一堂課程。

刑事審判是引人矚目的事情，也理應讓人心生敬畏，但同時也是有趣的事。我們都說公開審判為的是要找出真相，這麼說並沒有錯，但其中也存在著某些似是而非的悖論。我們會對陪審團隱瞞許多事，例如被告的犯罪史、可能的刑責，我們也會將某些證據按下不表。如果被告很危險而且正受到監禁，也不會讓陪審團知道，我們會在被告被帶進法庭之前先將手銬腳鐐拿掉，不讓陪審團看到他狼狽的模樣。

對於被告是否有罪、證人是否可信，我們律師不會表達任何個人看法，儘管這些事情通常都顯而易見。我們不會讓陪審團聽見我們與法官私下所做的法律論辯，也不會讓他們知道律師拿到的報酬有多少。

我們不會給陪審團任何建議，因為這無關緊要而且也不恰當；無論法官是由民主黨或共和黨所指派的、無論檢察官是否捐款贊助共和黨或民主黨，甚至在公務人員瀆職的官司中也是如此，因為這些事情與案情無關。我們也不會告訴陪審團這位法官的判決是否經常在上訴時遭到駁回，或從來不曾被駁回。

我們會告訴陪審團，要他們別用任何方式去獲取與案子相關的資訊，不要自行去研究案子或雙方當事人。這麼做的原因之一是為了確保陪審團的想法不會受到各種不經大腦的意見、假訊息，或與被告、證人相關的偏頗事實的汙染。

此外還有更細緻的隱瞞手法，每當在法庭上出現了殺傷力強大的證詞或是不利於己方的判決時，法庭中的主角們都很懂得藉由演戲或裝撲克臉的方式，表現自己不為所動。電影《王牌大騙子》中有一幕以搞笑的手法忠實呈現了這樣的場景，金凱瑞飾演一位在法庭上撒謊不眨眼的律師，他兒子許了個願，希望爸爸在二十四小時內都不說謊。沒想到這個願望真的實現了，而金凱瑞就在這漫長的一天中受到「實話實說」這個緊箍咒的束縛。其中一段是，他在法庭上對證人的證詞提出反對，法官詢問反對的理由是什麼，金凱瑞只能老實回答：「因為這個證詞對我的案子不利。」

「反對無效。」法官說道。

而這句話又更激發了金凱瑞的誠實魔咒：「我贊成！」

到頭來，正義（與真相）會因為善意的隱瞞而獲得伸張。想想看讓教師對測驗進行盲評，透過刻意隱瞞學生的身分，好消除教師可能會有的偏見，這麼一來評分將完全只根據測驗結果的優劣來進行，又或者是以匿名方式進行藥物測試也一樣，這些做法都是為了避免偏見和惡意影響了對真相的追尋。這一類的次要資訊隱瞞，為的是達成主要的目標——公平。我們必須堅持只提出與案情相關的證據，而且清楚某些議題的爭論並不必要，這對於產生公正的結果是至關重要的手段。我們不讓你知道那些不相關的事，是為了要訓練你只看得見真相為何。

法庭是受到監督的，絕大部分都必須遵守嚴格的規定：有關證據的規定、程序的規定、職業操守的規定。就如同各種運動競賽，法庭也有著不可動搖的規則，並且由法官來行使，犯規一方的懲罰則有被判藐視法庭、提交律師工會懲處，或是做出對其不利之判決。律師若是在法庭上蓄意說謊，下場將會非常淒慘，如果情節重大，甚至攸關生死，因為你很可能會被吊銷律師執照。當然，法官也和比賽的裁判一樣，在判斷是否違規這件事情上有著極大的裁量權，特別是在審理那些有許多不同判決可能的案子時。但規定舉足輕重，不知分寸、違反規定的人通常不會輕易被饒恕；嚴重違反規定和禮儀的人不只會受到法庭內部人士的指責，同樣也會受到外界的譴責。這跟大家在日常生活中的辯論爭執有著非常大的不同。

另外，法庭的規則本身就是設計來讓事情能夠有個結果，所以最後一定都會做出個判定或裁決（又或者是和解）。相比之下，其他類型的法律程序，就算也受到法官或其他程序規定的約束，卻不一定總是能夠有個結果。就拿國會來舉例好了。國會為了立法之外的議題所召開的聽證會（有時候必須用投票的方式來做出結論）通常都令人非常失望，這些結論沒有太大的意義。參加聽證會的成員會漫無目的閒聊、講些不著邊際的話、做出人身攻擊、大發議論；證人則是用冗長的發言來阻撓審議進行、迴避、想盡辦法拖延耗盡時間。

所有成功的檢察官都懂得如何說動人的故事，但凡知道如何說服他人的人都會這麼做。你或許掌握了事實、數據和統計資料，但是如果沒有組織成一篇動人、聽得懂的故事，那麼它們就毫無用武之地，也沒有說服力。優秀的檢察官知道不能用列清單的方式來呈現案子，審判並不是一場比賽如何在清單上打勾的遊戲。

所有人聽了都會很驚訝的是，犯罪者的動機其實對罪行本身來說，並不是那麼重要的關鍵，雖然小說、電影和警察辦案的程序中，有時會過度執著於這一點。我之前曾說過，意圖與罪行本身有著緊密的關聯，通常非常難以證明，但是意圖和動機是完全不同的概念。意圖，是指你有意要去做這件事，而不是意外或不小心犯的錯，比方說你認真扣下扳機，殺死被害人；動機，則是你為什麼要這麼做。

這個人為什麼要搶銀行、殺人或是做假帳，通常都與罪行的「法律層面」無關。但對於必須決定被告是否有罪的陪審團來說，卻是息息相關。少了對動機的描述，故事就不夠完整，而不完整的故事就不夠動人。這也就是為什麼檢察官會在法庭上談到貪婪、權力、嫉妒和報復，這不是因為法條規定如此，而是因為陪審員需要了解整件案子，不只大腦要明白，他們的心裡也要有所感，這樣一來才能夠執行這個令人畏懼的職責，對另一個人做出裁決。這也是為什麼優秀的檢察官會運用趣聞軼事和各種比喻來說明案件內容，並且從頭到尾都必須用簡單易懂的話語來進行說明。

有時候，年輕的檢察官需要有人提醒他們這麼做。

對辯方來說，道理也是一樣。辯方可以用簡單明瞭的一句話來說他們的故事：政府單位如此竭盡心力，結果卻抓錯了人。

又或者是：合作證人說謊，他們為了要自保，所以陷害我的當事人。

又或者是這樣（我們接下來就會看到這樣的故事）：這只是個想要幫助兒子的父親。

說故事並不代表你要把邏輯丟進垃圾桶裡，故事擁有（也需要）其內在的邏輯。故事能夠觸動人心並引導他人，如果被告有一個簡單易懂的好故事，那麼檢察官的故事就得更好才行。

進行審判時，在符合各種限制的情況下，檢察官若能找出將己方觀點傳達給陪審員的方式，後續就會比較順利。在之前的調查與起訴階段，你已經向自己證明了這件案子的犯行確鑿無疑，也說服自己被告確實有罪。你知道沒有捉錯人、所起訴的罪名無誤，掌握的證據也沒有問題。

不過現在要面臨的問題是，該如何向其他人——也就是陪審員證明被告有罪，當然也需要說服法官能夠成案。為了做到這一點，你得設身處地去思考，同時事先預想到另一方的論點。證據是否牢不可破、調查過程是否沒有瑕疵、向法院聲請的審前動議是否有足夠的說服力，這些全都會對結果造成影響，但如何在法庭中呈現你的案子更是至關重要，尤其是在那些判決結果的可能性多元，或是因為情感因素而變得錯綜複雜的案子。

這類案子並非粗略了解對方的觀點就夠了，你必須設身處地站在對方的立場思考，要從對方的角度、信仰、偏見、興趣和目標，來看這個世界。你要了解他們的觀點和假設，甚至要比了解自己的觀點和假設更透澈。高等法院大法官法蘭克福特（Felix Frankfurter）過去曾在紐約南區擔任助理檢察官，他回憶起當時長官，美國聯邦檢察官史丁森曾這麼說：「他在一開始就灌輸我一個觀念，你必須要跟對方一樣為他的案子做好萬全準備，甚至要比對方準備得更周全，才不會在法庭上出現措手不及的情況，這樣才能夠滴水不漏。」

你必須要跟對方一樣為他的案子做好萬全準備。而這樣的準備有可能非常複雜。要知道該如何回應對手訴諸情感的故事，其實並不容易。

二〇一五年，紐約州有兩件十多年來最重大的公務員貪瀆案審判，就落在紐約南區檢察官辦公室身上。一件是控告眾議院發言人蕭華違反多項聯邦法規，另一件的被告則是共和黨的參議院領導人史凱洛斯，他也是違反了對選民善盡誠實服務之義務。兩件案子幾乎在同一個時間點進入審判階段，大約是在二〇一五年年底。那年的夏天，我們仔細思考該如何在法庭上有效陳述這個案子，我漸漸擔心起來，但不是對證據的有效性或是相關法律有所疑慮。這件案子的法律基礎非常穩固（至少在最高法院於初審後，修改了相關法律之前是如此），複雜的是我們必須起訴史凱洛斯與他的兒子亞當共謀犯罪。

簡而言之，我們認為參議員史凱洛斯——全紐約州最有權勢的三大巨頭之一——以自身權力向多家公司施壓，要他們聘用他兒子坐領乾薪，或是支付他不成比例的的高薪。我們手上不只有書面證據，同時也有錄音檔證詞，其中一通被錄下的電話尤其有幫助。隨著我們對這件貪瀆案的調查愈來愈白熱化，亞當也愈來愈緊張，他打電話向父親抱怨：「那個該死的普里特・巴拉拉好像在監聽我打的每一通電話。這真是他媽的讓人不爽。」呃，不到每一通電話，但我們的確是有監聽到這一通。這就是我們稱之為做賊心虛的有力證據。

證據非常充足有力，然而被告可以辯稱這件案子並沒有什麼大不了，史凱洛斯只不過是個想要幫兒子忙的好爸爸而已。也就是說，他們所持的論點（也就是被告的故事）會是這樣的：史凱洛斯這個全紐約州最有權勢的參議員，只是在盡他作為父親的職責。我自己是覺得這種說法完全是胡說八道，不過也可能跟我的成長背景有關，我那個嚴厲的印度移民老爸，碰到這種狀況應該會馬上跟我斷絕父子關係，絕對不會去向別人施壓，用不正當的方式來幫助我。

但這樣的辯護之詞，我們無法肯定到底是會獲得陪審團的共鳴，又或者是弄巧成拙？儘管事實和法律都站在我們這一邊，但審判本身卻不僅僅是如此。審判的重點是一般人眼中的司法正義，講究的是如何用一般人會被觸動的方式來呈現你的故事，進而讓他們投下贊成票將被告定罪。尤其是檢察官特別需要仰賴陪審員的常識，他們的實際個性和人性。有鑑於這件案子不同於一般，再加上父子情的難題，可以預見陪審員的個人經歷有可能會與我們的意見相左。

世界上的父母多半會想幫助自己的小孩，就算孩子整天遊手好閒無所事事也一樣。所以，我們團隊的討論逐漸發展成對父母該如何教養的爭辯，究竟是該緊握著孩子的雙手給予溫情安慰，還是要施以嚴格管教、培養他凡事靠自己的能力？大家各有見解。在現實世界中，各有各的選擇不是問題，但是在審判中，我們很擔心焦點會從犯罪事實、法律和濫用權力上轉移，變成一場關於慈愛的父親該如何教養孩子的公民投票。

審判除了是要說服他人接受你的觀點之外，其實也是要讓你自己設身處地用其他人的角度來看事情，預測別人對你所提出的論點，可能會有的理智與情感反應。或許我沒有做到這一點，太以自己的想法和出身背景為出發點來看待整件事情，所以覺得史凱洛斯是個好爸爸這種說法實在太荒謬了。

這也是我頭一次不確定我們團隊是否掌握到重點，所以有了個逆向操作的念頭。我請來辦公室經理艾迪．提瑞爾，他不只是服務多年的同事，也是將辦公室所有人凝聚在一起的黏著劑。他處理辦公室裡成千上百的繁瑣雜事，好讓我們能無後顧之憂地將工作順利完成，很可能是南區檢察官辦公室最受愛戴的人。他臉上蓄著灰白交雜的鬍子，隨時隨地都是一副精神抖擻的雀躍模樣，如果你問艾迪最近好嗎，他不會說「還好」或是「很好」，而是大聲地說：「非常好！」有時艾迪也相當嚴厲，不過絕大多數時候他是個鼓舞士氣的精神導師。

我對艾迪解釋了一下史凱洛斯案件中的難題，並詢問若我們想聘請一位陪審團顧問來幫忙，他覺得如何？這項提議其實讓我有點不安，再加上不確定我們的經費是否能夠負擔。艾迪則提醒我，上一次辦公室聘請陪審團顧問，是為了多年前瑪莎．史都華的內線交易官司，他也說預算很充足，所以我們就這麼做了。

一個星期五早上，我們一大群人一起來到一棟位在曼哈頓中城的大樓，搭上電梯來到一層全部沒有窗戶的辦公室，這層樓的許多間房間是模仿法庭形式改造而成，裡面有收音用的麥克風，內部還裝設有單向玻璃窗。一位助理檢察官以摘要的方式陳述了檢方的觀點，另一位助理檢察官則是扮演史凱洛斯那一方來進行辯護——全程完整包含了開場陳詞、提交證據，以及結案陳詞，這花了我們大半天的時間。當時我不禁這麼想，雖然要花費額外的心力，但如果案件都安排檢方準備被告對陪審團的陳述，應該會有很大的幫助，我們能夠從對方的角度，為案子做好萬全準備。

檢方摘要了史凱洛斯為兒子所做出的各種貪腐行徑，比如他是如何向三家公司施壓，如何讓亞當在一家保險公司拿到七萬八千美元的年薪（外加健康保險），但沒有相關執照的亞當根本連一張保單都沒賣出去過。亞當又是如何威脅主管要「敲破他的腦袋」，只因為對方質問亞當為什麼只工作一小時，卻上報了三十五個小時的工時，還有史凱洛斯如何威逼一家房地產公司送兩萬美元給兒子；等等罪狀不一而足。

模仿辯方的檢察官針對檢方所提出的各項罪狀展開回擊，同時也辯稱這件案子不過是一位愛子心切的父親想要幫助自己的小孩。

在這場模擬審判結束後，我們一群人坐在皮椅上，不小心聽到單向玻璃窗另一邊在進行「陪審團審議」。其中確實有人對「好爸爸」論點感到同情，但也有人對此十分不滿。其中一些「陪審員」提醒其他人，亞當並不是年幼的孩童或青少年，而是個三十三歲、健全長大的成年人，自己有工作也有相當優渥的收入，他們認為史凱洛斯這種行為並不是出於父愛，而是濫用職權。這些話讓我們感到振奮。一位年紀較長、善於言詞的陪審員是公共交通運輸機關的主管，他站了起來，平靜卻尖銳地說：「就算我有權力去做這樣的事，也絕對不會打電話給任何人要他給我兒子一份工作，因為這本來就不是你該做的事。」我能從他這些話中感覺到，他真心認為這不只是個人操守的問題，而是父母教養原則的問題。

這次的法庭攻防模擬並沒有帶來太多新發現或啟示，只是再度確認了屆時開庭，關於父愛的旁枝話題，會轉移罪行的焦點。也因此，檢察官在真正的審判時，主動提到亞當是個成人，而且是個「身體健全、有自主行為能力的兒子」。檢方盡全力提醒陪審團，史凱洛斯並不是一般的父親，他手中握有的權勢滔天，如果他在個人的能力範圍內合理地幫助兒子，這沒有什麼不好。檢方也注意到要稱讚並尊重史凱洛斯展現的父愛，而非一味地反駁、詆毀或質疑。如同麥西摩爾檢察官在反駁辯方時所說：「沒有人質疑父親對兒子的愛，也沒有人質疑眼前這位父親對他兒子的愛。但愛自己的兒子並不是犯罪的藉口。」接著他繼續說：「這個論點本身就是種冒瀆。」

迪恩和亞當．史凱洛斯在兩次的審判中都獲判有罪（美國高等法院在第一次審判後修改了官員瀆職的法條，之後當然必須再重新審判一次）。最後，辯方在兩次審判中持續強調父愛的這個論點並沒有成功，而且還為量刑帶來了反效果。他們父子各被判處了五十一個月以及四十八個月的有期徒刑。

如我所說，庭審律師可能比其他專業人士更需要了解其他人的腦袋和心裡在想什麼。你不能把頭埋在沙堆裡、不能用詭辯或誤謬的邏輯、不能出言汙辱或嘲笑奚落、不能做出不當的推論。你被迫要擔心那些尚未站在同一邊的人（像是法官和陪審員），是否會相信你說的話。

這聽起來很基本也很清楚明白，不是嗎？但想想看，這和我們現代的社交互動有多麼大的差別，尤其是今日我們與人辯論時所出現的狀況。在日常生活中，你可以把所有反對的觀點都拒於門外，隨時都只浸淫在沒有人與你唱反調的空間之中。你可以拒絕那些意見不同、背景不同，擁有不同經歷的人。你不需要接觸他們說的話、寫的東西，甚至看見他們並有所互動。你可一直切換頻道。我想，有太多人縱情享受著隱居的權利，生活在同聲同調的同溫層社群中，從來沒有花時間透過詢問訪查、激烈的辯論以及公開的對話，去檢視並進一步確認自己所抱持的信念是否正確。

而在刑事審判中就沒有辦法享受這種餘裕了。你不能躲在自我滿足的小天地裡，身為檢察官更是如此。因為你在法庭上面對的其他人，可是領了薪酬並發誓要善盡職責，同時還受到憲法的保護，要來盡全力攻擊你所做出每一個說法與論點。所以在這個世界裡，你必須正面迎戰對你的批評，而且必須用事實、真相和邏輯來迎戰。你不能只是回以「因為我這樣相信」或「這是我的另類事實」（譯註：這是川普的顧問康威在接受媒體訪問時，被問及總統發言人史派瑟為何對就職典禮人數說謊，所給出的辯護之詞）。誠實的正面迎戰是這份工作的核心價值，這也是全世界最讓人興奮的事。

我們總是罵律師既好辯又好戰，多數時候此話不假，但我還是非常期待那種雙方帶著敬意交手對戰的精神，而不是當今社會中常見的自我陶醉、自我肯定，完全沒有被人挑戰的危險，也不會有人抱持異議，更沒有實在且彼此尊重的辯論。

為了要和對方交手，你必須好好梳理論點中的脈絡，也就是說，有時候你必須承認自己的錯誤並且做出退讓。噢，認錯是多麼令人膽寒。你已經多久沒見到政治人物或是節目中的辯論者承認自己的觀點有錯，並在脣槍舌戰的當下用條理清楚的反對意見來反駁對方了？

在法庭中的關鍵是什麼？充分的準備、精準的掌握度、流利的口才，當然這些缺一不可，但是法庭中的關鍵是可信度。有可信度才能讓別人相信你的故事。認錯和讓步並非示弱，反而是力量的展現，因為認錯和讓步能夠強化你的可信度。自己先暴露出弱點，絕對會比被對手揪出來要好。如果你問我，我的建議是：如果你知道一段能夠定罪的對話，卻沒有錄音檔佐證，你就坦白說。如果證人的證詞中有前後矛盾之處，你就坦白說。如果合作證人可能會在法庭上表現得像個混蛋，你也坦白說。

辯護律師都知道這一點。知名的刑事辯護律師布拉夫曼（Ben Brafman），不久前出任了近幾年最討人厭的被告史克雷利（Martin Shkreli）的辯護律師。史克雷利遭起訴詐欺他的投資人，但之所以獲頒「全美最討人厭的男人」這個頭銜，則是因為他提高了愛滋病治療藥物Daraprim的售價，之前的價格很親民，史克雷利卻讓藥價暴漲了五十倍之多——這種天價的暴漲使得許多依靠這種藥物救命的患者頓時無法負擔。而這位「藥界金童」對所有的批評抱持著嗤之以鼻的態度，不但騷擾女記者，還在社群媒體上大放厥詞表示，只要有機會，他還會把其他更多藥物的價格都抬高，這種行為對他自己完全沒有任何幫助。他完全就是個沒品的混蛋。

針對這一點，布拉夫曼也坦承他客戶的人格實在很低劣，說有時候他也很想一拳打爆客戶的臉。這種魯莽的告白為他贏得了信任，也在他與客戶之間製造出了區隔，並讓他在法庭上與其他人產生同仇敵愾的連結，這使得他有更多空間在法庭上為客戶的行為辯護。很多辯護律師無論對方提出什麼論點和指控都要爭到底，就連那些無可辯駁、與案子無關、模糊曖昧，甚至最後會弄巧成拙的指控和論點都要一一反駁。這麼做無法表現出強勢，反而是暴露了弱點。

如何在審判中看出你沒有考量到他人的想法呢？基本上我認為，從雙方不夠清楚的溝通之中就能看得出來。

我常會對年輕的律師們這麼說：在絕大多數的時間裡，你身為律師最重要的工作不是說話，而是聆聽。你想要做一個好律師？那就好好鍛鍊口才。你想做一個優秀的律師？那就好好鍛鍊傾聽的能力。你也可以將上面這幾話中的「律師」二字換成「領導人」，就成了舉世通用的真理。你知道對於該如何在法庭中進行有效的直接訊問，我們給的建議會是什麼嗎？好好聽你的證人說話。那麼該如何進行交叉詰問呢？好好聽你的證人說話。

我大學三年級時曾修過一堂課，教授是紐約南區檢察官辦公室的法官穆卡斯基（Michael Mukasey）與助理檢察官納德羅（Dan Nardello）。二十五年之後，我依然記得他們在課堂上所說的一個既尖銳又讓人渾身不舒服的真實故事，聽完你就會知道聆聽證人說話有多重要。我記憶中的故事是這樣的：

場景是在判決前的量刑庭，這位被告經營了一所中途之家，他在裡面性侵了多位男孩。助理檢察官非常盡責地找到一位被害人來作證，並多次向被害人強調，一定要在法庭上照實陳述被告說了些什麼話、做了些什麼事，儘管一字不漏說出這些事情會顯得相當粗鄙難堪。他告訴被害人千萬不要用委婉的方式來描述被告的所作所為。不難理解被害人對於要在公開法庭上作證感到相當焦慮，因此他們重複練習了好幾次出庭作證時該如何表現。

現在聽審正式開始了，所有人都西裝筆挺，法官也披著上法袍端坐在庭上。這位年輕的被害人兼證人非常緊張地站上了證人席，檢察官問他事發經過，這位證人開始描述他遭到性侵害的案發現場、他為什麼會與被告獨處、被告又是如何拉下褲子的拉鍊。這時檢察官問：「接下來發生了什麼事？」

那一刻，這位證人用委婉的方式說：「被告要我幫他口交。」但這並不是他們練習時的說法。

檢察官這時已經沒有在聽證人說話了，他不假思索地問了早已預設的問題：「那麼在被告要你吸他的屌之後又發生了什麼事？」

沒有認真聆聽他人說話絕對是致命傷，而且不只是會讓你在聯邦法庭上顏面盡失而已。

我非常崇敬審判和它所代表的意義。我認為，美國的公開審判的價值在於，它不但對法律執業人員來說是個可以大展拳腳的舞台，同時對於大眾來說，也是守護民主的重要表現。畢竟，審判是展現我們法律與法治系統的重要時刻，審判能夠達成的目標是，司法正義不只是要做到，也要被大家看到。從很多方面來說，審判是我們民主的試金石，有著最直接也最具體的方式。一旦審判從社會中消失，人民也會受到傷害。唯有在審判中，一般的民眾才會被逼著在限期之內為社會做出超乎尋常的貢獻。

法律學家保羅．巴特勒（Paul Butler）是這麼說的：「全世界沒有任何國家像美國一樣看待法庭審判這件事。我們把審判變成了一種藝術。它幾乎可以說是我們文化基礎的一部分，就跟爵士樂和搖滾樂一樣。」我猜他說的應該有點道理吧。我自己是超級電影迷，還真是不敢想像假如好萊塢的編劇、導演沒有把經典的「法庭審判」藝術放進電影裡，美國是不是還能在影業擁有如此歷久不衰的傳奇地位。老實說啦，應該不會有人想去看片名叫做《十二個憤怒的調停人》的電影，《紐倫堡的仲裁》聽起來也不像是一部賣座片。

但審判及其進行的方式還存在著其他重大的意義。現在這個時代已經沒有太多人把律師和打官司這件事當成什麼典範了，但我認為美國的刑事審判還是可以教我們一些更大範疇的課題——關於爭論和異議、關於真相和正義。

現在這個時代，大家都深信不疑自己這一方永遠是對的，而另外一方永遠是錯的，法庭可以樹立一個深具價值的典範，讓我們知道該如何在日常生活中找到真相與正義。

在法庭中幾乎可以說獨一無二的是，尋找真相必須依靠證據和事實、訊問和交叉詰問，至於預設立場及含沙射影則是無法接受的。

審判仰賴的是雙方都有提出己方論點的權利，並對對方的論點提出質疑，只要雙方都帶著尊重與禮貌提出合乎法理的見解，都不做出偏頗或情緒性的訴求，就毋須擔心會遭受斥責怒罵或被掃地出門。雙方都不得撒謊或做出不當的行為，也不能抹黑事實，否則就會被請出場。你不能稱呼當事人是「低能兒」或對他辱罵，不能以檢察官的政治立場作為爭論焦點，也不能說出一竿子打翻一船人的論點（比方說墨西哥人都是強暴犯，或是某些證人全來自「糞坑國家」）。法庭的規定就是要逼出真相，並且禁止任何無用的垃圾話出現。

在審判的每一個階段中，陪審團的成員會不斷地被提醒要保持開放的心態。每一天，法官都會這麼提醒陪審團，並請他們牢記無罪推定原則，直到聽取了所有相關人等的說法、直到所有的事實證據都呈現在眼前、直到雙方都做出了合乎法理的論辯。

在我們的法律系統中，陪審員是可以擁有令人反感的觀點，可以覺得檢察官的外貌或穿著很討厭，也可以自由選擇要不要做筆記。他們也會因為各種違反規定的行為而被踢出去，例如每次開庭都遲到，或是自行上網搜尋案件相關的資訊，但其中有一個值得注意的資格撤銷規定：拒絕參與審議。

這代表了什麼？我們的法律系統認同你有權利表達自己的看法，但必須花時間先與其他人討論過這個看法。你必須聆聽反對意見，用有意義的方式來理解這整件事，至少要展現出你願意保持開放的心態，而且必須尊重其他人也有表達意見的權利。而如果你沒有做到以上這些，就會被踢出去。

假如你在經過審議之前就先行宣布自己的決定，選擇不聽也不看其他人的討論內容，甚至完全不現身參加眾人的討論，那麼你就沒有資格擔任這件案子的決策者。你的意見不會被採納，而且會有人直接把你送回家去。

這就是我們的法律認定能夠找出真相並伸張正義最好的方法。

這其中有些非常特別的地方，會讓你不禁開始思考，法庭的審判是否也能夠提供社會一些借鏡，引導我們追尋真相與正義。

如果社會按照法庭的方式來運作，也就是眾人帶著尊重與開放的心態來進行論辯，並且積極用心面對對方，我們或許就可以開始思考是否可能制定出更好的法律和政策，而非只是一味陷入「非友即敵」的對立狀態。

如我之前所說，審判中最重要的就是說一個能打動人的故事，說服其他人相信你已經相信的事情。要做到這一點，需要你以足夠的同理心來對待那些有權做決定的人（陪審團），必須盡可能以最動人、最簡單易懂，也最有說服力的方式來表達你的論點。有時你會擔心自己的故事裡有個惱人的弱點，促使辯方針對這點拚命發動攻擊。

我這裡有個例子。在我們首次進行拉賈拉特南的的帆船集團避險基金一案的審判時，十分苦惱該如何應付對方一定會使出的一個看似有理的辯護。我們掌握了大量的證據，足以證明當時股票交易能有如此大的獲益，是依據非法洩漏的資訊來進行買賣操作。不過，根據真實股票市場的研究調查顯示，帆船集團其他數千筆的交易全都正當合法，這也是不容否認的事實。我們已經預期辯方會將那些市場調查的結果，大剌剌地擺在陪審團面前，宣稱他們的分析是多麼具體有力。「大家看看這些調查結果！」他們一定會聲嘶力竭地大喊，想盡辦法擠出所有相關的調查結果。

當然只要仔細檢視，就知道這些證據其實很薄弱，就像是你平常開車不太會超速，但不能代表你「從來沒有」超速過。可是辯方說的這個故事其實還不算太差，好故事比好論點更有勝算，而最理想的狀態是既有好論點也有好故事。二〇一一年春天，我們和庭審團隊一起坐在五樓的會議室，試著要找出一個強而有力的反擊方式來回應辯方的說法。在這個時間點，審判已近在眼前，我們卻一籌莫展。

後來有天團隊正在為一位重要的合作證人做出庭的練習準備。當時主持的是助理檢察官強納森．史崔特（Jonathan Streeter），一位聰明機智、一頭捲髮的律師（還是一位成績優異的滑水選手）。強納森帶證人模擬了一次交叉詰問，讓他準備好在證人席上將會面臨的猛烈攻擊。（這裡有件很諷刺的小事：這位內線交易案證人，他的大名竟然是亞當．斯密〔Adam Smith〕，與當代經濟學之父同名同姓。）強納森刻意將證人引導到辯方所提出的市場調查結果上：「但你做過調查，不是嗎？這些調查結果隨處都找得到，不是嗎？」最後，被激怒的斯密依然保持著冷靜的頭腦說：「聽著，在帆船集團，我們會把該做的功課做好，但還是會作弊好嗎！」

就是這個。強納森立刻知道這就是開場陳詞的精華所在，只要向陪審團簡單明瞭地說：「他們會把該做的功課做好，但還是會作弊。」這樣短短兩句話裡包含著一記重拳，承認了一些事情（許多交易是合法的，而且也有調查結果為證），同時也承認了另外一些事情（有時候他們會違法，就像英偉達、英特爾還有英特矽爾等企業也是這樣）。這就是以子之矛攻子之盾，讓事情變得一目了然。我們希望每一次辯方大聲疾呼那些調查結果時，前面的那兩句話就會迴盪在陪審員的耳邊。就如同檢察官所說，沒錯，他們該做的功課都會做，但還是會作弊。

手法高明的騙子都會做許多合法的事，因為他們要詐取的是額外的油水。棒球明星邦茲（Barry Bonds）就算沒有服用禁藥，也是他那個時代中最偉大的球員，藍斯．阿姆斯壯也是一樣。他們原就天賦異稟，非常認真地練習、訓練，也努力地在球場上表現。他們把該做的功課都做了，但還是會作弊，就像拉賈拉特南和帆船集團一樣。

這個故事奏效了。

我們再來看看史凱洛斯父子的案子。除了父子情的辯護之外，還有另一套乍看之下非常具有說服力的說詞，當時我們也是努力想要將之擊潰。提醒一下，這個案子主要是起訴史凱洛斯進行敲詐勒索：他向其他人勒索利益與金錢給他的兒子，而這些人的生意全都要依靠他在法案立法上高抬貴手。外行人一般聽到勒索，想到的是黑道式勒索方式——對你揮舞著球棒之類的，然而在公務人員貪汙瀆職的案子裡，這種罪行通常都是「以公務之權，行勒索之實」。這是種很時髦的說法，也就是某人利用自己在政府裡的職權，來脅迫他人屈從。在公職人員貪瀆案中，極少有直接出言威嚇的狀況，因為根本沒有必要這麼做。為什麼？當你在請求他人幫忙的對談之中，政治權力本身自然而然就存在了。這個顯而易見卻被大家漠視的狀況，總是不斷地上演。

在史凱洛斯案即將進行辯論總結前的那個周末，我、金俊、洛納尼（Joan Loughnane）、史坦（Dan Stein），跟庭審團隊一起聚在八樓的圖書室裡。我忍不住想要親眼看看，這件案子前面進行得如此順利，到了辯論總結時會如何收尾，這邊將會由傑森．麥西摩爾來向辯方進行猛烈的反擊。我看到他臉上露出了難為情的笑，他說想要在反駁論述中引用一首詩。

我露出了懷疑的表情，檢方的辯論總結並不是適合朗誦詩詞的場合。傑森說他想要引用的這首詩出自於一本童書，而且是那本非常有名的《人行道的盡頭》，作者是席爾佛斯坦，我也曾唸過這本書給孩子聽。我知道傑森很擔心我不同意他這麼做，於是他便把草稿拿給我看，我就在他的雙眼緊盯之下把草稿讀完。看完之後我看著他，然後笑了：「我覺得超棒的。」

這不是因為詩本身創意十足或什麼的，而是它可以讓陪審團很快速且具體地了解為什麼史凱洛斯在威脅他人時，從來不需要真的把話說出口。讀完後，我們所有人都對傑森比了個「讚」。對我來說，這展現出他完全能夠掌握要如何在一瞬間，就讓他人了解辯方說詞中的虛假之處何在。這是個比對方更好的故事，而且也更為真實。

傑森在審判時是這麼說的：「在這本書的最後有一首很特別的詩。在旁邊的那一頁畫了一個小小的孩子，一個非常快樂的孩子，他騎在一隻巨大無比的猩猩身上。」

傑森接著開始描述這隻壯觀的巨獸：「這隻猩猩非常巨大，是個龐然大物，模樣很嚇人。牠用手指關節在地上滑動行走。在書裡，這個孩子就這樣坐在牠的背上微笑著，他非常開心。」這個孩子跨騎在大猩猩的背上，正在要去上學。接著傑森說：「但這個畫面的重點，而且是從孩子的角度所看到的重點是這樣的：哇，自從我開始帶猩猩去上學之後，所有人都對我非常好！其他的小朋友都會帶禮物給我，老師會讓我在課堂上吃口香糖，他們會說我好棒。我還可以考試作弊，而且自從我帶著猩猩去上學之後，所有的科目都拿滿分。」

傑森反問了一個問題：「為什麼會這樣呢？」他接著回答了這個問題：「因為大家都很害怕大猩猩會扭斷他們的手臂，這就是為什麼這個孩子可以在考試時獲得滿分和各種禮遇。其他人當然會怕這隻大猩猩，因為牠原本就不應該出現在學校裡。」

接著他把主題帶回案子上：「這就像是你們在這個案子裡聽到的故事。你們在這個案子裡聽到的大猩猩，就是那位在參議院掌握了所有權力的領導人。」他靠著權力來決定他人生意的成敗，只要他想，就可以對他人施展他的影響力。

陪審團很買帳。這個聰明又巧妙的隱喻比長篇大論的辯詞更能打動他們，而訴說的方式也非常動人。

我自己好幾天都出席了這場審判，但總是坐在法庭最後面，盡量不驚擾任何人。就在傑森的精采表演之後，一位坐在前排的記者抬起頭來向後看，他直接看著我，點了點頭，彷彿在說：「這次很不一樣。」事實也的確如此。

這是一段任何人的九歲外甥都能馬上聽懂意思的答辯。

三大巨頭

美國聯邦檢察官的公開談話之所以很重要，有許多的原因。聯邦檢察官的職責不只是要將犯罪的人繩之以法，同時也要防止犯罪的發生。除了他們之外，幾乎沒有別人能夠擁有這樣的聲量、職權和地位，這一切都可以讓人民感到安心，並對他們進行說明與教育。人民普遍都對政府機構缺乏信任（尤其是當下這個時刻），因此對我來說，堅守這個已經說了超過一百遍的座右銘就顯得格外重要：我們必須達成司法正義，而且必須要讓人民看見。大眾關切是否有警員涉案，希望能有人為重大刑案負責，也希望整個過程是公開且透明的。有時候要做到這一點，就表示得有人站出來說明跟罪案、社會治安相關的問題——那些會對眾人生活產生影響的各種問題。

我在宣布起訴的記者會上通常都表現得十分嚴厲。因為我真心認為，我的發言對他人產生影響的可能性很大，能夠警惕他人不要犯下同樣的罪行，特別是由聰明又具有優勢的人所犯下的白領罪案，他們應該比其他人更清楚不應該這麼做才是。而且，我認為藉由公布他們的同儕遭到起訴，更能促使他們自身行為審慎評估。雖然偶爾會用比較誇張的方式來表達，但我非常小心絕對不能得意忘形，而且只提供公開的事實資訊，絕不加油添醋。事先準備好的講稿，裡面的每一個字都經由我的副手、辦公室的公關部門，以及實際上經手此案的檢察官檢查過；事實上，負責此案的檢察官通常會先寫好第一份草稿。

我也經常會在一般標準的破案記者會中說一些題外話。我會談到鴉片類止痛藥物氾濫的危害，因為它確實是種危害；會談到幫派聲勢壯大的危害，因為它確實是種危害，當然也會談到公務人員的貪瀆。為什麼？因為那也是種危害。沒有人會抱怨檢察官出面打擊謀殺、搶劫、毒品走私或公司詐欺等罪案，然而我不認為和其他的犯罪相比，發生在紐約艾伯尼市的貪瀆案就可以被輕描淡寫地帶過。這些罪行不但四處可見，而且光怪陸離，所以我會在記者會和學術機構談論這些案子。

公開談論這些罪行，而不光只是對它們進行起訴，我相信正是促使紐約州長安德魯・古莫（Andrew Cuomo）成立打擊貪汙小組的契機，這個小組被稱為莫蘭委員會（Moreland Commission），主要功能就是調查貪汙情事，並預防這類罪行的發生。州長後來在時機尚未成熟，且啟人疑竇的狀況下，突然解散這個委員會時，我也對外公開表示了意見。接著我們扣押了莫蘭委員會的所有資料，並接手委員會原本正在進行的案子，同時也對解散一事啟動了調查。

早在我們扣押了莫蘭委員會的資料之前，我就已經安排好要在隔天上一個擁有廣大聽眾的廣播節目，紐約公共電台的「布萊恩・李爾秀」（Brian Lehrer Show），但我完全沒有在節目上進行任何抨擊。我是這麼說的：「事實明白地擺在眼前，莫蘭委員會是被提前解散的。九個月是人類懷孕生產所需的自然時程，但就我們的經驗，對於要進行公職人員貪瀆案的起訴來說，這麼短的時間還不夠成熟。」

我完全沒對自己的公開談話，或是讓大家關注到鴉片類止痛藥、幫派或公職人員貪瀆等問題而感到抱歉。我總是將發言嚴守在公開起訴書的範圍之內，絕對不會越雷池一步。有時候是不是太過尖酸刻薄、滔滔不絕？很可能是。三緘其口或許會是比較好的做法，我也明白有些同行會選擇保持低調，不同的選擇有部分取決於，這個人是如何看待這份工作及其潛在的影響力。檢察官這份工作只要起訴就好嗎？還是也要想辦法預防犯罪發生？是否也該帶有教育成分和警示他人的作用？是否要能產生威嚇作用，讓他人不會重蹈覆轍？最重要的是，無論如何都不能影響到任何一位被告獲得公平審判的權利。而這一點，我保證自己每一次都有做到。

在我們起訴了紐約州參議院發言人蕭華的隔天，我出席了一場演講，結果引發軒然大波和尖銳的責難。

二〇一五年紐約法學院的城市法律早餐會，早在那年一月下旬就已經安排好了，遠遠早於我知道我們將起訴蕭華的確定日期。我其實準備了另一篇完全不同內容的講稿，但是如果演講時，完全不提前一天我們辦公室所進行的逮捕行動，感覺似乎很奇怪，尤其我們逮捕的是全紐約州最有權勢的人之一。

在演講前一晚，我和金俊一起去辦公室附近的餐廳歐迪昂好好喝一杯，並吃點東西來消化這一天所發生的事。那是非常不得了的一天。我們不只談到在這件案子裡挖掘出的某些罪證事實，也聊到了是什麼樣的政治及權力架構才會導致這樣的貪瀆事件發生。這個架構也就是所謂的三大巨頭：州長古莫、州議會最大黨領導人史凱洛斯（幾個星期之後，我們也以貪汙罪名將他逮捕），和參議院發言人蕭華，他們三個人負責為全紐約州的人做所有重大的決定，而且絕大多數時候都是自己關起門來進行。我們也談到這種做法有多荒謬、多放肆，而且實在太可笑。我隨手寫下和金俊聊天的一些內容，還對這些父母官在處理紐約人民事務時的荒誕作風大開玩笑。

跟許多人一樣，我對州政府的這些醜聞感到憤怒。參議院倫理委員會從來沒有召開任何聽證會，州議會並沒有盡到自我監察的責任。事實上，曾經有一位參議院的首席律師，非常尖酸地建議議員們應該「親自」遞交他們的財務狀況公開表，這樣才能避免觸犯聯邦法中的「郵件詐欺罪」。

如同我之前曾經提過的，紐約州參議員被起訴的機率，遠比在民調中被對手打敗的機率要高很多，這就是現況。與其攻擊這個現況，絕大多數的政治人物反而是轉過頭來，攻擊一樣同為公務人員的檢察官。許多人都對三大巨頭感到怒不可遏，但不用說，我可不是一般人，而是美國聯邦檢察官，在二十四小時前才剛起訴了這位代表了紐約州政治權勢的指標人物。所以我決定要在演講中談這件事。

第二天早上八點鐘，我散步走到曼哈頓下城的紐約法學院，進入二樓一間非常寬敞、牆面裝飾著木鑲板的演講廳。整個演講廳的所有座位都已經被坐滿，只剩下站立的空間。校方只好在擠得水泄不通的演講廳裡架設現場轉播的器材。我從來沒有碰過如此朝氣蓬勃的早餐會演講。通常這類演講談的都是一些讓人昏昏欲睡的主題。

我走上講台，對紐約州的政治現況做了一番批判。我在演講中說了這幾句話：「政治人物應該是受雇於人民的員工，而不是他們幫忙的某些特定有錢人士的家臣……在這種狀況中，通常問題的核心就是錢。」我發表了我的看法，後來其中幾句被媒體拿來引用：「就我們目前的了解，紐約州的權力不成比例地集中在少數幾個人手上，有人說只有三個人。根據我的計算，紐約州的議會有兩百一十三位議員，但大家都知道，只有其中三個人獨攬大權。」另外還有這句：「兩百萬紐約人什麼時候同意自己要像羅馬世代一樣接受三巨頭的統治？」

接著我開了幾個玩笑：「我自己是完全沒辦法接受這種『三頭政治』的概念，或許只有我是這樣吧。我是個印度移民後裔，而印度是個人口爆炸的國家，所以對我來說，掌握政治大權的應該有十億人吧？為什麼一定要只讓三個男人來做這件事？女人就不行嗎？難道一定非白人不行嗎？究竟這個圈子有多小，竟然只能容得下三個人？這三個人是擠在衣櫥裡嗎？他們會抽雪茄嗎？他們現在有辦法取得古巴雪茄嗎？待久了之後，難道不會散發出一些腐敗的味道嗎？」

看到觀眾們已經上鉤，我繼續乘勝追擊：「現在的情況看起來就是這樣，如果你是三巨頭之一，手上握有所有的權力，而且一向如此，大家也都知道是這麼回事，那麼你就會無法忍受他人的反對，因為不需要忍受。你不容他人爭辯，因為不需要容忍。你不喜歡改變或改革，因為不需要，也因為現狀對你最有利。從另一的角度來看，如果你是三巨頭之一，就能做不為人知的事，因為你可以。你嚴懲提出不同意見的人，因為你可以。你要求所有人展現亦步亦趨的忠誠，因為你可以。你會迷失於權力與頭銜之中，因為從來不曾受到他人的質疑，也因為很容易忘記一開始到底是誰讓你坐上這個位置。」

我很清楚不管我說什麼，都不會影響蕭華受到公平審判的權利；這件案子真正進入審判的日子還沒到，而且在陪審員的預先審查中，一定會先排除任何有可能受到影響的陪審員。儘管如此，我當時還是可以再深思熟慮一些，想想自己這般大肆批判的時間點是否正確。我還是可以按照原定計畫講其他的主題，而不是在丟出起訴炸彈的隔天，就火上加油地高談闊論。

現在回頭看當時所講的話，我更清楚了解這些話聽起來已經接近一場政治演說，幾乎是要大家群起對抗了。但這並非我的本意。我是因為對這個汙穢的政治泥淖真心感到失望才會說出這些話，而且也說出了所有對此感到失望的紐約客的心聲。但是，檢察官有失望的權利嗎？可以這樣抒發他們的失望嗎？這場演講大快人心，感覺非常好，但這也是個警訊：如果這場演講讓我個人感覺良好，那就表示這很可能是個糟糕的主意。

其中一個應該要特別留意的原因是，我應該要確保自己不會對這件案子的任何層面造成影響。案子的審判最後指派由卡普洛尼（Valerie Caproni）法官主審，她之前曾是聯邦調查局長羅伯・穆勒的法律總顧問，也是現任法官中最不受媒體青睞的一位。當蕭華的律師以「審前不當公開資訊」為由，提出孤注一擲的起訴撤銷時，我的演講頓時成了箭靶的紅心。法官絕對不可能撤銷此案的告訴，但是我的同僚卻得在案件摘要中為我的言論進行辯護。到最後，卡普洛尼法官的判決是辯方敗訴，不過在她做出判決前，也沒忘了狠狠教訓我一頓，並且一再地譴責我所做出的那場「媒體騷動」。

我是在飛機上收到法院的判決。她的判決對我們有利，但是所用的話語卻非常嚴厲。我覺得自己的肚子被狠狠揍了一拳，但是這番話所帶來的效果正是我所需要的。在那之後我變得更謹慎小心，就像後來有篇新聞報導就形容我變得「收斂許多」。

卡普洛尼法官最後在二〇一八年終於將蕭華定罪。諷刺的是，儘管只對一個人判刑，但她在判決書中所滔滔譴責的，卻不僅止於這位犯人，她是這麼說的：「這件貪瀆案無論是直接或間接，都碰觸到了這三位名氣響亮的政治巨頭。也正是這三位巨頭下令停止了莫蘭委員會的運作……我們不能再繼續這樣下去了。紐約州必須要團結一致，發揮政府機關的力量想辦法徹底杜絕貪瀆行為的發生。」我自己就沒有辦法像她說得這般到位。

公職人員貪瀆會激起民眾的怒火，這種怒火是我在其他我們起訴的案子裡所不曾看到的，而這也不難理解。當我們在碰到這類事件時必須戒慎恐懼，千萬不要挑起幫派式的對立心態。但是要特別注意到的是，這件案子並非是窮困潦倒、飽受壓榨與迫害的可憐人，無情地遭受到檢方惡意的控訴。這些人是由人民選舉出來、手握紐約州大權的領導人物，他們卻經常違背誓言、背叛選民，並從職位中賺取大把的鈔票。他們不值得我們的愛戴。

判決

二〇一一年五月，我們正在進行避險基金億萬富翁拉賈拉特南的審判。我們以內線交易的罪名起訴他，而這個基金的商業模式基本上就是種貪汙的手法。這是這十多年來最受矚目的內線交易案，也是首宗在法庭上採用錄音證據的案子。我們非常積極而且斬獲良多，而我們大張旗鼓制裁內線交易的動作，也震撼了避險基金產業。

但這也是我們第一次碰上大考驗。

法庭上每天都擠得水泄不通，這場審判也佔滿了報紙的商業版和財經新聞台的時段。那是一場苦戰，對手是拉賈拉特南的鬥犬律師約翰·杜德（John Dowd）——沒錯，就是川普總統的前任律師。他不只在法庭中質疑政府的起訴，同時在整場訴訟過程中，也不斷對我個人發動攻擊。

但是我們團隊的表現令人激賞，這件案子也漂亮地順利得點。我們期待判決很快就能出爐。但是運氣沒那麼好，屏息以待了好幾天，每一天陪審團都會來到霍維爾（Richard Holwell）法官的法庭上，個個看起來深不可測，有時他們會要求再次展示證據，或是再重讀一遍證詞，然後隔天早上再回到法庭上，跟前一天一樣猶豫不決。

我不定時會去審判庭看看，確認團隊是不是還撐持得住。大家都假裝自己很淡定，其實都很緊張，包括我在內。直到周末，仍然沒有任何判決。到底是什麼讓陪審團拖這麼久？

來到陪審團審議的第十天（第十天耶！），我得飛去華盛頓特區，為哥倫比亞法學院校友會演講。我不想離開紐約，因為不想冒險錯過宣判的那一刻，但當時已經來不及取消演講了。所以，星期三早晨我在萬豪酒店醒來，準備要飛回紐約，就在我正要走出飯店的房門時，波伊德打電話給我：判決出來了。

我很驚訝自己竟然這麼緊張，趕快回憶起多年前一位長官在我等待判決結果時，曾說過的話：「記住，無論結果是什麼，你都可以平安無事地回家。想想看被告是什麼感覺。」

我打開飯店房間裡的電視，轉到CNBC的頻道。主播氣急敗壞地報導有關判決結果的頭條新聞。他們毫無顧忌地推測，萬一這場官司打輸了，對檢方這場對抗內線交易的「聖戰」來說將會是個致命的打擊，對我個人來說也是。於是我做好準備可能要面對無罪開釋的判決，以及接踵而來的失望與自責。

終於，波伊德從法庭內傳簡訊給我：「所有罪名全部成立。」一分鐘之後，CNBC的主播也確認了這個消息。

隔天，《紐約時報》為這個定罪消息寫了篇報導，標題是「美國聯邦檢察官向華爾街嚴正表態」。這篇文章寫得非常好，還大大吹捧了我們一番，那天晚上我好像一不小心就從辦公室多拿了一份（還是四份？）報紙回家。

我回到家的時候，女兒正坐在客廳裡，當時晚餐就快要開飯了。瑪雅只有十歲，但是個早熟的孩子，我這麼說是有根據的觀察結果，而不是一個父親的單純吹噓。我手裡拿著一份《紐約時報》，那篇文章沒有太技術性的內容，所以我突然想到或許應該讓瑪雅讀看看。

於是，有生以來頭一遭，我請女兒讀一讀有關她父親的報導。我想搞不好這會讓她以爸爸為傲，而且裡面還有一張把我拍得很好看的照片。於是我問她想不想讀看看。「當然好，爹地。」她說。

我翻到商業版的部分，然後交給她。她戴著眼鏡的稚氣臉龐轉向報紙，很認真地讀了起來，我看著她，她完全沒有任何表情。等她讀到文章最後的段落時，在最後一行的地方多停留了幾秒鐘，那是我在記者會時對這件內線交易案所表達的強烈遺憾：「我非常希望自己能說我們已經看到終點了，但很遺憾地，我們才正要開始。」

我美麗的十歲小女兒終於把報紙放下，我等著這個小小陪審員做出判決。她直接看著我，歪著頭，用沒有起伏的聲調說：「爹地，為什麼你說話要這麼浮誇啊？」

等待刑事案件的陪審團判決結果出爐，是件非常痛苦、折磨的事。不光是對被告來說如此，對檢方來說也是如此——儘管判決結果不會對檢方造成生死攸關的影響。雖然聽起來好像很怪，但一般來說，刑事檢察官都能有極高的勝率，也因此才會產生這樣的焦慮感。舉例來說，在紐約南區辦公室，刑事官司的勝率幾乎總是接近百分之百。

代表政府的律師當然也會感到緊張，因為大家都知道一個最基本的真理：一旦把案子交到十二個一般的美國民眾手上，什麼事都有可能發生。這十二位難以捉摸的民眾將負責做出決定，他們只能靠最基本的資訊來做出判決，雖然法庭會給予他們與法律相關的指引，但沒有人能保證結果會是如何。每一位檢察官一定都碰過出乎意料之外的判決，我自己也不例外。

有時候陪審團會在你的案子裡找到致命的漏洞，又或者他們不相信——甚至就只是討厭你的合作證人。也可能他們討厭這件案子，或是很同情被告，也或許他們被辯方律師迷倒了，所以做出無罪開釋的判決。

也可能比起贊成被告無罪的陪審員，贊成有罪的陪審員比較沒那麼有把握，所以經過一整天漫長的拉鋸戰，這些原本贊成有罪的陪審員只想趕快離開法院這個鬼地方，所以他們就妥協了。被告無罪開釋。

也可能所有的陪審員都堅持己見不肯退讓，於是就會出現僵局，陪審團無法做出有效的判決，而審判也就此流案（譯註：mistrial，代表必須解散陪審團，重新挑選新的陪審團後再進行重審）。所以你得從頭再經歷一遍這痛苦不堪的審判程序，只不過這一次辯方律師已經摸清你手上所有證人的優勢與缺點，也知道你所有的論點。重審並不一定會對檢方有利，許多檢察官會暗自祈禱，無論正義能否伸張，拜託老天爺千萬不要讓陪審團僵持不下，不要再重來一遍。

我一直對有人能為審判做出判決這件事感到無比欽佩，想想看這其中所牽涉的得失、舉證的標準，以及必須所有人一致同意才能有判決。不信的話，你試看看讓十二個人都同意點同一種口味的披薩，應該會引起一場暴動吧。

所以每當接近要做出判決的時刻，檢察官也同樣坐立難安。當然有些案子的贏面非常高，但這個世上沒有什麼事情是絕對的。

當宣判時刻終於來臨時會是這樣的：法官請法庭上的代理法官或書記官傳達這句話：「判決出來了。」這是個嚴肅的宣告，因為終於有判決了。如果你當時已經在法庭裡，會全身僵硬地等待；如果是剛好回辦公室接個電話，會立刻掛斷電話衝回法庭；如果正在吃午餐，會停止咀嚼嘴裡的食物，立刻往門外衝。

所有人會聚在一起，包括代表檢方的律師、代表辯方的律師、法庭上下人等，不過通常法院裡的職員都會到旁聽席來聽最後的判決。如果這是個值得媒體報導的案件，手上拿著小記事本的記者也會跑到旁聽席來，他們很可能早就根據猜測先把報導寫好了。通常被告都會有支持者在一旁加油打氣，像是配偶、小孩、父母、兄弟姊妹、朋友、神職人員、同事、鄰居。有時候，只有被告和他的律師孤零零地坐在辯方的座位上，沒有聲援的人，他們會裝作無所謂的樣子，一直到陪審團團長開口。通常法警會一聲不吭地靠著牆戒備，為了防範有暴力舉動出現，他們身上都配有武器，雖然這種狀況極少發生，但還是得以防萬一。

最後，法警會用拳頭在法庭內側的門上敲三下。「陪審團要進來了！」

當陪審團魚貫進入裝飾著木鑲板的法庭時，所有人都會起立，現在法庭內瀰漫著猜測、恐懼和祈禱。大家的眼睛都停在那些走進陪審團包廂的普通人身上，他們穿著休閒運動衫、牛仔褲、家居褲、皮底鞋和運動鞋。絕大多數陪審員都會雙眼直視正前方，就像是在搭電梯那樣。生死懸於一線的被告從被告席上緊盯著他們看，拚了命地想要從眼神或表情上看出些許關於判決的端倪。有時候陪審員還會掉眼淚，這個時刻他們鮮少臉上會出現開朗的表情。

而這時候的檢察官，則是會刻意擺出一張撲克臉。我第一次在律師席上等待陪審團團長宣布判決結果時，我的搭檔靠過來在耳邊強而有力地低語：「記住，無論判決是什麼，不要有情緒，也不要有任何反應。」不管判決是無罪或有罪，撲克臉都是必須的。我認為這不只是法庭禮儀，也是明白表示出尊重與謙卑的方式。

你認為自己已經盡力，你相信被告有罪，但不知道陪審團是否買帳，也不知道他們喜不喜歡你。你在過程中經歷了各種或好或壞的時刻，現在已經準備好要接受結果。還記得我經手的第一場審判中，聽到陪審團宣判被告有罪時，我是多麼地驚訝，而在第五次經手的審判中聽到被告無罪時，驚訝程度一樣不相上下——「驚訝」二字實在不足以形容我聽到蓋達組織的蓋拉尼（Ahmed Ghailani）一案判決時的心情。他是我們從關達拉摩灣監獄移送至美國接受公民審判的最後一位被告，因為使用炸彈攻擊美國在肯亞與坦尚尼亞的大使館造成兩百二十四人死亡，被起訴了兩百八十五項罪名，最後陪審團判定其中兩百八十四項罪名無罪，只有其中的第五項被定罪：共謀毀損美國所屬之財產與建物。這個判決簡直是莫名其妙、荒謬至極。至今我們還是找不到合理的解釋，只除了一種可能性，那就是在陪審團不見天日的黑箱作業裡，一定有人做了極不公正的妥協。

現在，所有人緊張地等待著判決結果，而且不是由法官宣告，是由陪審團團長——一位被選中執行這項公民義務的普通美國公民負責。陪審團團長會從陪審席中起身，在彷彿靜止的法庭上，向眾人說出判決。

然後事情就完成了。

或許聽起來很令人驚訝，但任何心態正確的檢察官都不會在聽見「有罪」這兩個字的那一刻感到喜悅。幾個小時之後大家會一起喝杯酒，感到心滿意足，互相稱讚幹得好，不愧對自己的專業聲譽，然而宣布定罪的那一刻，是一位平民老百姓在其公民生活中最沉重也最嚴肅的時刻。沒有任何其他事情可與之相比。我曾經因為律師職責所在，在美國參議院的殿堂中對兩場最高法院的審判進行確認，而公共電視網則是在一旁錄下我回答是或不是的整個過程。當時的心情完全比不上我過去在刑事案件中，等待陪審團判決時的心情，就算最後的結果是正義獲得伸張，那仍是一種非常沉重與悲傷的感受。

在許多間紐約南區的法庭中，辯方的座位是安排在檢察官座位的後方，這樣一來，我們就不需要親眼看見那個必須為這場審判付出最多代價的人臉上的表情。你頂多是在自己的心跳聲之外，聽見後方的一些動靜，可能是一聲嘆息或是倒抽一口氣，而最常聽到的是，一片沉寂。

但是在旁聽席就不是這麼回事了。配偶可能會放聲哭泣，孩子可能會哀叫，現在被告知道自己的命運了，無罪推斷已煙消雲散。有時候檢察官會當庭申請發回重審，而被告則會從法庭的側門離開，戴著手銬直接還押看守所。

當案子的勝算很大或是很小時，大家都會預期到可能的判決，事實很重要，但律師多少還是能夠感覺得出輸贏的可能性有多少。可能性並不是絕對的，不到最後永遠無法確定，而這種「不確定性」就是沒有人動手腳、判決結果沒有被操弄的一項證明。這也讓最後的結果得以令人信服，就如同選舉結果的不確定性讓我們能夠信賴民主制度一樣。

在二〇一六年美國總統大選結果出爐的前一晚，知名的俄羅斯西洋棋大師暨人權鬥士卡斯帕洛夫（Garry Kasparov）在社群媒體上貼文寫道：「美國人，你們對明天大選的結果感到緊張嗎？這就是民主在發揮作用。無法預測選舉的結果如何，實在是件很奢侈的事！」隔天，川普跌破眾人眼鏡贏得大選，卡斯帕洛夫沒多久就提出了這樣一個正面看法：「川普的勝選是民主最偉大的證據。你們不會事先知道結果是什麼！」

而這和刑事案件的判決一樣。檢察官們，當陪審團走出來時你所感受到的緊張，那就是司法在發揮作用。無法預料判決的結果如何，實在是件很奢侈的事。

4

Punishment

懲 罰

開場

在司法中最令人迷惑、影響最重大的部分，或許就是與懲罰相關的問題。該如何量刑才能符合一個公平社會所追求的標準，讓懲罰達到必要的程度，卻又不會太超過呢？既要做出懲罰，也要有教化的目的；既要剝奪犯人的自由，也要能夠發揮嚇阻的效用。該如何在懲罰的統一性，以及根據個別案件做出個別判斷這兩者之間達成平衡呢？我們是不是只要專注在罪行本身就好？又或者應該在量刑時，把每一個犯人的狀況都考慮進去，像是家庭狀況、成長背景以及犯罪動機？最後，究竟應該要剝奪犯人幾個星期、幾個月或幾年的人身自由，才能算是伸張了司法正義呢？沒有人真的知道答案。

所以，司法的最後一個階段「量刑」，具有非常深層的道德、情感，甚至宗教面向，儘管現代人已經努力將這個議題簡化成一種數學式的計算方法了。最為人所熟知的懲罰理論——儘管早已被排除在我們的法律系統之外——就是聖經中所說的「以眼還眼」。

非法律專業的一般人可能不了解關於監聽的法律細則、何謂法律上的共謀犯罪、大陪審團的職責為何，甚或是審判中有如天書般奧妙難解的各種程序。這些法律工具與規定的公平性，對一般人來說相當晦澀不明，但是大家都認為自己懂得懲罰是怎麼一回事。眾人對某些懲罰方式的反應早已根深蒂固，某些犯行被認為判得太輕，某些又被認為判得太重。因為我們每一個人都曾經對他人施以懲罰，也都被懲罰過，無論是把孩子禁足、懲戒下屬，或是跟某人冷戰。無論是個人或是社群，大家都對懲罰這碼事了然於心。

歷史上有段很長的時間，執行懲罰在紐約屬於公開活動，原本的用意就是要讓所有公民親眼目睹行刑的場面，到現在某些地區依然如此。圈禁圍欄、絞刑台、斷頭台、十字架、用石頭砸死異教徒，或是揮鞭狠打小偷盜賊，這些是國家刑罰的象徵，有時也是肅清並剷除異己的方式，當然也是給未來可能犯下同樣錯誤的人的嚴正警告。

現在的懲罰已經比較不像過去那麼堂而皇之地進行了，民眾比較不容易看見行刑的場面。同樣地，監獄也多位在偏遠的地區，讓大家在平日既不會看到也不會想到。過去，我們也曾經在市中心建造懲教機構，現代美國的第一間懲戒所，就是一八二九年時蓋在費城的東州監獄。現在，定罪的犯人會被發送到全國各地去服刑，不但遠離城市居民，連親人要去探視都不太容易。

儘管現在不需要再忍受觀看行刑的場面，但我們依然會在法庭中，依照公開的程序，由法官參考聯邦法律的量刑指引，宣判入獄的刑期，而且有時大家都看得出來法官是經過一番明顯的掙扎之後才宣判。當今的量刑系統嘗試要將這一切變成一個數學運算式，其中各項不同罪行都有一個對應的分數，再加上造成損失的程度、犯罪前科、加重量刑的條件、符合減刑的條件等等。這是個粗糙且冷酷的數學計算方式，實際上還真的有一張量刑表，但這張表比較接近於賓果遊戲卡，而不是一個出於為活生生的人爭取司法正義為目的、深思熟慮後所想出來的方法。

「人的存在」當然就是問題的關鍵所在，也是思考上困擾的來源。當有血有肉的人牽涉其中時，我們該如何同時運用公式與良心來達到公平正義？犯罪的受害人是人，犯人也同樣是人，該如何達到公平與正義、量刑的原則與比例又該是如何，這是沒有任何一個法官會喜歡的苦工。因為法官也一樣是人。於是，一件案子接著一件案子，一旦罪名成立之後，接下來就要進入最後的痛苦階段，裁定出適當的懲罰。是要判緩刑或是即刻發監？要判幾個月還是幾年？要判生，還是判死？

有時候檢察官可以採用具有強制最短刑期的法條，反客為主成為負責量刑的法官。接下來你將會讀到，我們在一件懸宕多年未解、令人悲傷的嬰兒綁架案中就面臨到這個為難的困境。在混亂不安的情緒與悲慘的失去之外，還有我們為了審判所下的賭注，這個賭注可能會讓年輕的被害人再一次落入地獄般的處境之中。究竟什麼才是正確的罰則，這絕不是公式化的計算可以解決的問題。

當然，判刑給人一種結局終於到來的感覺。過去我一直認為檢察官的職責到此就完結了，我們的責任就到監獄的圍牆邊緣為止。我們公正地進行訊問調查、做出正確無誤的控訴、陪審團也恰如其分地做出判決，接下來就是執行司法的刑期懲處了。轉頭繼續下一個案子吧！但其實這並不是終點，至少，如果我們真的關心司法正義，那麼這就不是終點，因為在那些我們目光所不能及的牢獄監所中，普遍都有我們看不見的肉體及道德方面的腐敗情事在上演著。這也是正義的特質。我們如何對待這些被認定為危險，或是被限制自由關進大牢裡的人？這是所有人必須承擔的道德責任，包括檢察官在內。

而從政策面來看，我們必須重新思考刑期的長度、強制最低刑期、起訴的衡量權、現金保釋等等諸多事情。而近期我們也通過了十分重大的刑事案件司法改革。

但我們仍需要以人性化的方式來改善監獄的狀況。紐約市的雷克斯島監獄就充斥著對收容人的暴力對待，我的辦公室也對此進行了深入的調查和懲處，並試圖減少這樣的行為發生，也就是讓眾人客觀了解到監禁是多麼殘酷的刑罰、心術不正的獄警有多惡劣，以及，即使在全世界最黑暗的地方，都還是需要有人性和希望。這是我們必須學習的課題，不只是為了讓被監禁在其中的犯人贖罪，也為了讓我們所有人都能獲得救贖。

卡琳娜寶寶綁架事件

該怎麼做才能達到公平與有效懲罰的這個道德困境，並不是只有主審刑事案件的終身職法官才需要面對的狀況。這個為難的處境對許多人來說，都顯得熟悉又苦惱：監管人員必須對違法犯紀的公司做出懲處、上司必須處理行為不當的員工，甚至父母親也必須處罰不聽話的小孩。什麼才叫做符合比例原則？怎樣才叫做有效？該採取什麼樣的懲罰方式才是剛好又不會太超過？

如我所說，這些問題並沒有一個確實或肯定的答案，但是一個有秩序的社會卻時時刻刻都需要有人回答這些問題。而每一天，我們這些平凡的血肉之軀，無不盡了全力希望能夠克服這個難題。

一九八七年仲夏，天氣溫和舒適的一天，卡琳娜．蕊芮．懷特（Carlina Renae White）誕生於紐約市哈林醫院。她出生時的體重剛好八英磅，是個健康又漂亮的寶寶，有著淺棕色的皮膚、微捲的頭髮，右手臂上還有個胎記。她的雙親年紀都很輕，兩人尚未結婚，這次的懷孕也並非計畫中之事，但他們非常相愛，並下定決心要一起撫養女兒長大。卡琳娜的母親喬伊・懷特（Joy White）當時才十六歲，還在念高中，而父親卡爾・泰森（Carl Tyson）當時二十二歲，身兼兩份工作，白天開卡車，晚上則是在停車場當收費員。他們並不富裕，但小卡琳娜仍是在雙親與外婆伊莉莎白的期待和歡迎下，來到這個世界，她擁有滿滿的愛與照護，受到家人無盡的寵愛。

卡琳娜出生第十九天時生病發燒。她的父母不願冒險，於是在八月四日將她帶回出生的哈林醫院看診，醫生也放心不下，所以將她收治住院一個晚上，並在她的腳上進行靜脈點滴注射。喬伊相信醫院會好好照顧卡琳娜，所以她在凌晨十二點半左右匆忙趕回家去，打算收拾一些東西好在醫院過夜。

喬伊一直不知道女兒究竟生了什麼病，因為就在八月五日破曉前，卡琳娜被人從哈林醫院十七樓的小兒科病房擄走了。綁架犯把她腳上的靜脈注射拔掉，一把抱起小女嬰，就這樣在完全沒有人發現的狀況下，消失於夜色之中——「就像在酒窖裡摸走一瓶酒那樣簡單」，之後的新聞報導是如此描述。

這件事對卡琳娜的父母造成了難以言喻的沉重打擊。他們一直心懷期待，相信寶寶一定能夠回來。卡爾之後是這麼說的：「我一直覺得我女兒一定會回來。」但是幾天過去了、幾個禮拜過去了，接著是幾個月過去了，警察卻仍是毫無頭緒可言。

喬伊陷入極大的哀傷之中。她曾擁有一個上天所賜的孩子，母女卻只相處了短短的十九天，只有十九天「能夠幫她洗澡、洗頭，餵她喝奶，然後輕輕搖她哄她入睡」。喬伊出現憂鬱的症狀，於是開始服用煩寧，接受憂鬱症的治療。她從高中輟學，到最後，由於失去寶寶的悲傷實在太過沉重，她和卡爾也黯然分手。

而小卡琳娜究竟發生了什麼事呢？那個把她擄走的殘忍小偷到底誰？

這個謎團一直到二十三年之後才被解開。在卡琳娜失蹤那晚，一個名叫安．派特威（Ann Pettway）、曾因為一些輕罪而遭逮捕的女人，就躲在哈林醫院的走廊上伺機而動。派特威一直很想要有個自己的孩子，歷經幾次流產後的她決定鋌而走險，放手一搏。

喬伊帶著生病的女兒來到小兒科病房時，派特威也在場。她假裝好意關心，甚至假惺惺地出言安慰這位新手媽媽，告訴她寶寶不會有事的。沒多久，派特威發現卡琳娜身邊沒有人在，於是就把寶寶帶走了，沒有人阻止她，也因此後來紐約市立醫院被控告疏失。但儘管警方與相關單位動員傾盡全力尋找卡琳娜和綁架犯，結果卻仍是一無所獲。

派特威將卡琳娜帶離紐約市，來到老家康乃狄克州，並將卡琳娜改名為娜姬亞，對外宣稱這是她剛生下的寶寶。卡琳娜（現在大家都暱稱她為娜迪），一開始是跟著派特威在康乃狄克州生活，後來又被帶到了喬治亞州。

警方對卡琳娜綁架案的調查經過了幾十年，依然一籌莫展。然而，雖然二十三年前的一場高燒讓卡琳娜落入了安．派特威之手，但最終破解這樁案子的偵探竟然不是別人，而是卡琳娜自己。隨著卡琳娜慢慢長大，很多人都說她跟媽媽長得不像，她們雖然都是非裔，特徵卻完全不同，再加上卡琳娜的膚色較淡，派特威的膚色則很深。卡琳娜並沒有多想，一直到她自己在十六歲時懷孕，需要拿出生證明去辦理產前檢查，派特威卻拿不出來，卡琳娜才開始產生懷疑。這個年華已逝的女人終於崩潰大哭，坦白了部分真相：她承認卡琳娜不是親生女兒，儘管說法含糊不清也拿不出可信的證據，但她堅持當年是一名陌生人把還是嬰兒的卡琳娜交給她，接著那人就一去不回了。她只肯說出這些。

接下來幾年，卡琳娜的懷疑日漸高漲，不禁開始想知道自己真實的身分為何。於是她開始搜尋一九八〇年代的失蹤兒童檔案，最後就在二〇一〇年接近聖誕節時，她聯絡了美國國家失蹤與受虐兒童援助中心。根據她的年齡、身上的胎記和其他細節特徵，失蹤與受虐兒童援助中心很快就將範圍縮小到兩件綁架案，其中一件就是卡琳娜・懷特綁架案。將剛出生的卡琳娜與幼兒時期「娜迪」的照片兩相對比，就確認了愈來愈明顯的事實：這位一直認為自己叫做娜迪的女孩，其實就是當年被綁架的卡琳娜。

與此同時，在這二十多年的時間裡，喬伊從來沒有停止思念她失蹤的寶寶。雖然她後來結婚又生了其他小孩，但自己的親生女兒在半夜被陌生人擄走的悲傷，從來不曾稍減。她依然在梳妝台上擺放一張卡琳娜的相片，甚至連電子郵件名稱也是取卡琳娜的名字。她更是從來沒有想過，會接到來自失蹤與受虐兒童援助中心的電話，他們告訴她，她的寶寶還好好地活在人世間。

早在基因檢測的最終結果出爐前，卡琳娜就開始與住在亞特蘭大的喬伊通話了。母女倆沒多久就在紐約重逢，這次重逢感人肺腑且盪氣迴腸。卡琳娜終於見到親生母親、父親、外婆，以及她不知道自己擁有的兄弟姊妹，還有阿姨和表兄弟姊妹。

也就是在這個時候，二〇一一年一月，這個悲傷、曲折，期間長達數十年的嬰兒失蹤案來到了我在曼哈頓聯邦檢察官辦公室的辦公桌上。負責審理這件案子的檢察官是安德莉雅．蘇瑞特（Andrea Surratt），也是辦公室裡一位年輕的明日之星。安德莉雅態度公正、作風嚴厲，除了在法庭上有著優異的律師技巧之外，還是一位領有執照的飛行員和技藝高超的神射手。

現在卡琳娜寶寶綁架案的謎團已經解開，是時候讓安．派特威面對法律的制裁了。曼哈頓地區檢察官辦公室惺惺作態了一陣子表示他們想要這個案子，但根據憲法的規定，這件案子早就已經超過州政府的起訴效期，所以只能夠交給聯邦政府來審理，於是案子就變成我們的了。

在電視上看到自己之後，派特威終於向聯邦調查局的當地辦事處投案。她向該辦事處的特別探員瑪麗亞．強森（Maria Johnson）坦承，自己在一九八〇年代時流產了好幾次，因為太想要小孩，所以就從哈林醫院把卡琳娜抱走了。在一份手寫的自白書中，她說自己「由衷地感到抱歉」。

派特威犯下了刑事罪案，這一點毋庸置疑。就我們來看，她毫無疑問地觸犯了聯邦法律的綁架罪，她的律師羅伯特．包姆（Robert Baum）還想要做些言不由衷的辯護。派特威其實可以修改她的說詞，可以嘗試不讓自己的自白書被呈上法庭，畢竟，當時並沒有可靠的目擊證人看見那天晚上就是派特威抱著卡琳娜離開醫院。不過考量到當時的狀況，我們打輸這場官司的可能性極低，而關於是否被定罪一事，司法判決應該很快就會出來，結果應該也八九不離十。

定罪是這件案子裡簡單的部分。然而，決定要讓派特威為自己惡劣的行為接受什麼樣的公平懲罰，從另一個角度來說，卻是一個完全不同的法律（以及情感）問題，在之後好一段時間裡，這個問題持續佔據了我們的思緒，也進行了非常多的討論。

我所認識的檢察官，絕大多數對於如何讓犯人定罪都相當拿手，卻不是那麼擅長於提供判刑的建議。對檢察官來說，要論證犯人有罪相對容易，一般來說，這其中有著非常清楚明確的道德判斷。每一份起訴書中都呈現了兩種選擇：有罪或是無罪，這裡沒有任何模糊地帶。的確，司法系統也不允許灰色地帶的存在，要讓陪審團定罪，就必須完全肯定此人確實犯下了該罪行，同時要在排除所有合理懷疑的情況之下，才能宣布該嫌犯有罪。這麼一來，我們才有可能在決定嫌犯是否有罪這件事情上，確保司法正義得以伸張。就算是一個看來明顯有罪的人獲判無罪，只要陪審團確實做好了自己的工作、法官沒有在背後操縱結果、律師都遵守憲法的規範，我們就會說，陪審團已經做出了最終決定，司法已然發揮其功能，然後便繼續下一件案子。

但量刑又是另外一回事了。當問題從「是否有罪」進展到決定刑責為何，事情就開始變得晦暗不清，讓人如墜五里霧中。這時候就不再是二選一，而是有著令人眼花撩亂的不同罰則。如果該項罪行沒有法定強制最短刑期，而且罪行本身也算得上重大，這時罰則的範圍就非常廣泛了，可能是判處幾年的刑期、終身監禁，或是介於兩者之間的任何刑度。還有賠償、罰款、拘禁，以及判刑確認後的各項限制等等，在在都增加了處罰的選項。

我認為，許多檢察官在主張該對嫌犯處以任何特定刑罰時並不會太認真，也不是很肯定自己的主張是否正確，這不是因為不在乎，而是實在太困難了。他們也知道，這份無比艱難的重擔屬於法官。檢察官已經藉由法庭的審判及被告的認罪完成了自己的工作，而且很高興能夠把決定剝奪他人多少自由、猶如上帝般的工作交給其他人來處理。這也是我從來沒有想過要當法官的原因之一，你要如何才能肯定地知道，究竟要判刑七十個月還是八十個月才正確呢？又如何知道多增加一天或一個星期的刑期，能為犯人發揮有效的導正作用，還是適得其反呢？

法官沉重的職責就是要在需要進行懲罰的時候，對犯人施以公平的罰則。聯邦法官會根據過去刑案的判例、犯罪性質、從重量刑條件與減刑條件的各項完整數據作為依循，但最終，法律仍是要求必須由法官來決定量刑結果，做出一個「剛好但又不會太超過」的處罰。如果你認為要衡量出這種事情的難度簡直比天還高，你想得一點都沒錯。幾乎所有法官都會坦承不諱地說，穿上法袍最沉重的負擔就是要拿捏出一個「剛好但又不會太超過」的懲罰方式。當他們的選擇受到強制最低刑期的限制時，許多法官自然都會覺得不高興，但是當你擁有可以決定另一個人生命與自由的完全處理權，這也不是什麼輕鬆愉快的事。

公平的罰則可以由人「衡量」出來，這個想法本身其實也是我們長久以來對犯罪與懲罰的迷思。這種數學化的迷思對於要求標準，以及無論種族、地區和其他各種差異都必須一視同仁的司法與公平來說或許很重要，但是我們絕對不能夠落入這個假象之中，以為充滿缺陷的人類能夠在做出懲罰這件事情上達到完美無缺的公平正義。「剛好但又不會太超過」是神才能做到的標準，也是我們註定無法達到的標準。

所以我們該拿安．派特威怎麼辦才好呢？

由於很早就決定了要起訴，我們也有時間針對派特威接下來的命運進行了許多天的討論和辯論。相關法條裡的一個小節中，有一項法定強制最低刑期：「如果綁架受害人尚未成年，且犯人並非受害人的親戚，那麼最低刑期是二十年。」這項法條符合事實狀況，所以我們就按照這個刑度來進行起訴，也就是說如果派特威被定罪，法官判的刑期不能低於二十年，她也必須在監獄中服刑滿二十年，期間不得假釋。

這無論怎麼看都不會讓人覺得過分、不公平或失望。當時有許多關於公平與強制最低刑期的論戰，但是就這件案子來看，求處這樣的刑期並不會讓人有任何良心不安之處。光是派特威這麼多年來帶給喬伊與卡爾的無比痛苦，還有他們兩人依然持續感受到痛苦和憤怒，就足以讓她在牢裡蹲上二十年不為過了。再加上一般傳統會考量的嚇阻作用，這樣的量刑看起來很是公平，所以這就是我們最初採取的做法。

問題是後來才出現的。派特威的律師最後終於說，他的客戶本來已經準備好要認罪了，但是二十年的法定強制最低刑期讓她打消了念頭。不過她可能會願意對該法條中的其他部分認罪，再加上任何人都能夠在法官面前進行申辯，最後還是只有法官能夠決定是要判她二十年，還是更低或更高的刑期。

這是我記憶中非常難以定奪的一件案子。從一方面來看，生父生母，也就是卡爾和喬伊兩人都承受著極大的痛苦。他們清楚表示希望能夠從重量刑，讓派特威用二十三年的刑期來補償她將卡琳娜從他們身邊帶走的二十三年，以眼還眼。但這件案子裡還有另一位受害人，雖然所處的位置不同，可同樣也是一位深受其害的人——卡琳娜本人。不難理解她處於一團混亂之中，而且必須以證人身分出席每一場審判。受害人雖然有豁免權，但他們也可以說是事件中最不客觀也最矛盾的人。角度不同的受害人會想要不同的結果，要在這不同的想望中找到平衡點，其實相當不容易。而卡琳娜想要的，跟她的父母並不一樣。

卡琳娜跟派特威一起生活的日子有好有壞。卡琳娜在學校是個非常受歡迎也很外向的學生，夢想有一天要成為知名的表演藝術家。這段時間的派特威經常吸毒，有時候會表現得像個「怪物」，卡琳娜也看到她持有武器。有時候派特威會打她，但卡琳娜堅持她並沒有受虐：「我不會說她是全世界最好的媽媽，但是該做的事她都做了，所以才會有今天的我。」

和派特威一起的日子並不好過，但是即便發現了自己身世的真相之後，卡琳娜還是愛著這個撫養她長大的女人，完全不想跟我們合作將派特威送進監牢裡。此外，派特威還有另一個孩子，對卡琳娜來說也是自己的弟弟，他尚未成年，只有十四歲，很有可能會在司法機器的運作之下成為附帶的犧牲品。

二〇一一年春天，在聖安德魯廣場八樓我的辦公室裡，我們開了非常多次的會議進行討論。問題很清楚，但答案可就沒那麼肯定了：我們究竟是要遵循法律條文，照章援引明確且完全適用的強制最低刑期法條，然後在審判時冒著犯人可能不會被定罪的風險，同時加深卡琳娜的痛苦，最後造成危害司法正義的結果？還是我們應該允許被告對同一項法條中的不同小節認罪，然後有可能在審判時讓她被判處過輕的刑期，結果還是危害了司法正義呢？

我們所進行的每一次討論，全然不設限，也歡迎大家提出各種可能的考量。其中有件事直到現在依然深植我心。無論對錯，我不斷地想起兩個年幼的孩子，當時一個八歲，一個六歲，我想起他們在哥倫比亞長老教會醫學中心出生時的情形，毫無疑問，那是我一生中最快樂的三天。我想到過去和他們在一起的生活，以及接下來將一同度過的生活，然後我將自己身為一個父親所享有的喜悅，與安・派特威強加在卡琳娜父母身上的空虛和失落相比。只要花五分鐘的時間去想像那樣的狀況，你就會感覺到心中滿是高漲的痛苦和憤怒，只要你是個人，這種感覺就會影響你認為該如何達成正義的看法。

我們可以捫心自問：這是對一位罪案受害人自然而然產生、恰如其分的同情嗎？又或者這正是偏差想法的源頭，更是一種危險的情緒呢？你會希望我們的檢察官有這樣的想法和這樣的情緒嗎？所謂「以滿腔熱血追求司法正義，卻不對任何特定案件懷抱特殊感情，同時始終保持著公正心態」，其真正的意涵是什麼？曾經有一次，我要求在場討論的人投票表決。當時總共約莫有八個人，包含了承辦檢察官、主任檢察官，以及我最優秀的幾位副手。我們花了非常多時間努力想要理出頭緒，究竟怎麼做才是對的，而這個重擔沉甸甸地壓在我們所有人身上。

我們的這場爭辯中還有另外一個潛藏的重點：派特威養育卡琳娜的方式對於量刑來說是否很重要？她的教養方式與這整件事有關嗎？以綁架犯照顧自己偷來的孩子的好壞程度作為量刑的基準，這是對的嗎？如果今天派特威把卡琳娜養育成一位獲得牛津大學羅德學人獎的傑出女性，一切是否該因此而不同？

表決結果一面倒。多數人贊成求處強制最低刑期二十年，少數人則是贊成讓被告對某些罪名認罪，並讓她有機會獲得令人難以接受的輕判。我花了幾分鐘才發現為什麼表決結果會出現這樣的意見分歧。這與資深程度、性別，或個人行事作風是嚴厲還是溫和都沒有關係。我的發現是：每一位贊成判二十年的檢察官自己都有孩子，而每一位不贊成的檢察官則剛好相反。所以我們該怎麼辦？我們只能在那天晚上回家後，比平常再多花幾分鐘抱抱孩子，然後上床睡覺不再多想。

我花了一點時間來思考，最後還是下令選擇走較溫和的路線。到最後，被害人過得好不好，還是戰勝了其他考量，我們不希望因為強迫卡琳娜出席那些她不願意作證的審判，而讓她的心靈再次受創。坦白說，這同時也是種策略性的做法：卡琳娜已經不再是對我們友善的證人了。她中途就停止了與聯邦調查局和我手下的檢察官合作。如果要開庭，她要求必須有傳票她才會出席，而且就算出席了，她的態度也是反覆無常，難以捉摸，而這是你不希望在庭審時出現的情況。這種創傷很有可能會讓她受到二度傷害。

我們保留求處二十年刑期的權利，但放棄了求處強制最低刑期的認罪要求，現在一切就看法官要怎麼決定了。有些人可能會說，本來就該如此才對。所以，我們下了決定，也做了了結，同時也放了卡琳娜一馬。

派特威認罪了，而喬伊和卡爾對我們的決定非常不滿。在宣讀判決時，他們以尊嚴的態度，用溫和的口氣說出了他們的心聲，字字句句都是心酸痛楚。卡爾率先發言：「我必須說，二十三年，安，你讓我痛苦了二十三年。你在我的心頭劃下了一道傷痕，奪走了對我來說非常珍貴的東西。我再也沒有機會為我的女兒慶祝周歲生日、看著我的女兒去上學、送她去搭校車。你帶給我的傷害實在太深了，我甚至沒有辦法為我的女兒慶祝周歲生日和十六歲生日。你破壞了我的人生……他們應該要判你二十三年的刑期才對，因為這就是你從我的人生中剝奪的歲月。」這番話中的邏輯令人難以反駁。

這類的嬰兒綁架案並不多見，但確實會發生。就在我寫作這本書的同時就有一則新聞報導，有個小女嬰在一九九八年時被人從傑克森維爾的一間醫院擄走，相隔十八年之後，她才與親生父母再次團聚。而這件案子裡的父母則是要求對被告處以死刑。

這樣的失去是永遠無法彌補的，卡琳娜的雙親並不是唯一受到傷害的人。如同喬伊所說：「這件悲劇深深影響了我的人生、我女兒的人生、我的家庭、她的外婆、她的阿姨，還有她所有的兄弟姊妹。我們的人生從卡琳娜失蹤的那一天開始，就再也回不去了……我的女兒找到了我，我卻始終沒有找回我的女兒。」失去的已經永遠失去了，那樣的空洞是永遠填不滿的。

法官卡斯特（Kevin Castel）在宣判時，特別提到他對這件案子有極大的裁量權，這件案子的刑度範圍也非常寬：「基本上，法院有權力決定被告入監服刑的時間長度，我可以判她只要坐牢一天，也可以判她終身監禁不得假釋，或是介於兩者之間的任何刑度。」

所以，他的決定究竟是什麼呢？他判派特威入監服刑十二年，對此喬伊和卡爾震驚不已，我手下的檢察官也非常失望，卡琳娜則是沒有出席。法官再次強調這起綁架案中各種令人為難的細節，同時也再次提起派特威不幸的童年生活，其中包括了性虐待、藥物成癮、精神疾病，以及連續幾次的流產。他也提到卡琳娜的親生父母因為這件綁架案所承受的刻骨銘心悲痛，這是一件偷走了二十三年親子關係、家庭關係和卡琳娜身分的「無終止罪案」（continuing crime）。

但是，或許最能展現事情全貌的是這幾句話：「我考慮了何謂公平的懲罰。這並不是貪婪的犯罪，也不是復仇的犯罪，而是自私的行為。這是一件因為自私而犯下的罪案。」而關於我們的司法體制，在這裡也有幾句該說的話，那就是，司法體制刻意避免發生聖經中那種早已過時的「以眼還眼」式正義。無論法官在這件案子裡的衡量是否完美，公平的懲罰需要的不只是對被害人的同理心，也需要有對加害人的同理心，去考量犯罪的原因——無論是據此減輕或加重判刑——我們必須將加害人的所有狀況納入考量，仔細思考、權衡兩邊的輕重。這是個不可能達成的任務，我是這麼想的，但法官的工作就是要試著去達成。

這個判決結果是對的嗎？正義獲得伸張了嗎？當時的我不確定，以後的我也永遠無法確定，儘管直到今日，我還是會想起這個令人心痛如絞的竊嬰案。

蒼蠅王

史蒂夫．馬丁（Steve Martin）是我最喜歡的人之一。不是那位喜劇演員史蒂夫．馬丁，雖然我也是他電影作品的粉絲。我在任職於紐約南區檢察官辦公室的最後幾年裡所認識的這位史蒂夫．馬丁，為了他的工作，持續四十六年來奔走於監獄之間，一開始他在德州龐大的監獄體系中擔任獄警，之後擔任了德州矯正署的總顧問，更近期則成為一位聰明又深思熟慮的改革人士，協助獄政機關解決他們面臨的監獄暴力與過度執法這類十分普遍的狀況。

馬丁的身材瘦長，臉上線條分明，蓄著灰色八字鬍，再加上南部口音，他給人的感覺有點像是善良版的山姆．艾略特（Sam Elliott），那位在西部電影飾演牛仔硬漢與騎警的知名演員。馬丁是法庭指派的觀察員，法院指定挑選他來協助改革紐約市的雷克斯島監獄。

我不是監獄或監獄改革方面的專家，絕大多數的檢察官都不是。我們努力工作，證明被告有罪，在法庭上主張求處各種程度的刑期，結案後就繼續處理下一件案子。在被告被送去遙遠的監禁處所之後，就不太會去想這些被告將過著什麼樣的生活。

我之前只有一次為一位坐牢的犯人捍衛他的權利，那是超過二十年前的事了。當時我還是在私人律師事務所工作的年輕律師，我和當時的幾位律師同事一起為保羅・裘利（Paul Jolly）進行公益性法律援助。裘利因謀殺罪定讞而在阿提卡監獄服無期徒刑，他當著被害人的五個孩子面前，開槍射殺了被害人。我們並沒有擔任裘利刑事案件的辯護律師，只是協助他行使信仰拉斯塔法里教的權利，這是憲法賦予他的合法權利，就算他是個入監服刑的罪犯也一樣。他因為宗教理由而拒絕接受潛伏性結核病的開放性檢測，所以被關押在「醫療隔離牢房」中，全天候單獨監禁，除了一周一次十分鐘的洗澡時間。

我們接下這個案子的時候，事務所的祕書問我這位客戶犯了什麼罪才會落到被關進阿提卡監獄。我告訴她謀殺罪定讞的事，她聽完後拒絕協助這件案子，所以我只好自己一手包辦所有的事務性工作，例如影印、列印和回覆信件。雖然很驚訝她有如此激烈的態度，我仍然尊重她如此明確的界線。我是可以區分裘利所犯下的罪行，與他有權在監獄享有合理的對待和終身都受到憲法的保護，這兩者之間的差別。在我心裡這是兩件不同的事情。這件案子花了我許多功夫，對我來說也是身為律師的初體驗，像是向當事人取證（這是我的第一次）、向法官提出動議、申請預防性禁制令，以及正式參與多場相關的庭審。最後我們打贏了這個案子，裘利也從單獨監禁中被釋放。

二十年後，兩位隸屬於民事部門的聯邦助理檢察官，愛蜜莉・道崔（Emily Daughtry）與傑夫・包威爾（Jeff Powell），首開先例地對少年犯在雷克斯島監獄中的待遇，進行了一次破天荒的調查。他們那驚人的調查結果令我大開眼界，這才知道紐約這所最惡名昭彰的監獄中，有這些危及性命的惡劣狀況，而其他的監獄亦是如此。這份調查結果的內容主要是雷克斯島的狀況，但所有的監獄和所有用來監禁他人並限制其自由的地方，都該對其中的教訓與警告引以為戒。

在我獲得終身職之後，我們在雷克斯島所進行的工作促使我開始思考有關監禁的生活環境與狀況。我深信絕對有道德上的理由來關心矯正機構的運作狀態，我們應該要時時刻刻關心，一個公平正義的社會應該是什麼模樣。在一個公平正義的社會中，健康的人應該要關心病苦的人；富有的人應該要關心窮困的人；強壯的人應該要關心弱小的人；檢察官應該要關心監獄的收容人。而雷克斯島正是一個很適合探討的課題。

我還是大一新生時，選修過一堂有關人類大屠殺的課，這堂課徹底撼動了我。也有人提出討論認為，這應該是一堂所有人必修的課，了解人類可以冷血殘酷對待其他同類到什麼程度。課程指定的閱讀書籍中，包括了三本直到今天為止，依然是我所閱讀過最重要的書：史丹利．米爾格蘭的《服從權威》、康拉德的《黑暗之心》，以及針對金巴多（Philip Zimbardo）教授聲名狼藉的史丹佛監獄實驗所寫的評論。我們在課堂上也讀了漢娜．鄂蘭的著作，同時就跟其他成千上萬的學生一樣，研究她所提出的理論：邪惡的普遍存在。

這些作品，就如同潔西卡父母的朋友死在自己親生兒子手上那件罪案一樣，粉碎了我心中的某些東西，尤其是《服從權威》。我從大學開始就讀了這本書很多遍，在成為聯邦檢察官之後，又重讀了不下一次。有些人可能不太知道米爾格蘭是誰，他在一九六〇年代時進行了一系列的實驗，測試人類在服從命令的狀態下可以對他人進行傷害到什麼程度。米爾格蘭自己也瞠目結舌，一般人在進行一場學術實驗聽從命令的狀態下，竟然能夠毫無顧慮地對他人施加極度的痛楚，而且還願意親手操作事前告知過他們的高伏特電擊。為什麼？只因為實驗室裡的人告訴他們要這樣做。

米爾格蘭教授在五十年前寫下了這段話，這或許就是這個研究中最基礎的課題：「一般的普通人在對他人沒有任何敵意，只是遵照命令的情況下，就可以成為恐怖毀滅性行為的幫凶。」

數十年後，身在職場的我，又再次從史蒂夫．馬丁的口中聽見鄂蘭最著名的那句話：邪惡無處不在。他用這句話來解釋，就算是善良的好人，只要在非人性化的規則下遭到囚禁，並身處於荒郊野外的監獄之中，就很有可能對其他同類做出殘忍的行為。

在二十世紀最知名的一場心理實驗——史丹佛的監獄實驗中，金巴多和助理挑選了二十四位看起來身心都十分穩定的史丹佛學生，全部是男性，透過擲硬幣隨機安排他們擔任獄警和囚犯的角色。這個實驗原本預計將進行兩周，但是到第六天時就取消了。為什麼？因為擔任獄警角色的學生出現愈來愈明顯的虐待狂傾向，他們會對囚犯施以「心理壓力」，例如在凌晨兩點鐘把他們叫醒、將他們單獨囚禁起來，或強迫他們做出帶有凌辱性質的肢體動作。金巴多後來在國會聽證會上作證表示，他之所以會結束這個實驗，是因為他發現自己「可以輕易就讓那些最凶殘的獄警和最不堪一擊的囚犯交換身分」。多年後，還是有些評論文章對這場實驗的結果抱持懷疑的態度，因為有證據顯示「獄警」是受到強迫或有人指點才這麼做的。但是在這場實驗中，這些高人一等的史丹佛學生竟然立刻就學會以施虐、剝奪人性的方式來對待自己的同學，這個令人震驚的教訓依然成立。

無論是否過於誇大或是有所瑕疵，五十年來，史丹佛監獄實驗在社會大眾的腦海中始終難以抹滅，因為它傳說中的結果不只令人震驚，也完全可信。如同霍多爾科夫斯基（Mikhail Khodorkovsky）這位曾被俄羅斯囚禁在殖民地監獄超過十年的鐵路公司億萬富翁在《我的監獄夥伴》一書中所寫：「監獄對絕大多數的囚犯和獄警都會造成糟糕的影響。事實上，我們還不清楚究竟是哪一個族群受到的影響更大。我們的社會必須要做點什麼來挽救這場人間悲劇，而這一切就要從讓大眾知道這件事開始。」

史蒂夫．馬丁想要做些什麼事來挽救這場人間悲劇。他相信我們可以用人道的方式進行監禁，監獄也不需要是個充滿暴力與腐敗，極端危險的汙穢處所，而他的終生職志就是要達成這個願景。究竟是哪些狀況加在一起會讓人變得野蠻與殘酷？答案是，文化與個人都脫不了關係。任何一所監獄的環境在定義上幾乎都不可能做到這一點：收容人被起訴犯了罪（或是已經遭到定罪），其中有許多人都患有精神疾病，而法院下令剝奪他們的自由，這一開始已經就讓他們低人一等了。但是在概念上這並不代表監獄就一定沒有人性，或是監獄沒有必要存在。只要有人因為必須接受法律的制裁而遭到監禁，又或者因為這些人會對社會造成危害，甚或有逃跑的疑慮，監禁就是必要的做法。

重點是，我們從一開始就抱著一個火藥桶，因為監獄和拘留所是對人性的一種嚴厲考驗，監獄的運作方式，就是合理化行為和獎勵服從，如同金巴多實驗中所清楚顯現的。只考量到效率及安全性的政策和做法，很容易就會讓人失去人性。史蒂夫說，監獄裡有各式各樣的方式可以讓你失去人性，更有數不清的方法可以讓你用對待牲畜的方式來對待人：監獄中完全沒有隱私可言，大家穿著一視同仁的制服，用編號來識別個人，並像牲畜一樣集體用餐等等。在這裡，基本上囚犯就是處於無能為力的狀態，而獄卒則是擁有如神般的無上權力——因為這是最簡單的做法。

通往地獄的道路就是由怠惰所鋪成，使用蠻力不需要動腦。動手動腳很簡單；要克制自己卻很難。只要有人反抗，他就會在腦門上挨一拳或是被抓去關禁閉，只要動用武力，絕大多數的問題都可以迎刃而解。在許多文化中，動武就能獲得獎勵。史蒂夫二十二歲時開始擔任德州監獄的懲教人員，根據他的說法，這猶如身處一道濕滑的斜坡上無可自拔地向下沉淪，幾個月過去之後，他發現自己愈來愈習慣以暴力來解決事情。到了二十四歲時，他覺得自己變了，變得更為暴力，跟那些史丹佛實驗中的獄警沒什麼差別，只除了這是現實生活。於是他決定要離開這個行業，但還是持續投入將監獄改善成人道環境的使命。他曾對我說：「如果當年我願意繼續用那種麻木不仁的方式欺負人，現在很可能已經當上監獄高官了。」

並不是每個傷害他人的人都在一開始就決定要這樣做，也不是每一所監獄都是以傷害那些被起訴的人為目的，而採取殘酷的管理方式。這裡並不全都是敵意和刻意為之的邪惡。就拿東州懲戒所為例，這是全美第一所懲戒中心，由貴格教派（Quakers）成立，並於一八二九年啟用。在東州，所有收容人都必須忍受殘酷的單獨監禁，是的，所有人。但這並不單純只是為了懲罰，而是為了讓他們改過自新。支持者之一的瑞許（Benjamin Rush）博士提議打造一間「悔過室」，讓囚犯可以在裡面透過獨處反省，進而真正體會到悔恨。它最初的用意是為了要療癒，一開始也被認為是種人道的做法，這麼做的理論是，單獨監禁收容人，可以讓他們好好面對自己內心的想法，然後反省並悔過。畢竟，懲戒所的重點就是懲罰並戒除，這也是當年的一場社會實驗。

到最後，把人單獨監禁起來所造成的問題，也終於鬧得人盡皆知。到了一九一三年，東州懲戒所停止了無論任何狀況一律單獨監禁的做法，了解到這是種非常殘忍又不人道的懲罰方式。這場實驗就此被放棄，但初衷卻是良善的。

不恰當的做法和膚淺的想法造成了種種後果，就如同許多可怕的故事也是如此。某次在八樓圖書館的例行會面中，史蒂夫說了另外一個令我永生難忘的故事。千禧年初，俄亥俄州青少年事務局請史蒂夫調查一所位於該州賽歐托（Scioto）小鎮的青少年觀護中心，這裡據聞有過度使用武力的狀況。（這個小鎮還有另外一個知名之處，它是高爾夫球名將尼克勞斯〔Jack Nicklaus〕開始學打高爾夫球的地方。）

史蒂夫發現這所觀護中心發生手臂受傷事件的比例高得驚人，例如手腕、手肘和肩膀的骨裂與骨折。他在這一行很多年了，從來沒看過像這樣的狀況，但正如他所說：「只要認真去尋找其中的行為模式，就一定能夠找到原因。」於是史蒂夫前去進行駐地觀察，很快就親眼看到了原因，那就是獄警在將收容人從一個地點帶往另一地點時所使用的戒護方式。獄警不知為何會使用一種很緊的C型夾來箝制收容人：他們將收容人的手臂拉直，固定住手肘，然後把一個很重的C型夾扣在手肘上，這麼做會對手臂的所有關節造成極大的壓力。

我請史蒂夫在我身上示範，他緊緊抓著我，固定住我的手肘，我無法想像在這樣的方式下能走幾步路，更別說要走上一段距離，尤其是如果當下我處在一種非常焦躁的情緒之下。只要稍微動錯方向，一定會有某個地方會受傷。被詢問到為何使用這種方法時，獄警小隊長說：「因為我們一向都是這樣戒護的。」

史蒂夫啞口無言。你要如何在女孩們手臂被鎖成這樣的狀況下，帶著她們長距離移動呢？這根本就是種「痛苦服從」的方法，就連運送馬匹我們都不會用這樣的方式。特別讓人感到不舒服的地方是，這種約束夾竟然是例行的戒護方式，而不是用來停止打鬥或是有人違抗命令時才使用。史蒂夫在提交報告之前先去找了典獄長，建議不能再使用這樣的約束方式了：戒護時不需要鎖住收容人的手肘，只要用一隻手緊緊抓住手腕就可以了，也不需要抓住手臂。就這麼簡單，手臂骨裂的問題立刻就解決了。

當然，有時候問題並不只是做法不恰當而已。有時候問題是一些壞人所造成，這些人因為身處在一個相當艱困的環境之中，再加上無能的獄政系統給了他們霸凌的機會，監獄中的腐敗文化也為他們提供了保護。

雷克斯島是個破敗不堪的煉獄。這裡是紐約市最主要的綜合監獄，也是全美最大的監獄之一，雷克斯島是一座佔地四百公英畝的矯正機構，位在布朗克斯區與皇后區之間的水域，島上分別有收容男性、女性及青少年的監所。拘留在此的絕大多數都是正在等待受審、尚未被定罪的人。其中極大比例都是有色人種男性，將近百分之四十的收容人都飽受精神疾病所苦（青少年收容人有精神疾病的比例更高達百分之五十一）。自從一九三〇年代啟用以來，雷克斯就一直以其根深蒂固的暴力文化為人所知，是全世界最惡名昭彰的糟糕監獄之一。

這裡有著各種積習難改的行為模式和管理手法，在在都違反了憲法賦予收容人的權利。暴力手段是所有人的第一直覺反應，而不是最終才採取的解決方法，在這裡，毒打收容人是家常便飯，而且很少有人需要為此負責。不僅暴力文化深植人心，同時眾人之間也盛行緘默原則。當我們準備在二〇一四年公布這些發現時，我的副手札博建議引用一部十分符合這個狀況的文學作品：雷克斯島上的情況簡直就是小說《蒼蠅王》的翻版。

二〇一五年，一件與雷克斯相關的慘案發了社會大眾的深度關切。一位名叫卡列夫・布勞德（Kalief Browder）的十六歲男孩被送進了雷克斯，起訴理由是偷竊了一個背包，但還沒有遭到定罪。他被關在雷克斯三年，前兩年都是單獨監禁，這讓他的身心處於極度虛弱的狀態中，也遭到懲戒人員和其他收容人的攻擊和騷擾。布勞德被控訴的罪名最終撤銷了，他也試著要重新開始生活，並把自己在監獄中受虐的遭遇公諸於世。但在獲釋兩年後，他自殺身亡。毫無疑問，在雷克斯度過的那段日子是造成他輕生的原因之一。這是個令人心碎的故事，但除此之外，該監獄裡還有比這更糟糕的死亡事件——是關於凌虐和謀殺的故事。

二〇一四年，我的辦公室提出一份篇幅極長的譴責報告，其中詳細描述雷克斯監獄中的暴力文化，同時提出值得警惕的各種發現、事實和統計數據。最後，我們根據在雷克斯所發現的種種問題，與地方法院磋商達成了一項協議裁決。這項裁決要求雷克斯監獄必須制定新政策，減少過度使用暴力解決問題的行為，同時保護收容人的安全與權利，此外也要求進行獄警如何使用武力的調查。另外還有在二〇一八年前加裝七千八百台攝影機、嘗試運用嬰兒監視器、發展新的招募策略，並訓練員工以新工作方針來對待十九歲以下的收容人，其中包括終止單獨監禁，以及為他們尋找雷克斯島以外的其他居留監所。這些改革將由外界人員進行監督，並定期繳交進度報告。

然而，雷克斯的事件仍是多到說不完，其中有兩起事件特別值得仔細陳述。在報告中摘要記述一位收容人因遭到毆打而死亡，這麼做並無法為這條遭到扼殺的生命討回公道。讓我們試著想像這兩位沒有機會活著離開雷克斯島的男子，是如何度過生命終結前那悲慘的幾分鐘。

在起訴雷克斯監獄戒護官佩德葛雷斯（Terrence Pendergrass）的審判中，聯邦助理檢察官拉娜・艾胥肯納齊（Lara Eshkenazi）的開場陳述是這樣的：「傑森・艾切法利亞在歷經幾個小時的疼痛、呼吸困難、嘔吐，以及不斷地求救之後，還是獨自在雷克斯島上一間狹小的監獄牢房中死去。」

艾切法利亞是個身心混亂不安的靈魂。他二十五歲，生長於布朗克斯區，被起訴的罪名是搶劫和竊盜。他在二〇一一年九月遭到逮捕，並被送往雷克斯島監禁，等待案件開庭審理。

艾切法利亞深受躁鬱症所苦，精神疾病在雷克斯監獄的收容人身上極為普遍。如同《紐約時報》在二〇一四年的報導，雷克斯島上患有精神疾病的收容人，比「紐約州二十四間精神病醫院的病人全部加起來還要多」。他死亡時是被單獨監禁在「精神疾患收容人精神狀況鑑定小組」（ＭＨＡＵＩＩ）的牢房中。他在另一個單位反覆不斷引發騷動後，被移到了ＭＨＡＵＩＩ的牢房，也就是第11Ａ區。他也曾多次試圖尋短。

二〇一二年八月十八日，11Ａ區的馬桶堵塞倒流，汙水溢流至整個區域中，這個狀況也顯示出監獄的硬體設施有多老舊。一位沒有經驗的懲戒官發放了「肥皂球」給收容人，要他們把自己的牢房清理乾淨。這些肥皂球跟一般市售的產品不同，是由一種高濃縮的有毒清潔劑製成，必須先用水稀釋過後才能發給大家使用，但這位懲戒官並不知道要這麼做。

心智已然失常的艾切法利亞長久以來都很厭惡被獨自監禁，他希望能夠再被送回醫務所，所以吞下了那顆肥皂球——這就等於是吃下了漂白劑。他原本的目的就是要讓自己中毒，時間是八月十八日的下午四點三十分。

接下來的八個小時中，在令人震驚的刻意忽視之下，艾切法利亞成了被害人。吞下化學藥劑之後，他立刻出現明顯的不適症狀，激烈地嘔吐，而化學藥劑也灼傷了他的嘴巴、喉嚨和胃。

他放聲呼喊卡斯楚這位當天負責巡邏11A區的年輕懲戒官。當時艾切法利亞整個人狂亂不已、不斷喘氣，用盡全力大吼說他吞下了那顆肥皂球，沒辦法呼吸，他需要醫生。卡斯楚幾個月前才剛來到雷克斯工作，完全沒有處理這類緊急狀況的經驗，所以便向小隊長報告了這個令人擔憂的消息。

當時值勤的小隊長就是這位老鳥懲戒官佩德葛雷斯，他已經在雷克斯工作十六年了。他有能力也有責任協助艾切法利亞，而這也是他的職責所在，但他並沒有這麼做。佩德葛雷斯的回應是：「如果人還活著，你就不要來叫我。只有在你需要把人從單獨監禁房帶出來，或是有人死了，你才需要來叫我。」

懲戒官卡斯楚又回到艾切法利亞的牢房，看到他正在嘔吐。於是他再次向懲戒官佩德葛雷斯求援，而佩德葛雷斯再次拒絕協助，他說艾切法利亞應該要「忍住」。

到了下午五點三十五分，一位藥局的技師和另一位懲戒官拉薩特一起來到11 A區，他們探頭朝艾切法利亞的牢房裡望去，同樣也看到他在嘔吐。他滿臉通紅，蜷縮著身體，聲音既喘又短促，「救命」是他唯一可以說出來的話。「他有可能會死掉。」藥局技師跟拉薩特這麼說。

拉薩特和卡斯楚一起前往佩德葛雷斯的辦公室，再次報告艾切法里亞的狀況危殆。這已經是第三次向他求救了，而佩德葛雷斯還是叫他們不要擔心，並要拉薩特寫份報告。最後，佩德葛雷斯才慢吞吞走去牢房，這是他第一次來看艾切法利亞的狀況，而且只瞄了一眼就走了。他叫拉薩特不用寫報告了，而當拉薩特試著要打電話尋求醫療協助時，他還叫他把電話掛掉。

到了隔天早上八點三十五分，艾切法利亞被發現已經身亡。他的牢房裡滿是從馬桶溢出的汙水，他的嘴巴旁邊有白色的泡沫和血，脖子上有藍黑色的斑塊，而牢房中的馬桶裡有嘔吐物。他的床單、內衣和腳踝上都有血，舌頭和嘴巴、喉嚨後方、腸道和呼吸道中，全部都有被化學藥品灼傷的痕跡，他的肺裡也有積水。就在艾切法利亞的身體試圖要將化學藥劑排出的同時，內部器官不斷地接觸化學藥劑，導致他緩慢、痛苦，且無可避免地迎向了死亡。法醫在驗屍之後表示，艾切法利亞的死是謀殺，死因是疏於治療。

我們在二〇一四年三月逮捕了佩德葛雷斯，起訴的罪名是侵害民權超過十年的時間。拉娜和她的庭審夥伴丹・瑞奇恩朵（Dan Richenthal）請求陪審團判佩德葛雷斯有罪，罪名則是刻意忽視艾切法利亞的醫療需求。

我在審判結束後，與艾切法利亞的父親拉蒙見了面。我們一起坐下來看電視新聞報導節目「六十分鐘」討論這起案件，以及雷克斯監獄的腐敗狀況。拉蒙是個身形瘦小但很健談的人，說起話來聲音輕柔，速度卻很快。他說傑森一直是他最擔心的孩子。他坐在我辦公室咖啡桌對面那張高背扶手椅裡的時候，頻頻搖頭，跟我說了他曾在鏡頭前說過的話：「為什麼不能幫他叫救護車？沒錯，他是囚犯、是收容人，但他也是人。他是個人啊。」

以下是第二起事件。

你可能還記得調查員布拉卡席尼，在一家簡餐店中說動雷克斯監獄懲戒官托瑞斯供出真相的故事。接下來是之前沒說到的部分。

布萊恩・寇爾是位年屆中旬的懲戒官，在雷克斯的北部醫務指揮中心值夜班，這裡監禁的都是患有慢性疾病或重症的收容人。二〇一二年十二月十八日，聖誕節的前一周，寇爾的執勤時間是從晚上十一點開始，直到隔天早上七點。

羅蘭・史畢爾是寇爾看管的收容人，和艾切法利亞一樣也有許多醫療方面的問題。他五十二歲，正收監等待偷竊罪的法庭審理，他患有糖尿病、心臟病和末期的腎衰竭，因此需要定期洗腎。他得戴眼鏡才能看得見，走路時也需要撐著拐杖，手上戴著一條手鍊，上面刻著警語：「跌倒高風險群」。

史畢爾被關進雷克斯快要三個月了，工作人員和其他收容人都聽過他抱怨監獄裡的醫療照護不夠充足。他一直處於疼痛的狀態之中，也因為實在太過難受了，他自己提出法律訴訟，主張雷克斯沒有給予所需的高血壓藥物。他在一個殘忍剝奪了自身權利的地方，不顧一切地努力爭取權利，這也讓他成了眼中釘——在像雷克斯這樣的地方，找麻煩的人就是眼中釘。

十二月十八日這天，史畢爾來尋求協助時正好是寇爾值班，史畢爾想要看醫生，他已經至少六天沒有洗腎了。寇爾叫他晚點再來，接下來兩人的對話愈來愈激烈，史畢爾一副捲起袖子要打架的模樣，但最後還是作罷。「這傢伙真是個不折不扣的混蛋。」寇爾對旁邊一位懲戒官如此評論體弱多病的羅蘭．史畢爾。

十二月十九日凌晨五點史畢爾再度回來時，寇爾又阻止了他。史畢爾因為實在太需要接受治療，所以試著把寇爾往旁邊推，想要自己闖進醫師的辦公室。因為這個無禮的衝撞舉動，寇爾勃然大怒，朝著史畢爾的臉和腹部揮拳，狂毆了好幾下。懲戒官托瑞斯聽到喧鬧聲後跑到走廊上來，他伸出一隻手圈住史畢爾，接著就制伏了他，讓他趴倒在地，這時的史畢爾是臉部朝下。就在另外一名懲戒官泰勒跑來協助制伏史畢爾的同時，懲戒官杜普蕾西則是試著要讓全程目睹這件事的其他收容人安靜下來。這些收容人不斷大喊：「他們要殺了他，他們要殺死他了！」史畢爾俯臥在堅硬的地板上，全身虛脫，托瑞斯則是在他上方壓制著他。

接著，布萊恩·寇爾就動手殺了羅蘭·史畢爾。

聯邦助理檢察官珍妮特·瓦加斯（Jeannette Vargas）在將近兩年後於聯邦法庭上做開庭陳述時，是這樣描述在史畢爾停止反抗而且已經全然被制伏了之後所發生的事：

> 在那個十二月的早晨，兩位懲戒官將羅蘭·史畢爾臉部朝下地壓制在地上。而被告就站在史畢爾先生的上方，他穿著厚重的工作靴，抬起腳來，狠狠地踹了史畢爾先生。他踹的是史畢爾先生的頭，接著繼續踹了一次又一次。他的力道之大，這時史畢爾先生的頭顱內部已經開始出血。接著被告屈膝，抓住羅蘭·史畢爾的頭，先是將他的頭從地板上抬起來，然後再放手讓他的頭用力撞向地板，接著被告說：「你要搞我就是這個下場。記住，就是我對你做了這些事。」然後被告又再次將史畢爾先生的頭抓起撞向堅硬的地磚。羅蘭·史畢爾就這樣死在監獄的地板上。

史畢爾並沒有試圖阻止寇爾對他的踹踢。他顫抖不已的身體承受了所有衝擊，而當寇爾的靴子踹向他的頭部時，他只能發出呻吟。這幾下狠踹要了他的命，史畢爾斷了氣的屍體還被戴上了手銬。

事發後獄中眾人立刻展開了隱匿真相的行動，當時史畢爾的屍體甚至還有餘溫。在場的懲戒官迅速編出了一個假故事，宣稱寇爾的行為單純只是出於自我防衛，因為史畢爾當時舉起拐杖準備要攻擊他。這群監獄官員為求故事逼真，甚至還在史畢爾死亡五小時之後，跑去備品室拿了一枝拐杖出來。

這群懲戒官當著雷克斯典獄長的面說謊、當著布朗克斯地檢署的面說謊，也當著大陪審團的面說謊。地檢署的檢察官最後並沒有起訴這群懲戒官，因為這個自我防衛的辯詞有這麼多人證，他們無法在排除所有合理懷疑之後，證明這群人有罪。

寇爾以為他已經被證明無罪了，他確實有可能就這樣逃過制裁，繼續留在原本的職位上繼續毆打和凌虐那些受他管轄、無力抵抗的人，他可能還有機會殺死其他收容人。正如我在之前的章節中所描述，當紐約南區檢察官辦公室的調查員布拉卡席尼在簡餐店中當面質問懲戒官托瑞斯時，突破口就此出現。托瑞斯終於翻供，說出了事發經過，也就是史畢爾死亡的真相。在問到寇爾是如何踹踢已經蜷縮在地上的史畢爾時，托瑞斯在法庭上是這麼說的：「他踢史畢爾的方式就像是在球場上要射門得分一樣猛。」

檢察官珍妮特・瓦加斯、布魯克・庫奇奈拉（Brooke Cucinella）與馬丁・貝爾（Martin Bell）在陪審團面前侃侃陳述此案。經過了兩天的審議後，陪審團判定「謀殺史畢爾」和「隱匿事實，妨礙公務」這兩項罪名成立。他被判入獄三十年。

我們該如何解釋發誓過要遵循憲法的執法官員為何做出如此殘暴的行為？文化要為此負一部分的責任，一所機構很可能隨著時間慢慢孕育出邪惡的文化。就檢察官看來，佩德葛雷斯並不必然是個邪惡的人，被以「刻意忽視」這個罪名定罪的佩德葛雷斯，或許還有改過自新的可能。十六年來，他從來沒有被人投訴過度使用武力，也沒有特別看艾切法利亞不順眼，沒有親自動手殺死他，只不過也沒有伸出援手救他一命。在這麼多年的時間裡，佩德葛雷斯很可能培養出了一種麻木不仁的糟糕態度。或許，在經過十六年日復一日面對監獄裡的各種對峙、創傷、精神疾病、敵意之後，他已經對一切漠不關心了。他無視於收容人所發出的求救信號，因為早已不再把他們看作是人了，在他眼中，他們跟他不屬於同類。

當艾切法利亞躺在牢房中與死神拔河之際，佩德葛雷斯只去看了他那麼一次。就連別人告知他艾切法利亞嘔吐、流血和吞下了有毒物質，佩德葛雷斯走去牢房窗邊察看時，還是一點都沒有事態緊急的模樣。事實上，在審判中所播放的監視影片顯示，他走去牢房的步伐實在太過緩慢，辯方甚至還反控是檢方刻意將監視畫面放慢速度播放。但事實並非如此。在這段影片中佩德葛雷斯懶散悠閒的步伐，實在讓人不忍卒睹，也就是這段沉默卻有力的監視畫面讓他被定罪。

寇爾就全然不同了。寇爾是個身形矮小的男人，個子不高但身材肥滿，而且長相如同比特犬般凶惡。他在法庭上聽審時，從頭到尾面無表情。他跟律師之間幾乎是零互動，家人則因為太怕他而不敢出席審判，而且沒有任何一個親屬打算要替他保釋。

懲戒官寇爾很有可能是個心理變態的人，這輩子已經無可救藥了。能看出他心理變態，而且在審判中也被提出的最好證據就是，他從《村聲日報》上剪下了一則關於史畢爾在獄中身亡的新聞報導。報導中描述，一位獄友跟史畢爾的姊姊說了這件事：「他們活活把他打死了。」報導中放了一張史畢爾微笑的照片，他看起來身體很健康。寇爾剪下這篇報導後還把它裱框起來，然後掛在床邊，就像是個令人膽寒的獵人所獵捕到的戰利品一樣。什麼樣的人會做這種事？或許只有心理變態的人才會吧。

但心理變態的人也無法逃過法律的制裁，除非他們有這個能力，並且受到狼狽為奸的同事和腐敗機構文化的保護。或許寇爾剛好是殘暴行為的極端值表現，但是讓他差一點就能逃過法網的保護性結構卻存在已久。他知道自己有張安全網，就是那祕而不宣的緘默原則，所有人都會幫忙掩蓋事實。所有人都知道有這張安全網的存在。這就是種默許，這就是規模更龐大的腐敗。

佩德葛雷斯承認自己疏於職守，而寇爾也承認自己刻意為之的殘忍暴行，但每一次的過失都會帶來同樣可怕的結果：一個正在等待審判、仍被視為無罪的人，就這樣死了。

我們辦公室有個傳統。每當有檢察官要對陪審團進行陳述時，參與審判的團隊成員就會發一封電郵給辦公室裡的所有人，這樣一來同事們就可以去法庭旁聽並給予支持。當年我還是第一線的聯邦助理檢察官時，總是會因同僚在陪審團面前的大義陳詞而感到振奮不已。馬丁．貝爾是負責為寇爾案做辯論總結的檢察官，他寫了一封電郵告訴大家，珍妮特．瓦加斯即將要為美國政府控訴寇爾案進行開場陳述：「這個世界充滿了複雜的問題，但老實說，有時候我們真正需要的是親眼看見正義獲得伸張，而且是在沒有人認為正義存在的地方。」

阿門。

有時候，希望之光和改革行動，還是可以穿透像雷克斯島這般冰冷的監獄機構。「你所做的壞事並不代表你這個人」，這就是為收容人所設立的創新非營利組織 Defy Ventures 的基本原則。Defy 的任務是要讓監獄收容人為再次回歸社會做好準備，並讓社會大眾了解他們所必須面對的挑戰。這個組織做了非常多事情來幫助收容人為未來做好準備，包括教導他們找工作的基本技巧和撰寫履歷，而最振奮人心的是，引導他們開發自己的創業技能，並以提供贊助和資金的美好前景，刺激收容人做出好的提案。

二〇一六年十二月，我前往雷克斯島參觀，為的是親眼看看監獄的狀況，以及在我們與法院做出協議判決之後，情況是否有任何改善。我沒辦法低調地進行此事，身邊圍繞著一大群隨扈，再加上層層保全措施，我儼然就像是一個動身前往異國拜訪的西方權貴，在這趟經過精心安排的行程裡，只看得到雷克斯監獄最好的一面，這些地方全都因為這趟造訪而特別清掃打理過。我們走進監獄裡最大的集會廳時，甚至看到他們為我和其他訪賓準備了紅蘿蔔蛋糕以示歡迎。

在雷克斯監獄時，我參加了一場 Defy 的工作坊，不僅大感震撼也眼界大開，在身旁圍繞著兩圈的武裝保全人員注視之下，我與收容人擁抱，接受他們的鼓掌歡迎。

然後我開始為這些未來的創業家們評選最有希望成功的商業企劃，只不過他們目前仍在監獄關押中，這種感覺實在太超現實了。我弟弟有著十足的商業頭腦，所以我帶他一起來，我們坐在桌子後面，收容人開始說明他們精心準備的企劃案。這些人之中有位正要一展長才的鎖匠，還有一位收容人夢想能為充滿靈感的音樂人和饒舌歌手打造一間行動錄音室，聽著聽著差點都快忘了自己身在雷克斯島。

工作坊即將結束之前，還有一個令人驚訝的團體活動：「站出來」。志工和收容人面對面排成兩列，一列是志工，另一列是收容人，而中間則是空出一條走道。旁邊會有人大聲唸出一句話，如果這句話符合你的人生狀態，你就向前跨一步，站到空出來的走道上。這個活動的重點，就是利用即時反應的誠實態度，激發出清晰的認知以及同理心。旁邊的提詞有非常多句，我還記得其中一些讓人印象最深刻的：

如果你上過大學，向前一步站到中線上。

如果你失去了父親或母親，向前一步站到中線上。

如果你從小到大生活的社區都聽得見槍響。

如果你曾經被槍擊或是被刀刺。

如果你曾經感到羞愧不已。

其中有些問題幾乎所有收容人都站到了中間，另外一些問題，則是所有志工都站到了中間，有些問題則是兩邊都有。

接下來則是這一句：

如果你曾做過某些應該要被逮捕但最後卻逃過制裁的事，請站到中線上。

我發現，所有人都站到了中線上，無論是志工還是收容人。隨著這一句句提詞，你對他人多了一點了解、對自己也多了一點了解，你發現彼此是多麼地不同，也其實並沒有那麼不同。

某些執法人員和政治人物懷抱著一個無法動搖的信念，他們認為自己是作風強悍的硬頸人物，因此任何尋求人道對待的政策，對他們來說都是過於寬待的舉動。他們嘲笑所有能讓收容人感到舒適或善意的做法，即便是那些很有可能減少暴力行為、改善安全狀況，並讓收容人出獄後成功重返社會的機會增加的聰明方法。從另一方面來說，真正明智的改過自新方式，需要花時間和精力去思考然後實踐，而這經常得經過一番與大男人心態的對抗——這種心態認為監獄生活必須要痛苦難熬，吃點苦對收容人來說反而可以讓他們強悍起來，這是坐牢必經的洗禮。

監獄中一定也少不了收容人與獄警之間的緊張關係。大家在討論監獄中的狀況時，有些事情很少被提起，那就是：擔任獄警是一份多麼殘酷、艱辛，而且幾乎不可能辦到的工作。我認為，這是所有執法工作中最困難的一項。

這份工作充滿緊張、壓力，既危險又麻煩，還得時常面對暴力，再加上薪水又低，做了也沒有人會感謝你。因此，有些人會抱持著某種偏負面的心態其實也不難理解，對一些獄警來說，生活並不好過，所以收容人理應過得比他們更不好才對。這種想法很簡單也很好懂：坐牢的人沒有權利過得快活。為什麼他們有免費課程可以上？怎麼就沒有為我準備的免費大學課程？獄警的心中可能會這麼想。任何為收容人著想的考量，感覺都像是對獄警的汙辱。這些都是真實存在的壓力與衝突，而且只要監獄中的懲戒官不買單，任何以善意為出發點的計畫都很容易遭到破壞。監獄本身就是憎恨的溫床。

這就是人類最好的朋友派上用場的時候了。這是個擁有獨特概念的新計畫，名為「雷克斯流浪狗計畫」，內容很簡單，就是讓青少年收容人訓練救援回來的流浪狗，讓牠們能夠被人認養。這些狗兒來自紐約市動物照護與數量管制收容中心，我們讓牠們住在雷克斯的監所內，而收容人要在接下來的九周內，擔任牠們的主要照護者。想要照顧這些狗兒的收容人必須先提出申請，照顧工作平均分配給所有人，大家採取輪班制來執行，收容人輪流承擔不同的職責。你必須要在早上六點前起床，然後餵你的狗兒吃飯，帶牠去專屬的步道散步，一天要好幾次。你要幫牠洗澡，帶牠去上課，教牠學會聽從基本的口令，像是坐下、停，還有撿回來。無可避免地，你會跟你的狗兒發展出深刻的感情。計畫一開始時有隻叫做羅西的比特犬，一隻名叫藍尼的普羅特獵犬，還有一隻黑色的混血拉布拉多犬叫做老大，此外還有席多、天使、吉吉、貝伊、寇迪和瑪麗。我去參觀雷克斯時，遇到的是一隻名叫裴瑞茲的比特犬。這個計畫裡的狗兒主要都是比特犬，因為牠們天生的性格就比較能夠忍受像監獄這種惡劣又冷漠的環境。有一次他們帶了一隻貴賓狗來，那是個錯誤，貴賓狗無法忍受生活在這個環境裡，最後只好讓牠退出這個計畫。

在這個計畫一開始時，獄警的反應是這樣的：他們嘲笑、輕蔑並咒罵這個計畫。會產生這樣的敵意主要有兩個原因，第一，這種做法和監獄中的硬漢形象不符；整天跟小狗玩並不是你想像中的監獄生活。第二，這麼做更激化了原本就一直存在、腐蝕人心的憎恨。給這些被控犯罪的人小狗，感覺起來是種獎勵，為什麼他們有禮物可拿？懲戒官也認為這只是另一個增加工作負擔的改革計畫。萬一有收容人傷害了小狗怎麼辦？他們懷著質疑和憎恨的心情看待這一切。總而言之，當時的氛圍是：「所以現在我們要開始送小狗給收容人了？接下來要給他們什麼？小馬嗎？」但當時矯正署的署長龐迪（Joseph Ponte）堅持住了，儘管上上下下所有人都在他背後大翻白眼。

但這個計畫立刻就為收容人帶來正面的影響。所有人都感覺好多了，人類最好的朋友改變了收容人的精神狀態。這些孩子們有了可以關心和照顧的對象，有時候是自己一個人照顧，有時候是大家一起。曾出現暴力行為的青少年開始變得收斂，只因為他們想要符合加入這個計畫的資格。而這些青少年收容人不只彼此展開正向的接觸，他們也看見自己對狗兒的付出所得到的真實回報——如果狗兒最後成功被認養了，那就是所有參與者的功勞。每一個照顧小組都會接受照顧指導，也會獲得許多鼓勵。這其中最啟發人心的就是，這些被人棄養的狗被帶來監獄協助改變那些被社會拋棄的青少年，幫助他們培養責任感和紀律，學習成熟和付出。

這個單純的流浪狗計畫在收容人身上帶來的影響令人驚喜，而對那些嘴上喊著反對的懲戒官的影響甚至更令人驚訝。隨著時間過去，就連當初最看不下去的懲戒官都發現了這個計畫真正的價值所在。這些懲戒官興高采烈地加入照顧和餵食流浪狗的行列，他們不再嗤之以鼻，而是捲起衣袖樂在其中。在絕大多數的情況下，他們對這些狗兒的投入程度絕不亞於那些在坐牢的照護者，有時候他們會偷偷把狗兒帶出來，讓牠們比規定的再多放風幾次。當狗兒在雷克斯島上生活的九周期限到了之後，受過訓練的牠們就會開放給大眾來認養。在我寫作這一章的時候，至少已經有四十隻狗兒在雷克斯島完訓了，猜猜看牠們絕大多數都是被誰認養了呢？

牠們被那些當初嘲笑這個計畫的懲戒官帶回家裡收編了。那年十二月我參觀完雷克斯島要離開之前，我把一位最資深的懲戒官拉到一旁。他是個魁梧的大個子，我問他對雷克斯未來的發展有何看法（對此他並不覺得樂觀，再加上雷克斯島的歷史也很難讓人對未來感到充滿希望），但我忘不了他決定告訴我的事。他說一開始推出雷克斯流浪犬計畫時，他聽到真的很失望：「我覺得這是我聽過最蠢的事了，還以為是在開玩笑。但你知道嗎？我現在是這個計畫最大的支持者，這是件沒什麼大不了的事，卻幫了我們很大的忙。」

到現在，距離我們公布在雷克斯監獄中的調查發現已經四年了，島上的暴力行為並沒有減少，這是個令人沮喪的消息。我們所做的一切並沒有帶來太多進展，看來根深蒂固的文化似乎很難改變。有愈來愈多人提出應該把雷克斯島上的建築全部打掉重建，好像暴力文化是深深嵌進水泥牆裡的石綿一般。或許這麼做是對的，或許今天在雷克斯島上的文化就如同布萊恩·寇爾一樣已經無可救藥。增加各種改變並推動各項人道計畫，讓獄中生活不那麼難熬、為收容人做好未來出獄後的準備，這些都是好事。這些做法應該能為其他問題沒那麼多的地方帶來抒解，而小狗是最暖心的開始。但如果真的要說實話，你就不得不這麼想，說來令人難過，雷克斯這樣的地方也許真正需要的，就是放一把火把它燒光，然後重新來過。

在司法正義之外

你無法在法律概念和刑事司法系統裡找到上帝或是恩慈。某些價值與理念是超越司法正義的，其中包括了慈悲、寬恕、救贖、尊嚴，還有愛。

我在這裡要說的犯罪故事，正是關於那些超越程序性司法的重大價值。這個故事在媒體上的曝光率並沒有那麼高，但其實應該要更廣為人知才對，我是在二〇一一年的紐約時報上第一次讀到這個故事，而之後也被寫成了一本相當出色的書《正統美國人》（The True American），作者是阿南德．吉里達拉達斯（Anand Giridharadas）。跟其他許多悲慘（但最後卻昇華人心）的故事一樣，事情要從二〇〇一年九月十一日說起。

那一天，紐約市、維吉尼亞州和賓州同時遭到了恐怖攻擊，從此，世界就徹底走了樣。

在那糟糕的一天之後，許多受到誤導的人認為，他們必須對這些惡行做出同等的報復，因此陸續發生了一連串令人悲傷的仇恨犯罪事件。九一一過後三天，一個名叫法蘭克．羅克的男子在酒吧裡表示要殺掉那些「爛布包頭佬」（譯註：raghead，為美國俚語，以貶抑的方式來指稱包頭巾的阿拉伯人及穆斯林）所以他開槍射殺了巴爾比．辛格．索迪這位信仰錫克教的美國人，他是三個小孩的父親，遭槍殺時他正在自己經營的加油站外面種花，地點是亞利桑那州梅薩市。九一一過後四天，三名男子在加拿大用汽油彈炸毀了一間清真寺及一間印度教堂。聯邦調查局的年度報告也提到，九一一後仇恨犯罪激增。

在這些被誤導的人之中，還有一個名叫馬克·安東尼·史卓曼的人。他三十一歲，是個居住在德州達拉斯市的石匠，而且也公開承認自己是個白人至上主義者。九一一之後，他決定要把殺害阿拉伯人當作自己的職責。

於是，二〇〇一年九月十五日，史卓曼走進達拉斯市一間便利商店，看到了四十六歲的瓦卡·哈珊，一位來自巴基斯坦的移民。當時哈珊在自己的小店裡煎漢堡，史卓曼用槍對準他的頭，直接將人擊斃。

幾個星期之後，十月四日，史卓曼來到了位於德州梅斯基特市的一間殼牌加油站，遇到瓦蘇達夫·帕特爾。帕特爾是個印度教徒，也是位印度移民。史卓曼用一把點四四手槍近距離射殺他，帕特爾中槍身亡，還好太太艾卡和十多歲兒子幸運撿回一命。

史卓曼遭到警方逮捕，隔年因為謀殺帕特爾而遭到起訴。根據報導，他在審判時完全沒有表現出一絲後悔之意。二〇〇二年四月，史卓曼的謀殺重罪罪名成立，短短兩天後就被判處死刑。

不過，史卓曼因狂怒所犯下的暴行還有第三位受害者，這位奇蹟似的生還了，我想告訴大家的就是他的故事。

在二〇〇一的兩次謀殺之間，史卓曼還去了另一家加油站附設的迷你超商，並在那裡看到一位名叫萊伊斯·布伊亞恩的男子。布伊亞恩是來自孟加拉的穆斯林移民。

史卓曼拿著一把削短型雙管霰彈槍走進商店裡。

布伊亞恩自己是這麼描述接下來發生的事：「當天生意很冷清。外面還下著傾盆大雨……我以為是有人要搶劫，我對他說：『拜託不要殺我。你可以把所有錢都拿走。』然後他說：『你是從哪裡來的？』當時他站在離我四到五呎遠的地方。我只覺得背脊一陣發涼，說：『不好意思，你說什麼？』」

布伊亞恩繼續描述他接下來看到和感覺到的：「那是一把雙管霰彈槍。我當時覺得自己的臉上彷彿有上百萬隻蜜蜂同時在螫咬。然後我聽到了爆炸聲，眼前出現了父母、兄弟姊妹，還有未婚妻的影像，接著是一片墓地，我想：『我要死在今天了嗎？』

「我低頭向下看，看到大量鮮血從頭上噴到地上。我把兩隻手壓在自己頭上，讓我的腦不會掉出來，然後大叫：『媽！』」

史卓曼把布伊亞恩留在原地等死，但他並沒有死。

他的臉、頭皮和眼睛裡總共有三十八塊子彈碎片，經歷了好幾次痛苦的外科手術，最後幾乎完全失去了一隻眼睛的視力。

布伊亞恩是個虔誠的穆斯林，每天要敬拜祈禱五次。其中一片子彈碎片嵌在他的額頭中央，因此每一次磕頭敬拜時都會感到疼痛。

所以，史卓曼並沒有殺死布伊亞恩，卻讓他在接下來的好幾年裡不斷承受著肉體的痛楚和內心的憤怒。

布伊亞恩花了很長的時間才讓自己的生活重回正軌。好幾年過去了，接著很有意思的事情發生了。

布伊亞恩開始思索這個對他做出這種事，現在正在德州監獄裡等待死刑執行的男人。他想到那兩個失去丈夫的女人，也想到了她們的孩子，以及這個滿心仇恨的男人對他們所造成的痛苦折磨。

接著他做了一件我想絕大多數人，包括我自己在內，都不會做的事。他原諒了這個差點殺死自己的男人，而且還不只如此而已。二〇一〇年，布伊亞恩發起了救援史卓曼免於死刑的活動。

有本雜誌在一篇文章裡問了一個問題：「如果有人在你臉上開了一槍，然後把你丟下來等死，你會想要救他一命嗎？」而這正是布伊亞恩所做的事。

他說，他向自己的內心深處探索，並求教於宗教信仰，他找到了愛、同情和慈悲。

布伊亞恩花了兩年的時間試圖挽救史卓曼的生命。他開始在網路上發起請願活動，遞交了上訴的案件摘要，還向德州總監察長進行抗爭。

「他也是人，跟我一樣。」布伊亞恩經常把這句話掛在嘴邊。

他對史卓曼的孩子傳達了關切之意，也為他們感到哀傷，如果政府真的執行死刑的話，他們就會失去父親。當然，史卓曼從來沒有對他受害者的孩子表示過如此這般的歉意。

而當萊伊斯．布伊亞恩跳脫了受害者的角色，昇華成赦免死刑的支持者之後，受到轉化的並不只有他一個人。因為，那個曾經想要殺害他、現在正在等待死刑的人，也知道了布伊亞恩站出來為他努力奔走聲援。

一位紐約時報的記者在執行死刑前幾天問了史卓曼：「你現在在想些什麼？」史卓曼用寫的回覆了這個問題：「我可以告訴你現在的我在想什麼，我很感激萊伊斯．布伊亞恩，在我差點殺了他之後，他還這麼努力地想要拯救我。」

這個內心充滿了仇恨與殺意的男人，殺人時下手毫不留情，受審時也完全沒有悔意，卻被這個他差點殺死的男人感動而有了改變，在死刑執行前一晚，他說：「希望我的死可以算是為大家做了件好事。」

而他在死前還說了這些話：「仇恨在這個世界上不斷發生，我們必須要讓這種狀況停止。仇恨只會給人帶來一輩子的痛苦。」

說完這些話幾分鐘後，二〇一一年七月二十日，晚上八點五十三分，在他謀殺了兩個人將近十年後，這場審判的法律程序終於邁入終章。馬克．安東尼．史卓曼被執行了死刑。

身為一個檢察官，我會說，這個案子的正式司法程序到此已經完結。陪審團經過了審議，所有人都遵循了法律規定行事，最後也對犯罪的人做出了懲處。

但是，身為一個美國人和一個人，我相信這件案子展現的是遠比法律更重大的課題。

或許這裡的課題是：在尊重這件案子的法律程序和磨人的司法機構的同時，我們更應該要讚嘆一位仇恨犯罪的受害者，最後竟成了向我們示範寬恕的老師，而且在這個過程中，也轉化了那個曾經想要殺害他的凶手。

所以，我用這本書一開始曾說過的話來為這本書做結。

法律是個令人讚嘆的工具，但它有自己的極限；但好人，是沒有極限的。

法律要做的既不是原諒也不是救贖。

法律無法強制我們去愛其他人或是尊重其他人。

法律無法消滅仇恨或戰勝邪惡，更無法教導我們慈悲或澆熄我們的熱情。

法律無法做到這些，至少光靠法律是辦不到的。

我們需要的是人——勇敢、堅強、與眾不同的人。

致謝

儘管這本書的篇幅很長，但關於司法正義和紐約南區這個我工作了十三年的檢察官辦公室，仍不及我想述說的萬分之一。我無法分享所有的故事、充分討論每一個議題、詳述其中所有挫敗起伏、彰顯每一位司法英雄的事蹟。我們在一些不甚為外界所知的案子上竭盡心力，而同時也盡力保護一些備受外界矚目的案子的細節不曝光，就算有，也僅是皮毛的部分而已。儘管如此，這本書仍是集我所有經歷之大成，書中提到的案子無論大小，都是由我親自經手處理和監督，讀者也可以從中看到我所有聰明和愚蠢的想法。書中若有任何錯誤之處，全都是我的問題，而我虧欠的人更是數也數不完。

首先要感謝的是本書這位非常特別的編輯，彼得・蓋瑟斯（Peter Gethers），我相信他就是這本書命定的編輯。幾年前彼得突如其來找上我，以半開玩笑的方式遊說我寫書，但當時我擔任美國聯邦檢察官終身職的任期才剛過一半，因此寫書的計畫並沒有談成。但自此之後我們就成了好朋友。我是個很有福氣的人，彼得除了相信我是個稱職的公職人員，也相信我會是個好作者。於是他毫不留情地揮動手中編輯用的鉛筆——沒錯，是鉛筆，彼得不用紅筆——而這本書最後呈現出來的結果比我原先期望的還要更好。同時我也要感謝索尼・麥赫塔（Sonny Mehta）對這本書的支持與信心，以及克諾夫出版社（Knopf）所有優秀的同仁，其中包括：珍娜・德文斯基（Janna Devinsky）、保羅・波嘉德（Paul Bogards）、艾琳・哈特曼（Erinn Hartman）、潔西卡・波賽爾（Jessica Purcell）、尼可拉斯・拉提瑪爾（Nicholas Latimer）、克里斯・吉爾斯比（Chris Gillespie）、莎拉・伊格（Sara Eagle）以及卡蘿・卡爾森（Carol Carson）。

我的版權代理商伊萊絲・錢尼（Elyse Cheney）是我的好友，也是這本書從寫作開始到最後出版整個過程中最大的功臣。在漫長、認真且經常充滿歡聲笑語的反覆討論中，伊萊絲與愛麗絲・惠特尼（Alice Whitwham）兩人幫助我釐清腦中的思緒、建立起本書的架構，並找到讓我表達自己想法的方式。我也要感謝伊萊絲的同事克蕾兒・吉爾斯比（Claire Gillespie）和艾力克斯・傑考布（Alex Jacobs）在文字上的協助。

我要向 Bryan Cave 法律事務所的艾瑞克・康恩（Erik Kahn）和道格拉斯・溫特斯（Douglas Winters）致上深深的謝忱，他們在本書寫作的初期提供了許多支援與法律方面的諮詢。

而我在「咖啡館」（CAFÉ）的同事們也給了我非常多的幫助，這裡是我進行播客的地方，而文尼身兼二職——既是我的兄弟也是我的老闆——我在寫作這本書時他以各種不同的方式給予我協助，並且從不間斷地給我建議和信心。「咖啡館」裡幾位優秀的同事則是負責處理並調整這本書的方向，他們分別是塔麥拉・瑟博（Tamara Sepper）、茱莉亞・道伊爾（Julia Doyle）、維內・巴斯提（Vinay Basti），以及協助我校稿、修稿，並研究相關資料的賈爾・麥爾菲德（Jared Milfred）。茱莉亞和維內甚至為了這本書蠟燭兩頭燒，不僅替這本書調查案例、潤稿、逐章校對，並將我亂七八糟的口述內容轉換成了流暢易懂的散文。

我格外感謝紐約大學法學院的老師與學生們，我在這裡有個拗口的職稱：傑出駐校學者。首先要感謝的是我優秀的研究生助理莎拉・邦德（Sara Bodner）、魯賓德・葛拉查（Rupinder Garcha）、拉斐・辛何（Ravi Singh），他們貢獻了自己深刻的理解、嚴格的態度、研究的成果和敏銳的觀察。我在紐約大學法學院司法研討課程中，那些無比聰明的學生們也讓我銘感在心，為了這本書，我們一起討論了許多書中提到的案件及其左右為難的困境。最後，我要感謝的是我的好友，紐約大學法學院院長崔佛・摩里森（Trevor Morrison），感謝他不離不棄的鼓舞與支持。

在此我想認個罪：這本書裡警告大家不要犯的所有過錯，我都曾犯過——我讓受害人的痛苦在腦海中盤旋不去，壓根忘了我可能會因此犯錯；我在沉重的工作壓力之下失去了該有的嚴謹度；堅持己見太久；不敢問別人我認為說出口會顯得自己很蠢的問題。每當這種時候，出手拯救的幾乎都是我所認識的那些最認真工作，也最有理想的人，也就是我在紐約南區檢察官辦公室的同事。某種程度來說，這本書是為了他們所寫，寫的也是他們的故事。正因為有他們，才會有這本書的存在。

我在紐約南區檢察官辦公室的副手波伊德・強森、理查・札博和金俊，他們三人是我最好的朋友、最親密的諮詢對象，也是對我最有影響力的人。同時他們也是最優秀的編輯。他們三人給了我靈感、指引，以及終生不渝的友誼，而這也是所有人最需要的東西，無論你從事的行業為何。

無法盡數有多少朋友和同事（實在多到我無法將所有人的名字列出來，而且也擔心自己無可避免地會漏掉一些人），與我一起坐下來，給予建議、指正、引導、教誨並協助本書的編輯作業。其中許多人我在本書的故事中都曾提到過，但還是想要一一列出他們的名字聊表謝意：阿尼魯德・班索（Anirudh Bansal）、瑞秋・巴寇（Rachel Barkow）、馬克・伯格（Marc Berger）、麥可・波斯沃斯（Michael Bosworth）、派瑞・卡波恩（Perry Carbone）、克里斯・康尼夫（Chris Conniff）、詹姆斯・寇特（James Cott）、麥克・法比亞斯（Michael Farbiarz）、妮可・費瑞德蘭德（Nicole Friedlander）、傑西・費曼（Jesse Furman）、潔西卡・戈爾史密斯—布拉席利（Jessica Goldsmith-Barzilay）、諾拉・海勒（Nola Heller）、比爾・強森（Bill Johnson）、邦妮・裘納斯（Bonnie Jonas）、強納森・寇洛納爾（Jonathan Kolodner）、亞曼達・克萊姆（Amanda Kramer）、保羅・克雷格（Paul Krieger）、喬安・羅納尼（Joan Loughnane）、布萊登・麥奎爾（Brendan McGuire）安・米爾格姆、（Anne Milgram）、盧・米里昂（Lou Millione）、麗莎・摩納可（Lisa Monaco）、馬克・拉卡納利（Marc Racanelli）、咪咪・

洛卡（Mimi Rocah）、大衛・羅迪（David Rody）、安揚・薩哈尼（Anjan Sahni）、約席爾・史格布納（Yusill Scribner）、丹恩・史坦（Dan Stein）、以及喬斯琳・史陶布納（Jocelyn Strauber）。

我在書中提到了許多紐約南區檢察官辦公室的調查員，因為他們的確是我之前辦公室中的無名英雄，在此我也要感謝他們的主管艾瑞克・布萊克曼（Eric Blachman）與凱席・塔爾博（Keith Talbert）。此外還有許多特別探員、警員、調查員、資料分析員，以及其他在本書中所提到的相關單位工作人員。我對他們每一位都虧欠良多，畢竟多虧了他們，本書中所提到的案子才有可能成立。聯邦調查局的主管喬治・凡尼索羅斯（George Venizelos）、迪亞哥・羅傑葛羅斯（Diego Rodriguez）、喬・迪馬瑞斯特（Joe Demarest）、珍妮斯・費達席克（Janice Fedarcyk）。還有雷・凱利（Ray Kelly）、比爾・布萊頓（Bill Bratton）、吉米・歐尼爾（Jimmy O'Neil）、約翰・米勒（John Miller）和其他許多紐約市警局的警探，以及在緝毒局、菸酒槍炮及爆裂物管理局、國稅局、國土安全部、內政部、郵政總局和其他各公家單位認真工作的英雄們。他們的友誼、領導力與貢獻，我將永遠銘記在心。

對於與我一同在混亂但重要的時刻，為美國參議員司法委員會付出心力的參議員查爾斯・舒默，我謹獻上永恆的感念，而之所以特別另闢一個段落來致謝是因為，我能夠成為聯邦檢察官，完全是出於參議員舒默向歐巴馬總統的推薦。他認為我比其他許多人更能夠勝任這個重責大任，除了我的家人之外，沒有人比舒默參議員更肯定我的專業能力，而他也是我所認識最認真投入於工作的人。

現在，我要感謝我的家人。我要將最深的感謝獻給我的妻子妲雅，她是愛與耐心的化身，仔細從頭到尾閱讀了每一份草稿，並在超過十八個月難熬的日子裡，對所有版本提供了充滿啟發的編輯建議。她忍受我經常不在身旁、我的壓力，還有我暴躁的壞脾氣。她說服我走過痛苦的不安全感以及寫作的撞牆期，而她的文筆也拯救了我，讓我不至於在許多地方出糗。她在鼓勵與嚴厲之間，隨時保持著完美的平衡。這實在是個非常了不起的技能，也完全是一個人可以期望得到的最棒配偶編輯，謝謝你。

還有我三個美麗的孩子瑪雅、傑登和洛汗，雖然他們並沒有逐行幫我校稿，但是充實了我的每一天，讓我活得有意義，同時也啟發了我，讓我理解到他們是多麼有權利生活在一個公平公正的社會裡。有鑑於這本書談的是未來，也因此，這也是本為他們而寫的書。

在此，我以對我母親潔格迪許（Jagdish）與父親德許・巴拉拉（Desh Bharara）的感謝和祝福來做結。他們把當時還是嬰兒的我從印度帶到美國來，那是在這本書出版的四十九年前。他們不是律師，也沒有特別希望我成為律師，但最早教導我有關正義、公平和原則的重要性的人，就是他們。他們藉由每天默默地身體力行，來呈現這些美德與價值。直到今天依然如此。

國家圖書館出版品預行編目（CIP）資料

尋找正義 : 一位聯邦檢察官的首度告白 , 顛覆你心中的公平和真相 / 普里特．巴拉拉 (Preet Bharara) 著 ; 張國儀譯 . -- 初版 . -- 臺北市 : 遠流 , 2020.09
面；　公分
譯自 : Des cornichons au chocolat
ISBN 978-957-32-8853-4 (平裝)
1. 司法制度　2. 社會正義　3. 檢察官　4. 美國
589.952/5　　109011407

尋找正義：
一位聯邦檢察官的首度告白，顛覆你心中的公平和真相

作者／普里特．巴拉拉
譯者／張國儀
總編輯／盧春旭
執行編輯／黃婉華
行銷企畫／鍾湘晴
封面設計／江孟達
內頁設計／ Alan Chan

發行人／王榮文
出版發行／遠流出版事業股份有限公司
地址：臺北市南昌路二段 81 號 6 樓
電話：（02）2392-6899
傳真：（02）2392-6658
郵撥：0189456-1

著作權顧問／蕭雄淋律師
2020 年 9 月 1 日　初版一刷
定價 新台幣 480 元（如有缺頁或破損，請寄回更換）

ISBN 978-957-32-8853-4

遠流博識網
http://www.ylib.com
E-mail: ylib @ ylib.com

DOING JUSTICE